INTIMIDADE DE CASAL

&

Tramas familiares

Prof. Maurizio Andolfi
Dra. Anna Mascellani

INTIMIDADE DE CASAL

&

Tramas familiares

Artesã

Intimidade de casal e tramas familiares

DIRETOR
Alcebino Santana

COORDENAÇÃO EDITORIAL
Michelle Guimarães El Aouar

TRADUÇÃO
Paola Aroldi

REVISÃO TÉCNICA
Juliana Seger Sanvicente

REVISÃO
Maria Clara Regis

CAPA
Michelle Guimarães El Aouar

PROJETO GRÁFICO E DIAGRAMAÇÃO
Conrado Esteves

I61

Intimidade de casal e tramas familiares / organizadores: Maurizio Andolfi / Anna Mascellani. – Belo Horizonte : Artesã, 2023.

320 p. ; 23 cm. . – (Psicoterapia com a família / coordenador: Maurizio Andolfi)

ISBN: 978-85-7074-076-2

1. Psicoterapia. 2. Terapia existencial. 3. Psiquiatria. 4. Psicopatologia. 5. Sartre, Jean-Paul, 1905-1980. I. Andolfi, Maurizio, 1942-. II. Mascellani, Anna.

CDU 159.9.018

Catalogação: Aline M. Sima CRB-6/2645

IMPRESSO NO BRASIL
Printed in Brazil

(31)2511-2040 (31)99403-2227
www.artesaeditora.com.br
Rua Rio Pomba 455, Carlos Prates - Cep: 30720-290 | Belo Horizonte - MG
/artesaeditora

AGRADECIMENTOS

Gostaríamos de expressar um agradecimento especial aos vários colegas que nos estimularam na elaboração deste volume: entre todos, um agradecimento especial a Lorena Cavalieri, a Alessandra Santona, ao Massimo Falcucci e ao Fulvio Sciamplicotti, membros fundadores, juntamente conosco, da equipe do Serviço de Psicoterapia de Casal, um verdadeiro laboratório de experimentação clínica dentro da Academia de Psicoterapia Familiar. Compartilhamos muito com eles, e isso nos permitiu transformar os numerosos e valiosos conteúdos que surgiram ao longo de muitos anos de trabalho de campo em um livro importante sobre terapia de casais.

Agradecemos sinceramente a Silvia Mazzoni, por sua generosa revisão crítica dos capítulos relativos ao casal em divórcio e à família reconstituída, e a Lucia Porcedda pela contribuição no glossário e na revisão final da bibliografia.

Também queremos agradecer aos numerosos e entusiasmados participantes, italianos e estrangeiros, nas várias edições de um curso clínico de casais conduzido por nós ao longo dos anos, por nos ter pedido em grande número que compuséssemos um volume que apresentasse o nosso modelo de trabalho com casais de acordo com o andamento do processo terapêutico.

Um sincero agradecimento é reservado aos muitos casais que participaram de uma terapia conosco ao longo dos anos e que, com suas histórias de vida, deram energia vital a este livro. Muitos deles, por meio de feedback *in vivo* ou por escrito, relativos às transformações concretas que ocorreram em sua existência, enriqueceram e influenciaram profundamente os nossos critérios de avaliação diagnóstica e intervenção clínica.

Por fim, um agradecimento especial, afetuoso e de reconhecimento aos nossos parceiros Lorena e Carlo, por terem nos suportado em casa, às vezes, cansados, às vezes, absortos entre compromissos profissionais e inspirações repentinas, durante os nove meses de gestação passados para dar à luz este volume.

SUMÁRIO

PREFÁCIO

Este é o terceiro livro de Maurizio Andolfi e Ana Mascellani, publicado recentemente, no nosso país, com a Artesã Editora, que eu tive o prazer de organizar e fazer a revisão técnica. Seus livros têm tido, desde então, uma aprovação entusiástica, prova de que as reflexões desenvolvidas por Maurizio resistiram ao teste do tempo e parecem transcender as fronteiras culturais, religiosas e étnicas.

Vou saltar a parte das apresentações, pois sei o quanto os autores são conhecidos no nosso setor e ficaram ainda mais próximos pelos cursos realizados, especialmente para colegas brasileiras na Itália nos últimos anos, e vou saltar também a parte sobre a apresentação do volume, visto que Anna e Maurizio já o descrevem perfeitamente na introdução.

Quero transmitir, brevemente, o que me marcou no livro, espelho teórico da experiência clínica que se vive dentro das paredes da Academia de Psicoterapia da Família, lugar especial de alta formação técnica e pessoal, uma casa, uma rede profissional e familiar, que eu tive a oportunidade de frequentar por mais de dez anos, como estudante, como profissional e colega. Entrei e nunca mais saí.

Longe de qualquer nova moda terapêutica e em contratendência com a fragmentação da nossa disciplina, que, em vez de pontes entre as várias epistemologias, constrói muros que separam com disputas pela melhor abordagem, pela mais eficaz, pela mais em voga. Maurizio Andolfi e Anna Mascellani apresentam um modelo terapêutico com casais, baseado na incalculável experiência clínica amadurecida ao longo de mais de quarenta anos.

O diálogo com a matriz psicodinâmica e com os mestres, Bowen, Boszormenyi-Nagy, Whitaker, Framo, Minuchin (só para citar alguns) dão peso para a evolução e para a estrutura do modelo Multigeracional, capaz de responder aos desafios terapêuticos de um tema complexo que nunca deixará de ser atual, a conjugalidade.

Como se realiza uma terapia de casal? Como utilizar a família de origem durante o processo? Os filhos participarão de algumas sessões? De que modo o contexto interfere e como utilizá-lo? Da crise ao divórcio, como se colocar, terapeuticamente, diante da dor? São apenas algumas perguntas que conduzem o leitor para dentro de um paradigma que, teoricamente, observa as relações pelos triângulos, saindo da lógica linear de causa e efeito. Posiciona o casal dentro de um ciclo de desenvolvimento familiar, entrelaça as várias gerações pelo caminho do trigeracional e coloca a criança em uma posição privilegiada, capaz de ser a melhor porta de entrada, uma bússola para terapeutas que sabem utilizar esse recurso com sensibilidade.

Por fim, acredito que as palavras da minha primeira professora na Academia de Roma, a Doutora Alessandra Santona, quando publicou a resenha deste livro na revista *Terapia Familiare* em 2020, descrevem o sentido profundo da obra dos autores: "*...eu evidenciei que a dor não é uma patologia, faz parte da vida, e que para ir além da dor é preciso trazer para casa algo do "bem", senão nenhuma mudança é possível. O bem está na origem da vida, mas se você não encontrar vestígios do bem, nunca poderá ir além da dor.*" (p.120)

A pessoa por trás da crise, por trás dos sintomas graves, um caminho em nome da saúde e não da patologia, rumo a um bem-estar possível, seja qual for a sua forma. Uma postura terapêutica potente, um mapa que se torna um suporte e aliado indispensável para tocar a fragilidade do sistema conjugal por uma postura profissional humana sem a utilização de juízos e etiquetas.

Obrigada *Accademia della Psicoterapia della Familgia di Roma* por tudo aquilo que vocês me deram.

Boa leitura!

Juliana Seger Sanvicente

INTRODUÇÃO

"TERAPIA DE CASAL NÃO EXISTE!"

Até os anos setenta não se falava em terapia de casal e nem se praticava ela. Até a formação dos terapeutas mirava a intervenção individual e a terapia familiar, no seu início, foi aplicada mais para patologias psiquiátricas, especialmente após o fechamento de manicômios, e, muitas vezes, como um remédio extremo após o fracasso de outras formas de intervenção, individuais ou farmacológicas. Havia o estigma em relação ao paciente psicótico e o medo de ter que ir ao psiquiatra (o médico dos loucos), havia também uma espécie de negação social dos problemas do casal, o que inviabilizava o uso da psicoterapia segundo o velho ditado que "roupa suja se lava em casa". No máximo, casais em crise podiam consultar pessoas "sábias" dentro da família ou o padre da paróquia, em uma espécie de confissão a dois. O resultado era, geralmente, semelhante e correspondia às regras sociais da época, e a receita era sempre a mesma: "*Para o bem das crianças é preciso suportar tudo e sacrificar a própria liberdade*".

Somente após a lei do divórcio de 1974 e a progressiva secularização dos costumes dos italianos, os casais em crise começaram a recorrer a terapeutas de casal, oriundos de uma formação sistêmica ou de uma formação psicanalítica. Na realidade, naqueles anos, também em outros países do mundo ocidental, ainda era raro ir à terapia a dois, e o parceiro mais motivado ou o que sofria mais, geralmente, tomava a iniciativa e enfrentava um percurso individual. Embora tenha se passado um longo tempo e a oferta de terapias para casais tenha crescido exponencialmente, ainda hoje, diante de um grave problema de casal, costumamos recorrer à terapia individual, talvez bilateral, ou seja, cada parceiro escolhe falar sobre as dificuldades que ele tem com um terceiro, o terapeuta, ao invés de enfrentar juntos os problemas. No entanto, as crises de casal, os divórcios hostis e o impacto sobre as crianças em termos de crescimento saudável, tanto físico quanto psicológico, cresceram desproporcionalmente a tal ponto que alguns especialistas em famílias e em casais afirmam que os pedidos de terapia de casal estão constantemente aumentando.

Um erro histórico da terapia sistêmica de casais foi o de criar uma espécie de fronteira intransponível entre o que pertence à família e o que concerne ao casal, uma fronteira que, inclusive, contradiz o próprio conceito de sistema familiar, no qual a totalidade não é a soma das partes. Assim, pode ocorrer que os terapeutas de casal nunca tenham conhecido uma família em sua prática clínica, reservando toda a sua atenção exclusivamente para a dinâmica entre os parceiros. Mesmo nas publicações dos estudos de psicoterapia, escolhe-se elencar as suas habilidades específicas: terapia individual, terapia de casal e familiares, como se fossem intervenções muito diversificadas, quando, pelo contrário, a matriz de referência teórica deveria ser a mesma. Eu lembro de forma muito clara de dois pioneiros da terapia familiar, com sensibilidades e formações muito diferentes, afirmarem na Conferência Internacional de Florença de 1978: "*A terapia de casal não existe!*". Era Mara Selvini Palazzoli e Jay Haley, que enfatizavam que o casal é apenas um subsistema da família e que as suas problemáticas devem ser enfrentadas sob uma ótica familiar. Esse pensamento, que na época me parecia um pouco categórico, irá guiar o meu trabalho clínico com casais pelos quarenta anos seguintes, apesar da proliferação, ao longo do tempo, de terapeutas e escolas de formação em terapia de casal. Porém, então, como um jovem terapeuta, eu precisava aprender menos frases de efeito, mas aprender mais concretamente como lidar com a questão do casal na dimensão intergeracional. Nessa busca por competências, o encontro em Washington com Murray Bowen e com James Framo na Filadélfia, ambos vindos de uma formação psicodinâmica, foram fundamentais para o meu crescimento pessoal e profissional.

Bowen havia desenvolvido uma teoria revolucionária sobre a família que é ainda hoje uma pedra angular da terapia familiar multigeracional. Na realidade, poderíamos dizer que suas afirmações oferecem uma descrição evolutiva muito sofisticada sobre crescimento do indivíduo dentro de suas próprias relações familiares. Justamente refletindo sobre isso, como curador, escolhi o título *Dalla famiglia all'individuo* (Bowen, 1979), o livro que inclui os ensaios mais importantes de Bowen. Para trabalhar com casais em uma dimensão intergeracional, os conceitos de diferenciação do *Self* da própria família de origem, de natureza emocional, de transmissão intergeracional dos processos de imaturidade, de onda de choque emocional, passando pelos triângulos familiares em uma situação de estresse, só para citar alguns, são um *manual relacional* que orienta a intervenção durante a compreensão do indivíduo, tanto horizontalmente (dimensão do casal) quanto verticalmente (desenvolvimento da família). A sua teoria, descrita como Teoria Geral do Sistema, mais conhecida como *Bowen System Theory*, talvez em oposição ao *System Theory* do Instituto de Pesquisa Mental em Palo Alto, é certamente uma notável contribuição para o movimento da terapia familiar. Como terapeuta, Bowen era bastante cerebral, com uma postura hierática e solene, bastante distanciada e fria no nível emocional. Apesar disso, observando as suas terapias de casal, pode-se perceber que quando um casal, em vez de interagir, tende a se sobrepor e desqualificar um ao outro, é mais útil interromper a troca entre os parceiros. O terapeuta, em vez de fazer esforços extremos para facilitar a comunicação, pode se colocar entre os dois como um elemento divisor e mover o plano do discurso do *feeling* ao *thinking*. Fazer perguntas que estimulem o pensamento é mais produtivo do que estar no nível do sentimento, o que pode levar mais facilmente à animosidade e à falta de respeito mútuo. Uma vez estabelecido um limite mental entre dois indivíduos, será mais fácil e menos confuso se mover no campo minado das emoções.

O confronto com James Framo começa em Roma nos anos de 1971 e continua por muitos anos nos EUA, primeiro na Filadélfia e depois em San Diego. O fato de estar, muitas vezes, hospedado na sua casa na Filadélfia me permitiu conhecer melhor também os acontecimentos pessoais e familiares mais significativos. Em especial, a perda de dois filhos ainda crianças, devido a uma doença cardíaca congênita, a qual se seguirá quase inevitavelmente a separação de Mary, com quem esteve casado durante muitos anos. Em um seminário da Associação

Americana de Terapia Conjugal e Familiar, conduzido por Framo e por mim em Tucson, Arizona, muitos anos depois, Jim revelará publicamente suas experiências de perda e a dificuldade em trabalhar na terapia com crianças, favorecendo o trabalho no casal adulto. Frequentemente, assisti às suas terapias de casal e, especialmente, ao seu trabalho muito original com os multicasais, experiência que repeti na Itália por alguns anos. Em seu trabalho intergeracional com o casal, Framo parte da teoria das relações objetais de Fairbairn, afirmando que os parceiros são selecionados com base na redescoberta dos aspectos perdidos de nossas relações objetais primárias. A afirmação subsequente, com a qual concordamos, é que as pessoas geralmente não escolhem o parceiro que elas querem, mas aqueles que elas mais precisam. Usar a família de origem como um recurso para terapia de casal é o resultado lógico da ideia de que forças transgeracionais exercem influência crítica sobre as relações íntimas atuais. Famosa e provocativa nesse sentido é a frase de Carl Whitaker, ao descrever os dois integrantes do casal como "*bodes expiatórios de suas respectivas famílias de origem, enviados por estes para se reproduzirem*".

Muitos casais passam muito tempo conversando durante a terapia sobre as suas famílias de origem e, frequentemente, fazem-no de acordo com roteiros testados e aprovados. Framo preferia o confronto com os personagens reais e preparava cuidadosamente com cada parceiro uma reunião especial com sua própria família de origem. Nessas sessões, que Framo definiu como "*a grande cirurgia da terapia familiar*", as famílias elaboravam seu passado e seu presente. Ele afirmava que os filhos adultos devem resolver seus conflitos com os pais antes que estes morram. Ao ser capaz de perdoar os próprios pais, pode-se ver o parceiro de uma forma mais realista. Posso confirmar que fiquei muito impressionado com o trabalho preparatório para essas reuniões especiais e com a condução calorosa e respeitosa de Framo, mas devo admitir, como veremos no decorrer deste livro, que a ideia de dividir o casal em encontros com as respectivas famílias me parecia a perda de uma ocasião especial, na qual cada um dos parceiros poderia aprender algo sobre si mesmo e sobre o relacionamento do casal por meio da experiência ao vivo e do grande envolvimento do outro. Talvez, o longo percurso clínico compartilhado com Whitaker me impedia de ser a ponte entre os dois cônjuges, principalmente em face da revelação de verdades familiares importantes para ambos os parceiros. Seguindo o lema whitakeriano de que "nunca se fazem planos pelas costas da família", achei difícil me tornar o repositório de profundo conhecimento sobre o crescimento de um parceiro, excluindo o outro.

As sessões dos *multicasais*, realizadas em coterapia, foram muito diferentes e muito originais. A estrutura geral era muito simples, consistia em três casais e cada um falou durante vinte e cinco minutos sobre os problemas mais relevantes do seu relacionamento, guiados pelas perguntas e pelas intervenções de Framo. Então, nos cinco minutos seguintes, os outros dois casais forneciam as suas próprias reflexões sobre o assunto e o mesmo esquema se repetia para cada par. De alguma forma, um conceito social de apoio emocional e solidariedade mútua foi introduzido dentro da sessão, que se tornava efetivamente uma terapia de grupo, na qual cada casal podia se refletir no outro e transformar seus problemas em recursos relacionais. Por alguns anos, de volta à Itália, eu também coloquei a minha mão no trabalho clínico com multicasais, mas sem elaborar a fundo a experiência e sem escrever nada sobre essa interessante forma de intervenção em grupo, que foi amplamente adotada por muitos médicos no trabalho multifamiliar.

Whitaker não tinha um padrão de trabalho específico com relação a problemas de casais, assim como ele não tinha com relação a problemas relacionados a conflitos entre pais e filhos. Seu trabalho era trigeracional natural, quase instintivo, visando a despatologizar a família, ampliando o campo de observação seja no andar de cima (a geração idosa) seja no andar de baixo (as crianças), a fim de apreender a essência de cada indivíduo nessa viagem pela história de cada um por meio da experiência terapêutica. Suas intervenções foram baseadas em suas intuições e associações livres (a sua contratransferência), nas quais o tempo salta de uma geração para outra, perguntas metafóricas e a *self-disclosure* permitiam a quebra de esquemas defensivos e, assim, despir as partes mais íntimas de cada um. Era um modelo de terapia simbólico-experiencial em busca do eu interior, tanto do terapeuta quanto de seus pacientes. Ele se baseou nessa proposta de encontro em níveis profundos a sua experiência clínica e humana, antecipando largamente os estudos subsequentes de Daniel Stern sobre intersubjetividade. Embora esteja associado a Virginia Satir no mesmo modelo de referencial teórico, sua trajetória não segue os passos da Gestalt, como será proposto mais tarde pela terapia experiencial focal de Sue Johnson e seus colaboradores.

Quanto aos casais, Whitaker, talvez "um prisioneiro de seu tempo ", tinha uma fé inabalável nos recursos do casal e na normalização da família alargada e acreditava que os dois parceiros deviam resolver os seus conflitos dentro da própria relação, sem recorrer a separações e a divórcios. Afirmava que o casamento é o processo terapêutico natural em nossa cultura, um campo de teste para a identificação da família de origem e para a renegociação da intimidade e da autonomia na primeira relação adulto-adulto em que cada um exerce igual influência. Em um mundo como o atual, em que pessoas se unem já tendo os papéis da separação no bolso, a ideia de Whitaker faz ainda mais sentido e sugere que preservar é mais vital do que destruir e que a terapia pode ser um baluarte de fácil fragmentação familiar.

Não há dúvida de que, em meu trabalho com casais e famílias em dificuldades, têm sido de grande ajuda para mim as teorias de desenvolvimento familiar, em particular, o estudo das fases do ciclo de vida da família conforme descrito por Monica McGoldrick, e o conceito de resiliência familiar de Walsh como uma busca por recursos familiares e sociais da família. Lebowb, em seu editorial de 2016, no *Family Process*, afirma que Froma Walsh produziu uma verdadeira revolução dentro do movimento de terapia familiar da época, tudo centrado no estudo da patologia na família, publicando um livro histórico, intitulado Processos Normativos da Família (*Normal Family Processes*, Walsh, 1982). Os estudos sobre a resiliência familiar e em uma abordagem mais humanística e cultural, diante de experiências traumáticas de outra natureza, multiplicaram-se nas décadas sucessivas até hoje, na tentativa de contrastar o furor diagnóstico e rotulante do DSM-5 e da psiquiatria em geral, em que a saúde mental continua a ser descrita predominantemente em termos de eliminação dos sintomas.

Certamente, nessa busca por recursos familiares e culturais, também submerso em contextos destrutivos e alienantes, a minha formação em Psiquiatria Social da Comunidade em Nova York e em psicodinâmica horniana integraram-se bem e foram de grande ajuda para mim: com a primeira lente, pude observar a dimensão fundamental do *contexto social*, das afiliações culturais da família, incluindo o seu desenraizamento e os cortes emocionais. Com a segunda perspectiva, no entanto, eu incorporei totalmente a *psicologia positiva* de Horney, Fromm, Sullivan e Thompson, que se desligaram do pensamento freudiano pela perspectiva positiva do homem que eles tinham, que carrega dentro de si uma necessidade vital de se realizar, como um empurrão para a vida em vez da destrutividade.

A disponibilidade e a humanidade do terapeuta diante da dor autêntica do paciente, junto com sua segurança interior e suas ressonâncias afetivas, são elementos essenciais do processo terapêutico segundo Morrone, inspirador da terapia Horniana na Itália. Interessante e convergente é a descrição do desenvolvimento da terapia familiar fornecida por Minuchin na histórica conferência em Roma em 2000 intitulada "Os pioneiros da terapia familiar". Minuchin ilustra a *American quilt of family therapy*, distinguindo dois gêneros terapêuticos, um mais quente e intervencionista e um mais frio e mais distanciado e, na primeira categoria, identifica o grupo neofreudiano, citado acima, como precursor do recém-nascido movimento da terapia familiar.

As atitudes terapêuticas de buscar o positivo, adquiridas na minha formação psicanalítica, transferi-as amplamente para o meu trabalho com casais em crise, em que duas histórias de sofrimento e de esperança se encontram. A dança relacional entre dois parceiros e a harmonia nos movimentos são aprendidas se a subjetividade de um e do outro for restaurada, superando os problemas de casal e as complementaridades disfuncionais. *De duas metades que fundem, pode-se passar a duas unidades que se encontram*: se acontece essa etapa evolutiva, a escolha do outro pode ser reformulada e passar do *parceiro de que você precisa* para o todo, com quem compartilhar experiências de vida. Essa direção será possível se cada parceiro for capaz de redescobrir seu verdadeiro eu e dar sentido à sua própria história de desenvolvimento. Os inimigos a serem derrotados, segundo Horney, estão em dois extremos: por um lado, o *Eu idealizado*, que direciona para uma percepção grandiosa e ilimitada da própria existência e que exige uma constante aprovação do ambiente externo; no outro extremo, no entanto, é colocado o *Eu desprezado*, que se expressa em uma forma de ódio e desvalorização total de si.

Sobre casais, já escrevemos em várias ocasiões. Primeiramente, em ordem de tempo, remonta a 1988, na sequência de uma extraordinária Conferência Internacional sobre Terapia de Casal, organizada pelo

Instituto de Terapia da família de Roma no ano anterior. De fato, foi lançado o livro *La crisi della coppia* (O casal em crise, em português - Andolfi, 1999), volume histórico dedicado à memória de Virginia Satir, que havia participado ativamente da referida conferência, e que se tornará uma obra de grande valor, ainda muito atual.

Há 27 anos, nascia a Academia de Psicoterapia da Família, verdadeiro viveiro de experiências clínicas e reflexões teóricas sobre a família e sobre o casal. Após vários anos de trabalho de coleta de dados, publicou-se, assim, o livro *La terapia narrata dalle famiglie* (Andolfi, Angelo, D'Atena, 2001), que reuniu pesquisas qualitativas sobre os resultados à distância da terapia familiar. Dentro da pesquisa, um subgrupo significativo foi representado por casais que concluíram ou interromperam um caminho terapêutico. Mais tarde, saiu o livro *La terapia di coppia in una prospettiva trigenerazionale* (Andolfi, Falcucci, Mascellani et al., 2006), lançado pela *Accademia*, que coletou ideias apresentadas por mim em um seminário intensivo sobre casais. Esse pequeno livro representou, de fato, o ponto de partida para tentar, mais de dez anos depois, este novo trabalho.

Por muitos anos, um grupo de terapeutas experientes conduziu casais em coterapia, encontrando-se um dia por semana no Polo Clínico da Academia, refinando o modelo multigeracional e as técnicas de intervenção. Anna Mascellani não só fez parte desse grupo especial, mas trouxe consigo uma bagagem de criatividade e habilidades clínicas excepcionais. Com Anna, eu escrevi, anos atrás, um volume considerável, intitulado Histórias da Adolescência (Andolfi & Mascellani, 2019, ed. Artesã), e juntos queremos agora oferecer ao leitor uma obra original e utilizável em terapia de casal, seguindo um modelo multigeracional, que reúne os resultados de várias terapias realizadas com esse método na Escola de Formação da Academia de Psicoterapia da Família de Roma.

Nesse modelo de intervenção, incluímos, além do *andar de cima*, aquele ocupado pela família de origem, também *o andar de baixo*, representado pelos filhos, muitas vezes, negligenciado ou pelo menos não engajado ativamente na terapia. De acordo com os cânones da pedagogia e da prática psicoterapêutica prevalente, crianças e adolescentes são vistos como um elo frágil na família, a serem protegidos e mantidos fora de conflitos, ao invés de sujeitos competentes para serem ouvidos e valorizados como testemunhas privilegiadas dos acontecimentos familiares. Tudo isso é ainda mais verdadeiro e paradoxal justamente em situações de crise e em separações de casais que envolvem menores em primeira pessoa, pelas consequências prejudiciais, às vezes devastadoras, que se seguem a divórcios hostis e vingativos. Percebemos o valor altamente curador e reconfortante das crianças dentro da terapia de casal e falaremos muito sobre isso dentro deste volume. No livro, também falaremos sobre outro fenômeno, o qual, com uma observação somente superficial, poderia não ser atinente à terapia de casais. Em nossa prática clínica, deparamo-nos com muitas famílias atrás do pedido urgente de intervenção devido a problemas infantis, dos mais diversos: desde transtornos psicossomáticos ou relacionais até transtornos de humor e de comportamento. Na maioria dos casos, fomos capazes de constatar como esses transtornos foram sustentados e alimentados por conflitos, se não verdadeiras e reais hostilidades entre casais ou tensões abertas com as famílias de origem. Em vez de culpar os pais ou trabalhar o casal deixando os filhos em casa, construímos um modelo de intervenção descrito como *terapia de casal camuflada*. Acolhemos de modo positivo os problemas das crianças, quaisquer que fossem, porque representavam uma ocasião especial, uma ponte relacional privilegiada, para conhecer as famílias delas. Por meio da orientação das crianças e da especificidade de seus transtornos, voltamo-nos aos problemas mais pesados e urgentes do casal, que nunca teria sido capaz de formular um pedido explícito e direto de ajuda, seja por medo da separação seja por causa de traumas e feridas ainda abertas com suas respectivas famílias de origem. Nesse caminho pela contramão, que poderíamos chamar de gerações de baixo para cima, a minha formação como psiquiatra infantil foi de grande ajuda, o que me obrigou a ter uma relação constante e assídua com as crianças. As crianças abriram a porta das suas famílias para mim e, com a orientação delas, pude direcionar as minhas explorações e intervenções. Ao passo que, por cinquenta anos, procurei transmitir a muitos colegas e instituições a mesma filosofia, e, com Anna Mascellani, gostaríamos, agora, de conduzir o leitor a essa viagem pelas tramas familiares em busca de transformações autênticas e duradouras de casais.

Maurizio Andolfi

SENTIR-SE SOZINHO A DOIS

Fala-se muito sobre casais. Em casa, entre amigos, nos jornais, entre especialistas nas profissões de ajuda, nos tribunais, fala-se cada vez mais sobre como é difícil hoje permanecer unidos depois de se casar. Dicas, remédios e regras especiais a serem seguidas para fazer o relacionamento a dois dar certo são divulgados diariamente nas redes sociais, televisão (TV), livros e manuais específicos. Deveríamos nos perguntar por que tudo isso está acontecendo; frequentemente, fala-se sobre algo quando esse algo faz falta. A relação sentimental quando se configura como vínculo estável, reconhecido ou não pelo casamento, vive tempos sombrios e complicados, já não há mais dúvidas entre modelos antigos e novas exigências difíceis de satisfazer. O crescente número de divórcios e a oferta de vários tipos de intervenções ou terapias de apoio para os cônjuges e pais nos dizem que a relação do casal moderno, apesar de ter menos de um século de idade, está em profundo sofrimento.

Os seres humanos são geneticamente programados para se apaixonarem, mesmo assim, na sociedade de hoje, o solteiro é muitas vezes considerado uma pessoa privilegiada em posse de seu tempo, da liberdade, de um futuro. Embora, para muitas pessoas que vivem sozinhas, o desejo de ter uma vida amorosa consolidada continue presente, as esperanças de sucesso parecem poucas e os medos são fortes. Construir uma família é tido como um vínculo, como o risco de perder partes preciosas de si mesmo, em vez de uma nova aventura para experimentar a própria capacidade de lidar com compromissos. Basicamente, escolher se comprometer em um vínculo estável é equivalente a renunciar, mas, em nossos dias, a renúncia não está muito na moda. Então, se antes era o solteirão ou a solteirona a serem considerados pessoas solitárias e desfavorecidas, hoje se sentem sozinhos, porque incompreendidos pelo parceiro ou porque enterrados em uma vida inesperadamente cansativa, muitas vezes, aqueles que estão em casal e em família.

A complexidade das necessidades psicológicas do indivíduo dos nossos tempos aumentou enormemente e, quando um casal se forma, são duas complexidades que se encontram. Hoje, é socialmente aceito que a liberdade pessoal seja um objetivo imprescindível, mas, ao mesmo tempo, existe a culpa, porque gostariam de ser pais atenciosos e presentes; busca-se uma carreira, mas se sofre porque o casal se apaga, sem tempo para se dedicar e sem energia para intimidades. A mulher está infeliz: consigo mesma, porque, mesmo se sentindo mais forte do que no passado, tem dificuldade em recompor uma harmonia interna; e com o parceiro, que é cada vez menos capaz de responder às suas novas e multifacetadas necessidades. Ser mãe é só uma das aspirações da realização feminina e, muitas vezes, nem mesmo a principal. Obviamente, não se trata de falta de amor pelos próprios filhos, mas surgiram necessidades individuais contraditórias e é inútil fingir que elas não estão lá. Isso não é um limite nem uma falha, mas uma realidade que deve ser aceita. O homem, por sua vez, está descontente com sua companheira, a qual ele considera como alguém que nunca está feliz e que não sabe bem o que quer; ou talvez ele não esteja insatisfeito consigo apenas porque ele se engana mais facilmente, dizendo a si mesmo que está tudo bem. Ele não é mais o herói monolítico de uma época, mas ele tem que lidar com novas emoções que, muitas vezes, não sabe como gerenciar, bem como com as contradições internas que precisam ser acolhidas e não colocadas em papéis tradicionais que só correm o risco de fazê-las explodir. Muitas vezes, é assim que o casal chega para pedir ajuda para especialistas, não sabem se o que querem é dar uma última chance antes de separar ou se querem se certificar da inevitabilidade de uma separação. É socialmente compartilhado que o vínculo do casal deve ser nutrido e mantido vivo diariamente pelo amor entre os parceiros e que, se existe amor, tudo pode funcionar. Se não se sente amado pelo que se é, melhor ir embora.

Sempre me surpreendeu ver isso como um sintoma de uma criança ou de um adolescente, que apareceu de repente e que desaparece com a mesma rapidez quando o terapeuta consegue intervir nas distorções intergeracionais não resolvidas pelo casal de pais.

Desde os primeiros dias de minha experiência clínica como terapeuta familiar, aprendi que, a fim de resolver os vários problemas enfrentados por crianças e adolescentes em terapia, não poderia deixar de levar em consideração a função parental dos cônjuges. A casuística com a qual eu me deparava na época dizia respeito mais aos problemas das famílias e menos aos problemas do casal, porém muitas vezes acontecia que, após um primeiro percurso terapêutico com a família por causa do transtorno de um filho, era possível entrar nas questões do casal mais propriamente relacionadas à relação conjugal e, justamente neste último passo, consolidava todo o trabalho realizado com a família. Era uma espécie de caminho terapêutico reverso, que começava a partir de um sintoma desenvolvido de disfunção parental para chegar à distorção básica pertinente ao casal. Tratava-se de terapias de casais amplamente camufladas, amplamente citadas e descritas neste livro.

Se eu tivesse que dizer o que mais aprendi com minha experiência clínica de tantos anos é que a terapia de casal deve ser considerada uma terapia preventiva a ser feita quando a crise entre os parceiros se manifesta e se prolonga ao longo do tempo, especialmente se você já é pai ou deseja se tornar um. O subsistema do casal é o eixo central de todo a estrutura da família: se ela vacilar, todo o edifício da Família ficará sempre inseguro.

Ao longo dos anos, a terapia de casal, como tal, tem cada vez mais assumido a forma de um pedido explícito mesmo dentro da Academia de Psicoterapia da Família e foi, assim, que, em 2004, um pequeno grupo de seis pessoas (Maurizio Andolfi, Lorena Cavalieri, Alessandra Santona, Massimo Falcucci, Fulvio Sciamplicotti e eu) resolveu formar uma equipe permanente, dando vida ao *Serviço de Psicoterapia do Casal* dentro do Pólo Clínico da Academia. A ideia básica era usar o modelo de *terapia familiar multigeracional* diretamente no subsistema do casal, mas também propor um método de trabalho que pudesse ver a coterapia homem / mulher como uma constante de todas as intervenções, assistida pela presença de todo grupo atrás do espelho unidirecional. Toda quinta-feira, por muitos anos, a equipe se reunia para trabalhar junto com um número crescente de casais que pediam ajuda para si mesmo, aperfeiçoando cada vez mais como uma intervenção especializada: *a terapia de casal intergeracional.* Em uma atmosfera de grande entusiasmo e curiosidade, tentávamos formar casais terapêuticos diferentes, alternando-nos no acompanhamento dos casos e na aprendizagem de novidades, tanto pelos casais quanto pelo nosso grupo. Essa nossa experiência profissional foi apresentada em várias conferências e foi a fonte de artigos e pesquisas realizadas dentro da Academia.

Há alguns anos, Maurizio Andolfi mudou-se para a Austrália, onde vive durante a maior parte do ano e onde continua trabalhando, encontrando casais e famílias em um contexto cultural que é obviamente muito diferente do italiano. Só para dar um exemplo, na

Austrália, o número médio de filhos é dois / três por família, as pessoas saem de casa muito jovens, e a família de origem quase nunca serve de apoio ao casal: ou eles moram muito longe ou, de todo modo, não está envolvida e engajada como a família italiana.

Quanto à realidade italiana, onde moro e trabalho, principalmente nos últimos anos, a abordagem dos casais à terapia mudou novamente. A partir das experiências clínicas do passado, em que se via a maioria deles pedir ajuda para encontrar um ambiente sereno, tanto para si quanto para sua família, hoje acontece cada vez com mais frequência encontrar casais que veem a separação como a solução mais rápida para seus problemas, mas que não conseguem se separar sem se magoar e sem ferir profundamente seus filhos. Quando o casal não procura ajuda de forma independente para encontrar soluções pessoais, o aumento de desagregações familiares, por meio de separações litigiosas e violentas, prejudica o pedido de ajuda por intermédio de um pedido forçado que, como veremos, é explorado por diversos profissionais interdisciplinares, deixando um pequeno e vacilante espaço de ação para a relação terapêutica. Também, nesses casos, no entanto, o trabalho pode ser feito se o terapeuta usar uma lente especial, que enquadra e enfoca as especificidades que, em sua história particular, impediu o casal de lidar com sucesso com suas tarefas evolutivas.

O objetivo deste livro é ilustrar o nosso modelo terapêutico com casais, que já está bem consolidado. Um modelo de trabalho que vai além da ideia de ter que consertar as falhas, para, ao invés disso, procurar os significados de uma paralisia evolutiva na história dos indivíduos que compõem o casal.

O livro se desenvolve em quatorze capítulos. Nos dois primeiros, após uma análise inicial das diversas abordagens da terapia de casal atualmente presentes no cenário internacional, descreve-se o nosso método de observação do casal a partir de sua formação, correlacionando-o com suas próprias tarefas evolutivas de acordo com seu ciclo de vida.

O terceiro capítulo é dedicado à avaliação multidimensional da relação de casal em seus vários componentes, como o intergeracional, o social e a parte interna do próprio casal, enquanto, sucessivamente, um amplo espaço é reservado para a descrição da importância do terceiro no relacionamento do casal, tanto em termos negativos quanto em termos positivos, em consonância com a modalidade de observação triádica, compartilhada por nós e pelos principais exponentes da terapia sistêmico-relacional desde as origens da terapia familiar.

Posteriormente, do quinto ao décimo segundo capítulo, o texto se desenvolve descrevendo o processo terapêutico de acordo com seu andamento, a partir de sua fase inicial, que vê a construção da motivação conjunta e da aliança conforme o tipo de solicitação, passando pela fase intermediária, dedicada à convocação de diversos consultores na sessão, até a fase final e avaliação remota da terapia.

Os dois últimos capítulos ilustram o nosso trabalho com casais quando a separação ou o divórcio já estão presentes em suas vidas. Em particular, no décimo terceiro capítulo, descreveremos nosso método de trabalho em situações de divórcio bloqueado, muitas vezes, na origem de uma sintomatologia de crianças para as quais é solicitada ajuda, bem como naqueles pedidos forçados pelas instituições de casais em fase de separações fortemente hostis para ajudá-los a recuperar a funcionalidade em relação aos aspectos parentais.

Finalmente, no último capítulo, discutimos o trabalho com casais em famílias reconstituídas, ilustrando como o nosso modelo terapêutico intergeracional é aplicado nessas situações, que veem precisamente na capacidade de sobrevivência do casal, diante de diferentes desafios que esse tipo de família lhes impõe, o fator mais significativo para o bem-estar e o desenvolvimento saudável de toda a família.

Gostaríamos de ter concluído o livro dedicando um capítulo à terapia com casais homossexuais, tema sem dúvida relevante no panorama atual, mas preferimos não o fazer, porque teríamos que ter nos limitado a analisar com base em uma revisão bibliográfica, uma vez que nossa série de terapia de casais do mesmo sexo é muito limitada. Como se verá, todo o livro tem uma fisionomia predominantemente clínica.

A partir de nossa dupla experiência, a de Maurizio Andolfi no hemisfério sul e a minha na Itália, escolhemos propor ao leitor nosso modelo terapêutico, oferecendo um corte transversal de diferentes culturas: a italiana, decididamente latina e certamente mais expressiva, e a anglo-saxônica, mais destacada e introvertida. Escolhemos fazer isso usando, principalmente, a narrativa de histórias terapêuticas, algumas vividas juntas em coterapia, outras separadamente, cada um em seu contexto de trabalho atual. Com o desejo de ilustrar, por meio de exemplos concretos, da exposição de construtos teóricos e da descrição da práxis terapêutica, o livro apresenta quarenta e um casos clínicos, dando vida aos inúmeros casais que conhecemos, junto a seus filhos, a famílias de origem e a amigos, em muitos anos de experiência clínica. Obviamente, por razões de privacidade, os nomes dos inúmeros protagonistas e as referências logísticas foram alteradas, mas todos os casos clínicos apresentados são reais.

Ao final do nosso longo trabalho, relendo os vários casos que contamos, vimos confirmada a nossa suspeita inicial: embora os casais sejam diferentes uns dos outros do ponto de vista cultural, os problemas que enfrentamos todos os dias são muito semelhantes em todos os lugares, como se houvesse um componente universal do desconforto do casal, e o método intergeracional se mostra igualmente eficaz em culturas e formas muito diferentes de constituir família. Como veremos em breve, as dinâmicas e os problemas de casal, de um extremo ao outro do mundo, são quase iguais.

Anna Mascellani

1. AS DIFERENTES ABORDAGENS DA TERAPIA DE CASAL

É apenas em meados da década de 1980 que a terapia de casal começa a surgir como um tratamento específico independente da terapia familiar. Nos últimos anos, o desenvolvimento de diversas abordagens teóricas e de pesquisa se expandiram rapidamente, a tal ponto que, de acordo com diversos autores, a terapia de casal parece ter se tornado hoje o "destaque" da psicoterapia. E, na opinião deles, vai se tornar cada vez mais, superando as demandas por terapias individuais e familiares (Gurman et al., 2015). Isto parece corresponder, de fato, à crescente fragilidade da relação de casal, em que o vínculo fundador entre os dois parceiros, o que poderíamos definir com Scabini e Cigoli (2000) o *pacto fiduciário do casal*, parece, cada vez mais, débil e provisório, com o resultado de rupturas familiares frequentes e precoces.

Nas últimas décadas, três vertentes têm crescido significativamente: a abordagem cognitivo-comportamental (CBCT, *Cognitive Behavioural Couple Therapy*), a terapia psicanalítica de casal e a terapia de casal centrada nas emoções e orientada para a teoria do apego. As duas primeiras abordagens derivam da tradição psicológica e psicodinâmica, relacionada, por muito tempo, ao estudo do indivíduo e, posteriormente, aplicada ao casal. Apesar de suas profundas diferenças teóricas e metodológicas, elas estão igualmente centradas nos parceiros como indivíduos e no seu relacionamento dual, excluindo qualquer implicação nos aspectos sociais e familiares no estudo do funcionamento do casal e da terapia. Elas propõem novamente, para o casal, a mesma lente de observação usada com o indivíduo, ou seja, no ambiente terapêutico, existem apenas dois adultos em conflito e um ou dois terapeutas para o tratamento. Com a ajuda deles, o casal poderá superar erros no processamento das informações, descobrindo conhecimentos positivos (na CBCT), ou os dois parceiros serão capazes de restabelecer os níveis de custódia mútua do próprio mundo interno, por meio do *enredamento inconsciente* das relações objetais de um com o outro, no modelo psicanalítico.

Longe de ambas as modalidades terapêuticas, está a possibilidade de ampliar o quadro para a família, convidando para as sessões as famílias de origem ou os filhos de casais em tratamento. Se tudo isso nos parece coerente com os modelos descritos, mais surpreendente é o fato de que a terapia de casais centrada na emoção, como a proposta por Sue Johnson (Johnson, 2004, 2015) ou por Gottman e Gottman (Gottman, Silver, 1999 & Gottman, Gottman, 2015), aborde os dois parceiros exclusivamente e focalize sobre seu funcionamento como casal, compartilhando muito pouco do quadro teórico intergeracional da terapia familiar, que, de alguma maneira, até mesmo, tais autores parecem inspirados. Contudo, falaremos sobre isso mais adiante, reiterando o que já foi mencionado na introdução, é válido dizer que, desde o início, uma barreira intransponível foi criada entre a terapia familiar e a terapia de casal.

A ABORDAGEM COGNITIVO-COMPORTAMENTAL

A abordagem cognitivo-comportamental na terapia de casal tende a se concentrar em processos cognitivos e interações comportamentais dentro do casal, ajudando cada parceiro a se tornar um melhor observador de seus próprios pensamentos automáticos, bem como de suas próprias suposições e de esquemas cognitivos enraizados ao longo do tempo em relação aos seus relacionamentos (Baucom et al., 2015). A premissa básica é que as respostas disfuncionais de cada parceiro, tanto emocionais quanto comportamentais, a eventos relacionais são influenciadas por erros de processamento das informações e das avaliações cognitivas distorcidas ou arbitrárias de eventos em si (por exemplo: "Você saiu para beber com amigos depois do trabalho, porque está mais interessado nos seus amigos do que em mim!") ou por padrões irracionais e extremos sobre como o relacionamento deveria ser (por exemplo: "Se nosso casamento fosse realmente feliz, nunca deveríamos discordar ou discutir!") (Baucom & Epstein, 1990).

Frank Dattilio, representante respeitado da terapia cognitivo--comportamental de casal, foi profundamente influenciado pelas ideias de Beck, que, já em 1967, afirmava que os indivíduos respondem a estímulos por meio de uma combinação de respostas cognitivas, afetivas e comportamentais e que cada um desses estímulos interage com outros. Dattilio (2010), em seu livro *Cognitive-Behavioral Therapy with Couples and Families*, apresenta uma integração de conceitos-chave de teorias neurobiológicas, sistêmicas e de apego e ilustra como a *Schema Terapy*, Teoria do Esquema, baseada nos esquemas (crenças) de Si próprio e de cada indivíduo, pode ser aplicada ao casal, uma vez enfocados os esquemas emocionais de cada parceiro.

Jacobson e Christensen (McKenzie et al., 2016), em sintonia com outras abordagens, como a EFT de Johnson (*Emotionally Focused Therapy* - Terapia Focada nas Emoções), descrevem uma *Integrative Behavioral Cognitive Therapy*, em que as mudanças comportamentais do casal são favorecidas pelo foco nas emoções, a fim de reparar laços de apego inseguros.

A CBCT configura-se como uma abordagem de terapia breve, que termina gradativamente quando o casal mostra que substituiu as interações disfuncionais, adquirindo um padrão nas habilidades para desenvolver novas formas de interações e cognições positivas. Tudo isso também acontece por meio de tarefas de casa, que permitem ao casal praticar habilidades expressivas e de escuta entre as sessões.

A TERAPIA PSICANALÍTICA DE CASAL

Bem diferente é a *terapia psicanalítica de casal* (PCT, *Psychoanalytic Couple Therapy*), no que diz respeito aos pressupostos básicos, às modalidades e à duração da terapia. Geralmente, são previstas sessões semanais, muitas vezes, conduzidas por um par de terapeutas, que acontecem durante um período de vários anos, no qual se favorece a suspensão da ação, ao contrário tanto do modelo cognitivo-comportamental quanto da terapia sistêmica, em que se conta com prescrições, atribuição de tarefas ou reestruturação experiencial nas sessões.

A PCT começou no *Tavistock Marital Study Institute* em Londres na década de 1960 e seus fundamentos conceituais são baseados naqueles da psicanálise individual, adaptados e aplicados à dinâmica do casal. De acordo com Fairbairn (1954), de fato, o indivíduo se organiza por intermédio da necessidade fundamental de relacionamentos significativos ao longo da vida. É reafirmada a centralidade da organização inconsciente e a influência das experiências precoces de vida e das relações objetais no funcionamento do casal. O casamento, segundo Dicks (1967), é uma espécie de relacionamento terapêutico natural de custódia mútua de aspectos do seu mundo interno. Na prática, trata-se de um estado de identificação contínua e recíproca de projeção, e a qualidade, a longo prazo, do relacionamento do casal é determinada pelo entrelaçamento inconsciente entre as relações objetais internas de um e do outro parceiro. Os mesmos conceitos foram posteriormente elaborados por Sharff, D e Sharff, J (2003) nos Estados Unidos, que encontraram na centralidade da organização inconsciente e no conceito de identificação da projeção a consequência da estrutura interpretativa das relações do casal.

As ferramentas são as mesmas da psicanálise individual: trabalha com sonhos e fantasias, a interpretação é usada para ajudar o casal a compreender a própria dinâmica relacional, e a importância da transferência e contratransferência é reconfirmada, obviamente com algumas peculiaridades, dada a copresença dos dois parceiros na sessão. Na verdade, os dois cônjuges vêm para a terapia já carregando sua própria transferência, ou seja, o relacionamento do casal pode ser descrito em si mesmo como uma relação de transferência (Sharff, D & Sharff, J, 1987; Ruszczynsky & Fisher, 1995). Outro nível a se considerar é o da transferência para o casal terapêutico.

O relacionamento do casal representa um importante centro de gravidade na vida afetiva dos seres humanos e, observando o vínculo do apego adulto, os relacionamentos íntimos podem ser melhores compreendidos. Santona e Zavattini (2007) afirmam a esse respeito que estudos sobre *apego romântico* colocaram em evidência que o vínculo do casal pode ser considerado como uma construção relacional, abrindo muitas questões sobre o problema da continuidade / descontinuidade de Modelos Operacionais Internos (MOI) e dos estilos de apego. Bartholomey e Horowitz (1991) descreveram vários padrões de apego que se correlacionam com relacionamentos de casais saudáveis ou, em vez disso, com relacionamentos em risco de abuso e violência.

Como veremos no parágrafo seguinte sobre terapia de casal centrada na emoção, a teoria do apego parece ser capaz de cruzar transversalmente e agir como uma ponte entre essas três abordagens muito diferentes entre elas. Talvez seja precisamente a sua natureza puramente diádica, que se refere à precoce relação mãe-filho ou ao vínculo do casal, que permite esta função de *fil rouge* entre ideias e práticas muito diferentes. Nos capítulos seguintes, entenderemos como será mais difícil adotar os conceitos básicos da teoria do apego ao passar de uma lente diádica a uma lente triádica para observar as relações familiares, incluindo aquelas de casais, em um ambiente multigeracional.

TERAPIA DE CASAL CENTRADA NAS EMOÇÕES

Passamos agora a descrever brevemente o *modelo de terapia de casal centrado em emoções* com matriz sistêmico-relacional. Sue Johnson, famosa estudiosa e terapeuta de casais, desde os anos noventa, desenvolveu um modelo altamente bem-sucedido e empiricamente validado e descrito como *Emotionally Focused Therapy* (EFT), uma integração entre teorias sistêmicas, Gestalt e teoria do apego (Johnson, 2004). Johnson, certamente, tem o mérito de ter construído um corpo de estudos e pesquisas sobre terapia de casal bastante distinto das terapias já estabelecidas de matriz cognitiva e psicanalítica, devolvendo um espaço importante para o trabalho clínico sobre as emoções, certamente negligenciado por muito tempo no mundo das teorias e terapias sistêmicas. Apesar de pessoas iluminadas como Virginia Satir, que já falava em 1967 do poder das emoções, Johnson afirma que o clima que prevalece no campo do movimento da família e do casal era de total desconfiança com relação às emoções e que os teóricos dos sistemas não incluíam as emoções em suas lentes de observação, embora não houvesse nada de não sistêmico em reconhecer emoções e usá-las como um empurrão para a mudança (*ibidem*).

Apesar dessas resistências para integrar o mundo emocional de pacientes em teorias sistêmicas, devemos lembrar que, em 1992, foi organizada a primeira Conferência da *European Family Therapy Association* em Sorrento, intitulada *Feelings and Systems*, na qual participaram os pioneiros mais reconhecidos e os terapeutas de família e de casal do velho continente e da América do Norte. O objetivo explícito era trazer o tema de sentimentos e afetos ao mundo dos sistêmicos, que, por muito tempo, favoreceram a linguagem verbal (as famosas perguntas circulares), ignorando a linguagem do corpo e do olhar e refugiando-se nos nichos protetores da neutralidade e do purismo em detrimento da experiência terapêutica, na qual o encontro e a mudança se dão em um *nível subjetivo das emoções*, ou seja, *dos sentimentos*, tanto dos membros da família quanto dos terapeutas (Andolfi, Angelo, De Nichilo, 1996).

No entanto, concordamos com Johnson quando ela denuncia esse limite das teorias sistêmicas, mas talvez negligencie a segunda alma do movimento de terapia familiar, a mais psicodinâmica que se desenvolveu na costa leste dos EUA e que dava mais importância ao indivíduo e à sua história de desenvolvimento familiar, conforme descrevemos em vários trabalhos (Andolfi & Angelo, 1987; Andolfi, Angelo, De Nichilo, 1996; Andolfi & Mascellani, 2010; Andolfi, 2015), a partir do volume histórico *Psicoterapia familiar intensiva* (Boszormenyi-Nagy & Framo,1969), no qual o mundo emocional da família e do casal eram considerados fundamentais.

Na verdade, a dimensão intergeracional, os condicionamentos que as famílias de origem exercem sobre a qualidade da relação conjugal e a convocação de membros da família para as sessões não são levadas em consideração por todos aqueles terapeutas de casal que, como Johnson (2004), Gottman (1994) e Schnarch (1991) - para citar apenas os mais reconhecidos internacionalmente -, consideram o casal como a unidade exclusiva de observação, intervenção e pesquisa clínica.

Como nas abordagens cognitivo-comportamentais, também na terapia de casal centrada nas emoções, a intervenção centra-se diretamente nos aspectos disfuncionais presentes na relação entre os parceiros. Nas sessões, ninguém mais participa além do casal. Uma vez identificadas as áreas específicas em que o percurso terapêutico se desdobrará, o terapeuta terá como objetivo principal ensinar aos parceiros estratégias específicas de mudança que servirão para maximizar os benefícios do relacionamento, aumentando o número de interações positivas e, ao mesmo tempo, diminuindo as interações negativas, sejam elas cognitivo-comportamentais ou emocionais.

A perspectiva positiva também é totalmente abraçada por John e por Julie Gottman (Gottman, John & Gottman, Julia, 2015), em seu trabalho extraordinário sobre casais, quando afirmam que os sentimentos positivos superam a reação negativa que poderia ser gerada em um ou outro parceiro em face de um mau comportamento ocasional do outro. A perspectiva positiva é um elemento constitutivo da metáfora da *casa de uma relação sólida*, a par de outras qualidades relacionais, como a partilha de afeto e admiração e a construção de mapas de amor. Na verdade, os autores afirmam que seu método de trabalho com casais é uma abordagem integrada que foca nas emoções, mas, ao mesmo tempo, é comportamental, pois visa à mudança de padrões interativos, mas também cognitivos, existenciais, narrativos, sistêmicos e psicodinâmicos.

A TERAPIA DE CASAL INTERGERACIONAL

Mas o que aconteceu com a terapia familiar intergeracional e com as ideias brilhantes de Bowen, Borzormenyi-Nagy, Williamson e, sobretudo, Framo a respeito dos problemas de casal?

Na quinta edição do conhecido *Clinical Handbook of Couple Therapy*, atualizado em 2015, Alan Gurman e colaboradores descrevem as diferentes abordagens para terapia de casal, levando em consideração, de maneira bastante analítica, os diferentes modelos de intervenção, desenvolvidos ao longo de cinquenta anos, partindo da abordagem cognitivo-comportamental e das teorias psicanalíticas para chegar ao mundo sistêmico. Na verdade, são descritos vários modelos de intervenção, especialmente experimentados em terapia individual ou familiar, posteriormente aplicados ao casal e classificados de forma bastante arbitrária, com exceção do capítulo sobre as *Emotion-Centered Approaches*, no qual as terapias de casais são relatadas, elaboradas de forma original por Johnson e Gottman, Silver e Gottman, Gottman e das quais já falamos.

Assim, no capítulo sobre as abordagens sistêmicas para terapia de casal, apenas a terapia estratégica breve e estrutural aparece, e as *Social Costructionist Approaches* incluem terapias narrativas e aquelas focadas na solução. Mais incompleto e confuso, parece o capítulo sobre a

Multigenerational Approach, no qual, no final, aparece apenas um trabalho sobre o *Bowen Family System Couple Coaching*, que repropõe, no trabalho de casal, os clássicos pressupostos bowenianos aplicados ao estudo do indivíduo em relação aos seus próprios processos de diferenciação da família de origem. Infelizmente, está faltando um capítulo de ou sobre James Framo, o único pioneiro da primeira geração que trabalhou toda a vida com casais segundo um modelo intergeracional, convidando, para a sessão, as famílias de origem respectivamente, seja de um parceiro, seja do outro parceiro. Framo nem é citado, embora tenha escrito artigos e livros fundamentais sobre o assunto (Framo, 1981, 1992).

Talvez, devido à escassez de encontrar outras escolas na atualidade com pensamento multigeracional, este capítulo está associado aos *Psychodynamic Approaches* de natureza estritamente psicanalítica, que têm muito pouco a ser compartilhado com o pensamento clínico e as intervenções clínicas dos seguidores de Bowen. Consideramos o *Clinical Handbook os Couple Therapy* pelo seu prestígio internacional e, precisamente, por meio da leitura dessa obra, tivemos a confirmação de que o pensamento multigeracional está pouco presente nas terapias de casal mais conhecidas e praticadas no momento atual. Já em 2003, Andolfi afirmava que quando se trata de psicoterapia familiar, tem-se a sensação de entrar em um território em que não há bases comuns ou em que não há nem mesmo um acordo baseado em modelos de referência e na própria palavra "família" (Andolfi & Cigoli, 2003). Obviamente, tudo isso também se reflete na terapia de casal. A mesma reflexão também vem de Bertrando e Toffanetti (2000) em seu valioso livro *Storia della terapia familiare*, quando afirmam que existem poucas histórias de terapia familiar, e essas poucas tendem a ser breves: geralmente, são introduções a manuais ou capítulos de livros, em contraposição às muitas e extensas histórias da psicanálise.

Com exceção de Canevaro (1999, 2009), que desenvolve seu próprio método de intervenção psicodinâmica de casal, profundamente influenciado pelas ideias de Framo, para quem o envolvimento das famílias de origem nas sessões, ora de um cônjuge ora do outro, assume grande importância, o panorama internacional da terapia de casal intergeracional parece muito desanimador. Andolfi se expressa a esse respeito: "Me parece ser uma raridade como uma mosca branca ou, para seguir uma linha mais refinada como a de Bertrando, uma peça de antiquário"; a família como uma presença coletiva e como recurso terapêutico não entra no pensamento pós-moderno, assim como bem descrito por Minuchin em seu artigo intitulado *Onde está a família na terapia familiar narrativa?* (Minuchin, 1999).

Com este livro, gostaríamos de cobrir essa lacuna e apresentar o nosso trabalho de décadas em terapia de casal intergeracional que, embora partindo de ideias pioneiras de uma matriz psicodinâmica de Bowen, Whitaker, Williamson, Boszormenyi-Nagy e, acima de tudo, de Framo, teve seu desenvolvimento original com resultados clínicos surpreendentes, validados por pesquisas clínicas realizadas por nós em uma amostragem de muitos casais tratados na Academia de Psicoterapia da Família em Roma.

A metáfora do cubo de *Rubik*

Da nossa perspectiva como terapeutas familiares militantes, não é tão estranho que a terapia de casal nunca tenha se diferenciado como um tratamento autônomo no campo da terapia familiar, simplesmente, porque a terapia de casal, na verdade, sempre foi o ponto forte da própria terapia familiar. Como descreveremos melhor mais tarde, o nosso modelo de trabalho vê o casal como um eixo intermediário e como uma estrutura apoiando todo o arquipélago familiar, que se distribui pelas diferentes gerações, entre as quais o casal é aquela central. O sintoma de uma criança sempre leva o terapeuta familiar de volta a uma avaliação da relação conjugal, estritamente ligada à funcionalidade parental. Nesse sentido, o relacionamento do casal, muitas vezes, representa a questão crítica sobre a qual se direciona o tratamento pelo terapeuta familiar, mesmo que o pedido de ajuda chegue por um motivo completamente diferente. Nós chamamos esse tipo de intervenções como *terapias de casais camufladas* (Andolfi, Falcucci, Mascellani et al., 2006).

Existem também muitas situações em que os cônjuges percebem autonomamente que seus problemas familiares dependem de uma crise conjugal e estão prontos para tomar coragem e solicitar uma intervenção específica de terapia de casal. Eles se arrastam, talvez por anos, em um estado de sofrimento enterrado e, então, naqueles momentos, muitas vezes, definidos por eles mesmos como "a chegada à última praia", eles pedem ajuda. Sem mencionar as terapias de casais necessárias devido a rupturas familiares iminentes, se ainda não tiver ocorrido (as chamadas *terapias do divórcio*), nas quais, geralmente, os terapeutas de casais excluem as crianças do contexto terapêutico para protegê-las, ao invés de ouvi-las e, talvez, ao fazê-lo, também entendam seus motivos e suas dificuldades em serem consideradas como uma bagagem a ser levada de uma casa para outra.

Se falar de amor quando ele parece não existir mais é difícil e doloroso, a nossa experiência clínica como terapeutas de família nos ensina que curar o amor pode ser ainda mais arriscado se não se levar em consideração uma série de variáveis que afetam simultaneamente a vida do casal. Em nossa opinião, não é possível intervir nos problemas do casal, isolando este último de seus laços intergeracionais e da transformação histórica e cultural da família. Por exemplo, o sacrifício de mães (hoje, avós) para não quebrar o vínculo matrimonial para o bem dos filhos, amplamente fortalecido pelos ditames sociais de seu tempo, é agora substituído pela pressão social por uma autorrealização pessoal e profissional das mulheres, muitas vezes, à custa do bem dos filhos, que certamente sentirão os efeitos do divórcio precoce e pouco processado. A conquista da independência econômica do mundo feminino em relação ao masculino, que durante séculos manteve as mulheres pregadas dentro das paredes de casa, transformou definitivamente o panorama familiar e, com a emancipação feminina, acarretou também um esmaecimento, senão desaparecimento completo, do mito do instinto materno, com a necessidade de mulheres e homens reinventarem os papéis parentais e, consequentemente, os papéis do casal. Sem mencionar os *casais sanduíches,* já descritos em trabalhos anteriores (Andolfi, 2015; Andolfi, Falcucci, Mascellani et al., 2006) e que discutiremos mais tarde, espremidos entre as necessidades crescentes de pais idosos, doentes ou com necessidades especiais e a saída tardia de casa de filhos adolescentes ou jovens, incapazes de superar a dependência econômica e emocional dos pais. Ou mesmo *casais mistos* ou *interculturais* que, partindo de uma atração mútua ligada à diversidade, podem com o tempo sofrer com mal-entendidos ou com a predominância cultural da família de um parceiro em detrimento da família do outro parceiro, porque a diversidade, ao invés de ser um valor agregado, torna-se um elemento de preconceito ou opressão (Andolfi, Mascellani, Santona, 2011). Isso também pode ser dito para os casais homossexuais, para os quais os problemas relativos à escolha de um parceiro do mesmo sexo podem se tornar um elemento ainda mais dramático de divisões familiares e confrontos sociais.

Vivendo há alguns anos na Austrália, em maior contato com o mundo oriental e com suas tradições culturais, Andolfi soube conhecer os limites do modelo ocidental rigidamente aplicado às famílias do Sudeste da Ásia. Referindo-se ao conceito de *díade dominante* (Andolfi, 2015), não há dúvida de que a díade predominante nos países asiáticos seja a de pais-filhos, enquanto o conjugal é menos fundamental, ao contrário do que ocorre na Europa ou na América do Norte. Para não falar sobre os processos de diferenciação do *Self* do adulto em relação à família de origem e às lealdades intergeracionais: a emancipação da geração do meio é muito complexa e, às vezes, dificilmente alcançável, pois os pais permanecem hierarquicamente dominantes e irão requisitar, até o fim de suas vidas, uma série infinita de obrigações e regras de comportamento que são esperadas de filhos adultos e reforçadas em nível social. Tudo isso requer que os nossos próprios modelos de pensamento e intervenção sejam mais flexíveis, capazes de incorporar valores e tradições muito diferentes das nossas e de aprender na prática como ser terapêuticos, ao invés de seguir manuais acadêmicos ou categorias psiquiátricas.

Somente se considerarmos a evolução da estrutura familiar, principalmente do casal, dentro de suas próprias culturas, podemos ter uma visão mais completa do todo. O risco em ignorar esse aspecto transformador, isolando o casal e acreditando ver melhor sem considerar o que vai além do cenário é, paradoxalmente, repetir o mesmo erro da psicanálise, que centrou a intervenção exclusivamente na relação paciente-terapeuta e considerou tudo o que foi deixado de fora secundário. Introduzir, por meio da lente da nossa intervenção, a cultura, a história familiar, os valores éticos e espirituais, as pessoas reais que estão ao redor do casal que temos à nossa frente, permite colocar nossos pacientes no processo histórico e evolutivo que estão vivenciando. Fora desse contexto, perde-se a parte mais viva da terapia, a dimensão humana e social, a que diz respeito a nós e àqueles que vêm pedir ajuda. Se não se usa a dimensão evolutiva e social como quadro de referência para problemas que surgem na terapia, corremos o risco de trabalhar como se usássemos antolhos, de estarmos tão focado na dor, no sofrimento, nos mal-entendidos mútuos que não conseguimos contextualizar o todo.

Nos capítulos seguintes, descreveremos detalhadamente o nosso modelo de trabalho com casais, mas, para começar a ter uma ideia da complexidade de uma observação relacional-sistêmica do casal, de acordo com a abordagem intergeracional, vamos tentar imaginar ter o famoso cubo de *Rubik* em nossas mãos; vamos atribuir a cada face do cubo as diversas variáveis que o casal deve gerenciar em seu campo relacional e que influenciam o seu estado de funcionamento, desde a sua formação e durante todo o seu ciclo de vida.

Na face vermelha do nosso cubo, colocamos o *Nós como um casal*, isto é, a identidade do casal que veio a se formar por meio da consolidação do vínculo afetivo e cognitivo entre os dois parceiros, o senso de confiança mútua e a cumplicidade. Nas duas faces à direita e à esquerda do lado vermelho, que poderia ser o branco e o amarelo, ali estão respectivamente os *dois indivíduos*, que consideraremos como a matéria-prima para a formação do casal. Nas duas faces acima e abaixo com relação ao *Nós como casal*, encontraremos, na parte verde, os *filhos*, sejam eles reais, sejam apenas imaginados, com suas necessidades de evolutivas e seus recursos relacionais, e, na parte laranja, as *famílias de origem*, com as quais os parceiros mantêm relações e laços afetivos significativos ou, às vezes, eles experimentam distanciamentos emocionais ou conflitos abertos igualmente importantes. Por fim, atrás do casal, na face azul do cubo, colocamos a dimensão social: *trabalho, amizades, cultura de pertencimento.*

Cada face do nosso cubo tem vida própria, mas, ao mesmo tempo, é interdependente e dinamicamente envolvida com as outras faces por meio de conexões e laços dentro do cubo. O lado vermelho, o do *Nós como casal*, como a face principal do cubo, permite-nos avaliar a força e a qualidade do vínculo quando o observamos e nos informa sobre a capacidade do casal de se relacionar dinamicamente com as evoluções e eventos, que ocorrem simultaneamente com as outras cinco. Nessa face, é claro, deveriam estar sempre presentes duas subdivisões, uma branca e outra amarela, para simbolizar a presença dos dois indivíduos distintos e firmemente ligados entre si. Para o casal, a solução, para esse difícil trabalho de integração, não será certamente rejeitar ou evitar as solicitações que chegam de outras faces, mas suportar os estímulos e desequilíbrios contínuos e encontrar novos equilíbrios relacionais com e entre as diferentes faces do cubo, em uma espécie de dança em que tudo se mantém ao longo do tempo.

Se conseguirmos entender o significado dessa metáfora, podemos muito bem imaginar o quanto o *Nós como casal* deva contar com uma boa dose de flexibilidade e harmonia dentro dela para poder "reger a orquestra" e não perder o ritmo. O *Nós como casal* é a identidade comum, o acordo fiduciário, ou seja, o projeto que as duas pessoas construíram juntas ao longo do tempo. Quanto mais inteiros e maduros os indivíduos são, mais eles serão capazes de gerenciar a relação de proximidade / distância entre eles e com as outras partes para manter o equilíbrio relacional do cubo em sua totalidade, sem medo de se perder. Para a saúde e o bom funcionamento do casal, é preciso começar pelo indivíduo, pela sua consistência interna em lidar com os problemas da vida juntos, e nossa experiência clínica nos ensina que não há melhor terapia individual do que a terapia de casal.

2. NASCIMENTO E EVOLUÇÃO DO RELACIONAMENTO DE CASAL

A ESCOLHA DO PARCEIRO

Duas pessoas que se apaixonam e depois decidem se casar ou viver juntas nunca se escolhem por acaso. A atração física tem a função de um ímã que permite aos parceiros sentir um interesse especial e um desejo de contato que passa por sensações fortemente sentidas no corpo. Porém, sabemos bem que o olhar, os gestos, o tom de voz e o contato físico podem levar a relações sexuais, que são muito agradáveis e satisfatórias, mas isso nem sempre serve para se apaixonar. Então, o que é que desencadeia o desejo de se relacionar justamente com aquela pessoa que, talvez, em outra ocasião, nunca teríamos imaginado escolher? A vontade de se unir a alguém permanentemente se baseia em um jogo extremamente sutil e sofisticado, em que a atração é mais de caráter psicológico do que físico e está relacionada ao contexto e a um específico momento do processo evolutivo de cada um dos dois indivíduos. A transição do estado de paixão e, portanto, da idealização do outro e do relacionamento, o que faz você perder o verdadeiro sentido da realidade em uma espécie de fusão a dois, para um amor "menos cego" e mais maduro é complexo e leva tempo.

Muitos autores estudaram e descreveram as profundas razões pelas quais se escolhe o parceiro e se estabelece uma relação de amor, usando diferentes lentes de observação. Por um lado, temos aqueles que abraçaram a teoria de apego, pensando que a escolha do parceiro e a escolha do amor adulto possam ser entendidas com base nos estilos de apego da infância (Mikulincer, 1995; Shaver & Mikulincer, 2002; Bowlby, 1979; Johnson & Whiffen, 2003; Santona & Zavattini, 2007) e que a formação de um casal está na capacidade do parceiro em confirmar representações de si mesmo e de outros que foram formadas na primeira infância.

Outros estudiosos, mais próximos do nosso modelo de referência intergeracional, como Scabini e Cigoli, falam de um *entrelaçamento inédito* do casal (Centro Universitário de Estudos e Pesquisas sobre a Família, 2017), que nasce desde o encontro dramático entre diferenças cruciais: diferenças de gênero, entre as histórias e a bagagem de cada um. É justamente partindo da união dessas diferenças essenciais, das deficiências e das necessidades que cada parceiro carrega consigo que o casal é chamado a fazer uma síntese.

"A passagem do amor-paixão ao amor maduro se situa precisamente nesta junção simbólica, ou seja, na capacidade dos parceiros de passarem do eu que caso com isso de você para o eu que caso com você porque é você" (ibidem, p. 81).

Em linguagem semelhante, há muito afirmamos que o casal deve passar da imagem romântica e fusional *você é minha metade* ao *encontro entre dois inteiros*, que quanto mais forem capazes de se unir, mais serão capazes de permanecerem inteiros e separados.

Além das teorias de referência, podemos afirmar como dado geral que nenhum casal começa um relacionamento do zero. Cada indivíduo do casal pertence a um sistema de relacionamento baseado na experiência vivida na família de origem, em quaisquer relacionamentos amorosos anteriores, tudo dentro de uma comunidade específica e de contextos culturais próprios de pertencimento que influenciam e condicionam as formas de viver e integrar a relação conjugal.

Escolhemos por semelhanças e diferenças. A atenção induzida pela própria história familiar e história relacional no que tange a elementos específicos de interesse pela aparência ou pelo comportamento de determinada pessoa vem acompanhada por uma desatenção igualmente seletiva aos elementos do seu caráter e da relação com ela que poderiam tornar problemático o relacionamento ou criar oposição ao mandato familiar (Angelo, 1999).

Nos dois apaixonados se reacendem sensações conhecidas, muitas vezes antigas, feitas de desejo de proximidade, de necessidade de cuidado, de percepções de ressonâncias e de não querer se perder, mas, mais ao fundo, surge a esperança de ter uma oportunidade especial para dar uma direção nova e mais completa para a sua vida relacional. A primeira atração é geralmente determinada pela percepção de um senso de familiaridade, não muito claro, que traz à tona a essência de algo já vivido ao longo do tempo e ao qual cada parceiro associa emoções agradáveis e significados tranquilizadores. Essas semelhanças são expressas no encontro e na primeira parte da construção da relação sentimental por meio de *emblemi mimici* (*ibidem*), gestos ou comportamentos simbólicos que acreditamos ter reencontrado, uma vez que eles se ligam de alguma forma a modelos relacionais do passado, ao mito familiar, matriz fundadora da nossa identidade.

Porém, o que faz sentir uma atração ainda mais forte se baseia, frequentemente, nas diferenças que poderiam existir dentro dessas semelhanças: ter experimentado as mesmas sensações produz, certamente, proximidade e cumplicidade, mas, em alguns casos, o mais importante é a possibilidade de reacender a esperança de poder dar um desfecho diferente ao caminho individual, com novas respostas aos mandatos induzidos pelo mito familiar. O que acabou de ser dito é mais evidente nas situações em que existe uma história familiar especialmente difícil, com uma carga muito grande de expectativas de restauração.

Um episódio especial

Paolo e Serenella se encontram em uma noite de verão e se apaixonam. Ela vem de uma família rica e bastante sofisticada, na qual os temas sobre cultura e sobre formalidades sempre marcaram sua distinção. Caçula de quatro filhas e favorita do pai, um professor de filosofia que a enchia de presentes, muitas vezes livros, Serenella sempre teve um relacionamento difícil com sua mãe, uma mulher refinada, mas uma esposa desatenta de um homem com eterna necessidade de aprovação. O conflito profundo, mas enterrado, entre os pais era o *leitmotiv* da vida familiar, em um contexto de alta imprevisibilidade emocional, e Serenella se colocou, desde sempre, como a encarregada por manter a estabilidade ao cobrir as tensões conjugais, encarnando o valor da segurança para toda a família. Serenella é uma mulher forte, determinada e rigorosa. Aplicada, com excelentes resultados nos estudos, formou-se em História da Arte e passou em um concurso para ser professora universitária.

Paolo, filho único, perdeu o pai aos dois anos em um acidente de carro. Após a tragédia, sua mãe, uma jovem dona de casa, voltou a morar na casa de seus pais idosos, aposentados e de origens humildes, assumindo o papel de chefe de família, encontrando um emprego e se dedicando a ele por dias inteiros para sustentar a família. Ela nunca se relacionou com outros homens, e Paolo foi praticamente criado por seus avós. Crescera entre adultos e com pouco contato com crianças, amante da leitura desde cedo, Paolo passava o tempo livre brincando, primeiro sozinho e, depois, lendo quadrinhos e romances de aventura. Hoje ele é um homem tímido e introvertido, mas com profundos valores morais. Depois de um período tempestuoso no início da adolescência, colocou a cabeça no lugar, começou a estudar com excelente rendimento e escolheu uma profissão segura, como a de engenheiro.

"A sua simplicidade e imediatismo fizeram eu me apaixonar por ele!" Serenella irá falar sobre Paolo para os terapeutas. Ela vai contar o episódio, aparentemente insignificante, que a fez pensar que finalmente havia encontrado a pessoa certa para ela. Um dia ela tinha ido com Paolo comprar um brinquedo para um sobrinho. Saíram da loja, entraram no carro e, uma vez sentados no automóvel, Paolo lhe entregou um presente, um pacote só para ela, comprado em segredo. Havia uma boneca feita de pedaços de pano coloridos, um *emblema mimico* da generosidade de seu pai, mas também de sua própria infância desprezada, finalmente reconhecida.

O PACTO DE ALIANÇA

O casal entendido como um plano geracional intermediário de toda a fundação da família trigeracional surge quando, entre os dois parceiros, o pacto matrimonial toma forma e se estabelece, bem descrito por Scabini e Cigoli no livro *Il famigliare* (2000). Os autores apresentam um modelo circunflexo de leitura do potencial real de desenvolvimento da relação de casal muito interessante e descrevem o pacto conjugal como um entrelaçamento complexo que inclui tanto o componente ético quanto o afetivo da relação:

> É o pacto que serve como base e como organização da relação; nesse sentido poderíamos dizer que ele é um organizador relacional. Os seus elementos constituintes são: a atração comum, a consensualidade, a consciência, o compromisso de respeitá-lo, e o delineamento de uma meta. (Scabini & Cigoli, 2000, p. 70)

Evidentemente, o simples encontro alquímico entre duas pessoas não basta para definir a existência do casal. Por outro lado, estamos na era do *marriage strike*, um termo nascido nos EUA, e, em nossos dias, casa-se cada vez menos, portanto, os substantivos cônjuge ou conjugalidade podem correr o risco de se tornarem obsoletos e não representativos dos relacionamentos atuais de casal. Indicaremos, portanto, o pacto matrimonial com o termo *pacto de aliança*, aquele pacto fiduciário que é formado quando dois parceiros decidem consolidar o seu vínculo sentimental, compartilhando um projeto de vida juntos. É um pacto que surge a partir de dois componentes distintos, ambos fundamentais na formação do casal: uma parte consciente e socialmente reconhecível e uma parte completamente inconsciente, de matriz psicológica, que diz respeito exclusivamente à esfera mais íntima de cada parceiro e que contém em si a grande parte do investimento afetivo.

O entrelaçamento afetivo, profundo e inconsciente

A partir da percepção daquelas ressonâncias emocionais emblemáticas acima descritas, que ocorrem desde os primeiros encontros, os pródromos para a construção do entrelaçamento afetivo entre os parceiros, aquele entrelaçamento profundo e inconsciente da escolha mútua (Pincus & Dare, 1978). Tal entrelaçamento, que chamaremos de *pacto íntimo*, não é nada além do que o conjunto de necessidades, desejos e medos relacionados às histórias pregressas com as quais os integrantes do casal esperam lidar em seu relacionamento. É um arranjo perfeito e único, pelo qual os dois parecem reconhecer no outro exatamente a resposta mais adequada para as suas necessidades psicológicas do momento. Em tal contrato implícito, cada parceiro derrama suas necessidades emocionais e relacionais fundamentais e, acima de tudo, seus pedidos de proteção contra o perigo e a renovação do vínculo (Scabini & Cigoli, 2000).

No início de uma história de amor, o pacto íntimo que mantém o casal unido é quase sempre funcional: você se apaixona por algo do parceiro, mais do que pela pessoa, a idealização típica da fase romântica é forte, e a desatenção seletiva ajuda a escotomizar aqueles aspectos do outro que estão menos em sintonia conosco. Na verdade, pode-se falar de um entrelaçamento profundo verdadeiramente funcional somente quando este for flexível o suficiente para mudar de acordo com as necessidades evolutivas que mudam com o tempo. Contudo, esse tipo de casal nunca chegará em nossos consultórios, porque são pares harmônicos, que conseguem usar seus próprios recursos para superar seus inevitáveis períodos críticos.

O entrelaçamento profundo que une Paolo e Serenella toma forma no desejo de ambos se casarem exatamente com o que, naquele período histórico de vida e naquele contexto, faz com que sintam que podem renascer: Serenella, casando-se com Paolo, casa-se com a simplicidade e imediatismo que sempre desejou. Enquanto Paolo encontra em Serenella a segurança que ele nunca teve. Será necessário esperar algum tempo para entender se o deles será um pacto verdadeiramente funcional, capaz de se renovar quando, por exemplo, Serenella poderia entrever por trás da simplicidade e imediatismo de Paolo uma falta de ambição e um certo desleixo, enquanto, para Paolo, pode acontecer que aquela segurança fascinante de Serenella acabe sendo uma gaiola de ouro na qual ele não vai querer nunca entrar, feita de obsessões e delírios de controle. Muitas vezes, acontece que precisamente aqueles aspectos do outro que mais nos impressionaram inicialmente em uma história de amor sejam as razões pelas quais o relacionamento vai acabar por nos decepcionar. Eles serão capazes de continuar a amar um ao outro, pedindo ao outro algo diferente? Ou as suas demandas são vitais para a integridade psicológica e não podem ser abandonadas? Tudo depende do nível de maturidade individual que os dois alcançaram, a partir do nível de flexibilidade e, portanto, de elaboração do mito da família e dos mandatos que se seguem (Boszormenyi-Nagy & Spark, 1973). Quanto mais rígido for o mito, menos opções comportamentais estarão disponíveis. A elaboração do mito e da própria história familiar é a grande tarefa evolutiva com a qual o indivíduo terá que lidar para construir novos pertencimentos significativos do ponto de vista afetivo.

Nas diferentes relações de casal, com o passar do tempo, o pacto íntimo inicial não consegue se renovar; embora a troca entre os parceiros tenha ocorrido, na evolução das necessidades de cada um dos dois, o acordo parece ter sido consumado. Um ou ambos os parceiros não percebem as novas necessidades do outro e, incapazes de avançar, enrijecem-se na posição de "solicitante desapontado", causando uma paralisia evolutiva do casal. Formas altamente disfuncionais de relacionamentos podem confundir essas situações com aquelas da troca impossível, muito pior. Em alguns casos, de fato, pedidos compensatórios entre os parceiros são excessivos, impossíveis de satisfazer, e a troca não pode acontecer; as necessidades individuais são continuamente desconsideradas em relações perversas, nas quais se tenta continuamente subjugar o outro e vice-versa. Sedução, violência, indiferença caracterizam o relacionamento, e a discórdia pode acompanhar toda a vida do casal.

Uma falsa partida

Aldo e Clara são um casal de longa data. Casados há mais de trinta anos e com dois filhos adultos que acabaram de sair de casa. Ele é um famoso cirurgião cardíaco pediátrico, enquanto ela trabalha em uma pequena empresa sem muita satisfação. Eles têm uma casa linda, muita cuidada nos mínimos detalhes, e Clara é uma esposa impecável, praticamente perfeita, que cuida do marido como se fosse um oráculo. Cinco camisas passadas em cima da cama todas as manhãs, meias e gravatas de cores diferentes: ele só tem que escolher quais usar para ir ao trabalho. Clara antecipa todos os seus desejos, prepara o café antes mesmo dele pedir e inunda a casa de uma música suave, a favorita dele.

Aldo será o único a se inscrever para a terapia de casal. Ele tem pouco mais de sessenta anos, está se aproximando da aposentadoria, seus filhos saíram de casa e ele está com transtornos psicossomáticos que o preocupam: hipertensão, taquicardia, sente-se em uma prisão. Dourada, mas ainda assim uma prisão. Diz que não quer mais viver assim, com esse sentimento de culpa que o invade e o está matando. Ele sempre traiu sua esposa com mulheres aleatórias, essencialmente colaboradoras, nada importante, mas, para ele, tudo isso sempre foi necessário, ele não conseguia viver sem isso. Contudo, hoje ele não aguenta mais. Ele quer entender se ama a sua esposa, a quem ele quer muito bem, e se ele pode ficar somente com ela.

Clara sempre soube e aceitou com aparente tranquilidade a existência dos casos extraconjugais do marido, dos quais ele sempre contou, até mesmo, os detalhes. Ela nunca fez uma cena de ciúme. Ela fez uma longa terapia individual, mais de dez anos, por causa de depressão, companheira de vida desde o nascimento do primeiro filho ou talvez até antes. Ela concorda em fazer terapia com Aldo, ele diz que quer mudar as coisas, mas ela sabe que não conseguiria viver sem ele. Ela não pode perdê-lo.

Na verdade, o pacto íntimo pelo qual os dois cônjuges se uniram há muitos anos foi um pacto impossível, baseado em alimentar um sentimento de culpa paralisante. Eles se conheceram aos dezoito anos, na época em que Clara estava praticamente sozinha no mundo: seu pai morrera antes de seu nascimento em um acidente de carro, sua mãe morreu de câncer quando Clara tinha apenas quinze anos e seu único irmão havia morrido há pouco de leucemia fulminante. Aldo conta que, ainda na sagrada igreja onde o funeral de seu irmão acabara de ser celebrado, uma tia de Clara a confiou a ele, pedindo-lhe que cuidasse dela a partir daquele momento, por toda a vida.

Aldo, o terceiro de cinco irmãos, sempre foi o filho modelo, o único verdadeiramente confiável aos olhos de um pai que tem muito orgulho dele, que o preferia a todos, sempre seguindo seus conselhos brilhantes e geniais, os únicos capazes de salvar seu negócio, e criando ciúmes e rivalidade entre os irmãos. Esse filho e irmão "infalível", na realidade, fora uma criança que já nasceu velha, totalmente dedicada a cumprir os seus próprios deveres, um menino um tanto anômalo que vivia em seu grupo de amigos de uma posição externa, olhando para a vida desses jovens a partir de uma janela de um trem, que viajava rápido para a realização de objetivos ambiciosos. Excelente nos estudos e na profissão, ainda hoje, quando fala do seu trabalho, fala de si mesmo: "*Nunca digo não e estou tão interessado nos pacientes que às vezes percebo que mesmo quando meus colegas me pedem um simples conselho, depois acabam me passando totalmente os casos e ... me deixam sozinho*".

A "solidão do trono" é uma síndrome insidiosa, muito perigosa, porque se por um lado dá grande visibilidade, por outro nasce do sentido de culpa, da automarginalização, porque se sente culpado por ocupar uma posição privilegiada. Desse modo, Clara casou-se com a solidão de Aldo, ela que nunca conseguiu levantar o rosto das sepulturas da família, culpada em ser a única sobrevivente. O pacto secreto deles é um pacto de união impossível: "*Você nunca deverá me deixar. Você terá que tentar me salvar, mas sem sucesso! O prazer, você terá que encontrar em outro lugar, porque eu não posso ser feliz!*" ela parece dizer, enquanto ele parece estar pedindo a ela para que o ajude a permanecer no trono, o único lugar em que ele se sente visível, permanecendo necessitada dele e nunca o alcançando. Por toda a sua vida, Aldo aceitará a única forma possível de pseudoidentificação pelo flerte com outras mulheres, mas, mais uma vez, a verdadeira transgressão, a de deixar a sua paciente morrer, não poderá fazer, contentando-se em ver sua vida passar pela janela de um trem.

O compromisso com o vínculo

O outro componente fundamental na constituição do pacto de aliança diz respeito ao valor ético atribuído pelos parceiros ao vínculo sentimental e ao compromisso que assumiram com o vínculo afetivo (Scabini & Cigoli, 2000; Sternberg & Barnes, 1988). O que chamaremos de *pacto oficial* do casal caracteriza o projeto de vida em comum, em seus valores concretos e reconhecíveis pela comunidade social. Manifesta-se na promessa de fidelidade nas várias circunstâncias da vida e diz respeito às obrigações recíprocas por parte dos cônjuges, que são testemunhados publicamente no ritual do casamento.

Como costumava acontecer nos casamentos arranjados do passado, cada vez mais, os valores do pacto oficial são puramente contratuais, menos importante é o investimento emocional nele. Um exemplo é dado por aqueles casamentos "prudentes", nos quais a lógica do direito individual prevalece sobre o compartilhamento de riscos. Nesses casos, o acordo é rígido, e a igualdade no casamento é como uma garantia de direitos adquiridos, em vez de deveres assumidos. É um pacto oficial mais dinâmico na aquisição de um *status* social e menos no compromisso internalizado emocionalmente, ideal para um bom divórcio: nessas situações, os acordos pré-nupciais, assinados na presença do tabelião, mostram-nos que, frequentemente, organizamo-nos para nos separar antes mesmo de nos casar.

Por outro lado, quando o pacto oficial é consciente e bem internalizado, cada parceiro compartilha com o outro um projeto de vida em comum, aliado ao compromisso mútuo de fazê-lo acontecer. Os cuidados na manutenção do vínculo não ocorrem apenas pela promessa de lealdade feita ao outro, mas ainda mais no que diz respeito à sua própria escolha. Nesse caso, o vínculo representado pelo pacto oficial atua como uma espécie de recipiente do vínculo sentimental, útil para fazê-lo resistir aos primeiros solavancos decorrentes de mudanças estruturais, permitindo ao casal o tempo necessário para encontrar uma nova organização funcional dentro dele.

Muitos casais modernos baseiam a persistência do relacionamento essencialmente em contingências afetivas-emocionais, deixando, em segundo lugar, a parte oficial do pacto de aliança. São casais que não se casam, que preferem morar juntos ou, em alguns casos, cada um tem uma residência individual. Por outro lado, em nossos dias, a autorrealização e a autonomia pessoal são objetivos primários, perseguidos por ambos os sexos, masculino e feminino. O casal é essencialmente *romântico*: une-se ao outro, acima de tudo, para o seu próprio bem-estar psicofísico. Assim, a medida alcançada pelo nivelador do amor, dia a dia, determina o montante de investimento no vínculo por parte do casal. Aspectos de idealização prevalecem sobre os realistas, portanto, a decepção, quando chega, coloca a relação, que não está protegida, em grande risco: o pacto oficial pouco consistente e a fraqueza do compromisso, nessas situações, não ajudam os componentes do casal a tolerar a frustração de desestabilizações cíclicas, e, muitas vezes, o casal desiste e resolve a decepção com a separação, antes mesmo de compreender que talvez teria sido suficiente esperar para se dar outra chance. A partir de uma pesquisa americana (Hawkins et al., 2017), apareceu que, em uma amostra de três mil pessoas, com idades entre 25 e 50 anos, que haviam pensado em se divorciar recentemente (nos últimos seis meses), metade havia mudado de ideia um ano depois. Entre aqueles que haviam pensado seriamente sobre o divórcio em um passado não recente, cerca de 90% afirmavam que estavam felizes por não o ter feito.

Se o pacto íntimo e profundo simboliza o vínculo afetivo entre os integrantes do casal, o pacto oficial define o vínculo. Ambas as ramificações que constituem o pacto de aliança desempenham um papel fundamental na vida do casal e vai depender precisamente do modo como as respectivas características se encontram, mas ,sobretudo, da sua coexistência e flexibilidade, a modalidade com a qual o casal poderá enfrentar as suas fases de transição, os seus momentos fisiológicos críticos, porque estão sujeitos a transformações relacionais impostas pelo ciclo de vida e outros momentos, aqueles ligados ao amadurecimento pessoal de cada parceiro, em consonância com a mudança de suas próprias necessidades evolutivas.

O CICLO DE VIDA DO CASAL

Em nosso modelo terapêutico, o olhar para o processo evolutivo de cada um dos dois integrantes do casal se move ao mesmo tempo em duas direções distintas, que incluem uma linha vertical e uma horizontal. Porém, para poder avaliar imediatamente a saúde do casal, o terapeuta não pode deixar de considerar, também, uma terceira dimensão fundamental, a de seu tempo evolutivo específico. A situação de um casal jovem e sem filhos é bem diferente da situação de um casal com mais tempo e com filhos, bem como a de um casal com crianças pequenas para um casal com filhos adolescentes ou adultos.

O relacionamento do casal se desenvolve ao longo do tempo de acordo com seu próprio ciclo de vida, que inclui fases distintas (McGoldrick & Carter, 1982; Scabini & Cigoli, 2000; Andolfi, Falcucci, Mascellani et al., 2006). Trata-se de um processo evolutivo a dois, que envolve momentos de transição que são desestabilizadores, completamente fisiológicos, fases de reorganização e períodos de ajustamento. A superação dessas crises dependerá da habilidade de ambos os parceiros para lidar com uma série de tarefas importantes no relacionamento que, se cumpridas, terão repercussões fundamentais para o crescimento individual de cada um dos dois e para o avanço do casal para a próxima fase.

O primeiro período do ciclo de vida do casal, que se inicia com o encontro entre os dois, é o *romântico*, da paixão e idealização, durante o qual a paixão dá a máxima contribuição para a construção do espaço do *Nós*, que, nesse momento, identifica-se pelo nível de intimidade e cumplicidade existente entre os parceiros. Nesse ninho para dois parceiros, eles se fundem e se tornam os dois elementos constituintes de um casulo relacional totalmente novo ao qual eles precisam dar uma identidade como um todo, que se tornará a *identidade do casal.* Para que isso aconteça, as tarefas evolutivas que cada um dos dois deverá enfrentar correspondem a dois papéis ao mesmo tempo: em uma perspectiva vertical, a de filhos, bem consolidada em si mesma ao longo de sua respectiva história familiar e, em uma perspectiva horizontal, a de indivíduos pertencentes à mesma geração, até então, jogados em relações fraternas e em relações de amizades. Nessa última dimensão horizontal, os parceiros terão que lançar as bases para a criação da identidade como casal por meio da reciprocidade e superação da autorreferencialidade; como filhos, eles terão que saber como se diferenciar das famílias de origem e, ao mesmo tempo, construir um novo tipo de vínculo com elas, menos complementar e mais com base na igualdade geracional.

A segunda fase do ciclo de vida do casal começa com a chegada dos filhos e é a *fase da parentalidade*, que envolve a construção de um relacionamento responsável e compreensivo entre os parceiros na criação da prole, crescendo juntos por meio de um terceiro. O espaço do *Nós*, definido pelos limites do casal em relação às gerações anteriores e subsequentes, com a chegada dos filhos, deverá se reorganizar, distinguindo-se em duas dimensões: a da *intimidade conjugal* e a da *cumplicidade parental*, que pressupõem uma coexistência estável, ainda que com prevalências variáveis de acordo com os diferentes períodos do ciclo de vida da nova família. Por exemplo, na situação de dois pais de um recém-nascido, a coesão dos parceiros em torno da criança e o compartilhamento das tarefas será um bom indicador de funcionalidade, não obstante, o subespaço parental provavelmente ocupará quase totalmente o espaço do *Nós* em detrimento do conjugal. Isso vai permitir aos parceiros entrar nos novos papéis de *mãe* e *pai*, respectivamente, esperando se encontrarem mais plenamente como *cônjuges* em uma fase posterior. Por outro lado, um casal com filhos adolescentes terá que agir para encontrar um equilíbrio adequado, garantindo que o espaço conjugal aumente dentro do *Nós como casal.* Isso permitirá que os parceiros continuem a serem pais, porém com mais funções de guia e menos funções de cuidadores de seus filhos. Esses filhos serão capazes de cuidar de si, na certeza de não trair os pais, que, por sua vez, vão pescar combustível afetivo no tanque representado pelo espaço conjugal para seu futuro mais sereno.

Na terceira e última fase, correspondente à idade avançada dos parceiros, que agora ficaram sozinho após os filhos terem saído de casa, o espaço do *Nós* será capaz de se ocupar mais plenamente com a dimensão do casal, que assumirá diferentes matizes: da paixão com que começou a vida a dois, passando para um relacionamento mais maduro e profundo, com fortes habilidades afetivas e de cuidado mútuo.

Entre as inúmeras tarefas evolutivas que o casal deve enfrentar em função do momento do ciclo de vida que estão vivenciando, há uma que se estende por toda a vida do casal: é a *tarefa permanente* de cuidar de si mesmo e de se renovar, mantendo sempre viva aquela compreensão e intimidade recíprocas que, apesar das vicissitudes da vida, o caracterizam como casal tanto para com cada parceiro quanto para com o mundo exterior.

As transformações pessoais e relacionais exigidas no período evolutivo da vida do casal são consideráveis e nem sempre fáceis de lidar; então, pode acontecer que, quando as primeiras dificuldades surgem, um ou ambos os indivíduos se pegam pensando se devem ficar juntos ou se devem se separar, sem se dar o tempo necessário para colocar em prática a mudança. A decepção e perplexidade sentidos nas fases de transição, se não divididos e mutuamente aceitos, podem dar origem a um rompimento ao se deparar com momentos críticos e podem levar ao fim da relação. A nossa experiência clínica, de acordo com o que foi afirmado por Walsh (1988), leva-nos a concluir que, muitas vezes, a solução para as dificuldades do casal pode não se materializar na troca de parceiros, mas simplesmente em poder mudar o tipo de contrato com o mesmo parceiro.

3. UMA AVALIAÇÃO MULTIDIMENSIONAL DO RELACIONAMENTO DO CASAL

DIAGNÓSTICO INTERGERACIONAL DE FUNCIONAMENTO DO CASAL

Com a formação de um novo casal, abre-se um dos momentos mais críticos do ciclo de vida de ambas as famílias de origem dos cônjuges. Eles se encontram em uma encruzilhada na sua própria existência, em que convergem duas histórias familiares, que devem ser integradas de forma suficientemente harmoniosa para permitir que o novo núcleo inicie o seu próprio caminho de vida, com uma bagagem não muito cheia, mas não completamente vazia. As heranças familiares de cada um dos dois, dentro das histórias de suas respectivas famílias, não serão perdidas somente se deixarem espaço para a transformação dos vínculos originários e para formação de um novo núcleo identitário, o *Nós como casal*, que chegará a constituir o *humus* em que uma nova família poderá nascer. O casal representa o plano intermediário de três gerações e, de acordo com Whitaker, é o *resultado histórico* do contrato entre duas famílias, independentemente de estarem explicitamente envolvidas e cientes disso (Whitaker, 1989).

Desde a primeira observação do casal, é fundamental se perguntar qual é o grau de *diferenciação do Self* (Bowen, 1979) que cada um dos dois componentes atingiu em relação à própria família de origem. Usando a imagem de uma balança, podemos considerar o processo de diferenciação como equilíbrio dinâmico entre *pertencimento* e *separação*. O sentimento de pertencer à família de origem é um valor que se carrega consigo na relação de casal, mas esse valor deve ser balanceado com a capacidade de separação (Andolfi, 2015).

Para formular um diagnóstico do funcionamento do casal, será fundamental observar esse equilíbrio: o pertencimento é um conceito positivo, mas a dependência excessiva impedirá uma boa separação, assim como uma ruptura do vínculo e uma separação forçada poderão prejudicar o sentimento de pertencimento.

O vínculo conjugal representa uma oportunidade decisiva de diferenciação da família de origem, mas pode acontecer que a aquisição de novas lealdades para com o cônjuge seja percebida pelos pais como uma forma de deslealdade para consigo mesmo. A tarefa principal do casal será enfrentar todas essas lealdades, velhas e novas, verticais e horizontais, e comandar o encontro entre elas, a fim de evitar o conflito entre os diferentes níveis, para transmitir uma bagagem identitária bem equilibrada para a geração dos filhos. Para que isso aconteça, cada integrante do casal terá que se dedicar à *conquista da autoridade pessoal* (Williamson, 1982), a conquista individual que não permite compromissos entre gerações, mas que produz igualdade entre elas. Os pais terão que renunciar ao nível hierárquico da relação com seus filhos (autoridade) para assumir uma posição igualitária em relação a eles, e os filhos terão o poder e o dever de desencadear essa transformação do vínculo que acaba com a *intimidação intergeracional* (*ibidem*). Apenas quando um indivíduo atinge esse grau de autoridade intrínseca, ele será capaz de perceber plenamente o seu ser adulto. Isso pode acontecer somente se o jovem adulto deixa de temer a própria liberdade, se assume as próprias responsabilidades no presente com coragem e confiança e se resolve os problemas associados à sua dependência emocional dos pais. Justamente devido à sua complexidade, pode-se esperar que esse processo de aquisição de uma *Posição do eu* possa ser considerado concluído apenas em uma idade mais madura, por volta dos trinta e cinco ou quarenta anos (Bowen, 1979; Andolfi, 2015).

Explorar o relacionamento do casal requer entrar na área mais vulnerável de toda a estrutura familiar, muitas vezes, sobrecarregada com responsabilidades importantes, conluios intergeracionais, separações parciais ou incompletas de suas respectivas famílias de origem, exposta à pressão de diferentes modelos culturais e educacionais e formas peculiares de planejar e organizar a vida. Os componentes de um casal estão em uma relação de reciprocidade e, ao mesmo tempo, são também filhos na relação com os próprios pais e, uma vez que sua família foi criada, tornam-se pais por sua vez (Andolfi, 1999). Essa rede de funções e papéis é estruturada ao longo de dois eixos, um vertical, que inclui os diferentes níveis hierárquicos (avós, pais, filhos), e um horizontal, representando as relações iguais dentro do mesmo nível hierárquico (irmãos, esposas, amigos).

As primeiras experiências de reciprocidade na família são vividas na relação com os irmãos. Os irmãos crescem, amadurecem e envelhecem juntos. Eles são os "guardiões da fronteira familiar", representando o primeiro laboratório em que as crianças podem experimentar suas relações sociais. A observação da relação existente entre cada parceiro do casal com os seus próprios irmãos e irmãs nos permite entender mais precisamente a posição do integrante do casal na sua família, avaliando a permeabilidade dos limites familiares (Minuchin, 1974), a presença de triangulações positivas ou negativas na história familiar, alianças e coalizões, processos de parentificação precoce (Andolfi, 2015) ou desconexões emocionais, muitas vezes, causadas pela ambiguidade e favoritismo familiar, referindo-se à idade, ao sexo ou às diferenças física ou temperamentais. Em suma, as relações horizontais entre irmãos, independentemente do sexo e idade, dependem fortemente de quanto os pais permitem que seus filhos vivenciem a fraternidade, sem triangulá-los negativamente e sem envolvê-los nas dinâmicas do casal ou em mandatos familiares que enfraquecem a aliança geracional natural entre irmãos.

Ao considerar um casal e seu funcionamento no que diz respeito ao nível de diferenciação do *Self* dos dois parceiros, a partir de suas respectivas famílias de origem, é útil subdividir os três planos geracionais: o da família de origem, o do casal e o dos filhos, procurando identificar os diferentes tipos de posições que o casal e a família podem assumir. Ao levar em consideração os três andares, é importante ser capaz de avaliar quanto os *pertencimentos*, ou seja, os elementos de conteúdo, de valores, de tradições, de comportamentos que cada integrante do casal possui, façam parte do âmbito afetivo, emocional e cognitivo de sua família.

Em trabalhos anteriores (Andolfi, 2003, 2015; Andolfi, Falcucci, Mascellani et al., 2006), descrevemos os diferentes tipos de funcionamento de casal de acordo com o modo como sua formação e evolução são influenciadas pela qualidade dos laços intergeracionais, o que determina também a forma como o casal lida com a parentalidade.

Por meio da experiência clínica e da análise constante dos resultados, sistematizamos melhor os critérios de avaliação do funcionamento intergeracional do casal, de forma a torná-los plenamente utilizáveis para o leitor.

O casal harmônico

Este primeiro tipo de configuração de casal consiste em dois parceiros capazes de compartilhar experiências de vida e de se respeitarem reciprocamente em um relacionamento estável e íntimo. Ambos tiveram sucesso para alcançar uma separação satisfatória das respectivas famílias de origem e do que pertence ao passado, como expectativas, mitos, tradições; não invade o espaço do casal, mas representa um valor precioso que cada um dos dois carrega dentro de si e do relacionamento, como uma espécie de dote afetivo. A balança entre *pertencimento* e *separação* é equilibrada, as linhas de conexão entre as famílias de origem e cada um dos parceiros são diretas e os planos geracionais permanecem distintos, definidos por *limites claros* (Minuchin, 1974). Cada um dos dois indivíduos descreve o seu próprio processo de crescimento dentro de sua família de uma forma positiva, sem ter sofrido pressão ou interferência por parte dela na vida a dois e, ao mesmo tempo, consegue ter um olhar crítico sobre ela e consegue preservar a sua liberdade, mesmo respeitando a própria história familiar. Ambos os parceiros passaram com sucesso pela fase evolutiva de filhos e foram capazes de assumir novos papéis e responsabilidades com o reconhecimento e legitimação de suas famílias de origem. Eles foram capazes de construir relacionamentos saudáveis e positivos com seus irmãos, uma vez que a infância foi livre de triangulações negativas, e eles têm uma rede social e de amizades satisfatória (Andolfi, 2015).

De um casal harmonioso, espera-se que cheguem filhos capazes de permanecer no seu plano geracional, sem que tenham que assumir funções parentais, dando origem a uma *família equilibrada*. Durante a sessão, basta observar como um filho se move na presença dos pais para já poder fazer uma hipótese diagnóstica do funcionamento do casal. Se a criança for capaz de se mover sem problemas, brincar espontaneamente, de sorrir e de entrar em contato com os pais, entrando e saindo de seu espaço livremente, sem se sentir constrangido entre eles, poderíamos pensar já em uma família que funciona bem, na qual prevalecem os relacionamentos positivos.

O casal desequilibrado

Os casais que não conseguem se reconhecer na configuração que acabamos de descrever são identificados, por nós, como *casais desequilibrados*, em que o vínculo a dois está seriamente comprometido por um conjunto de *distorções relacionais*. Acreditamos que o termo distorção seja mais apropriado do que relações patológicas ou perversas, porque, ao invés de focar em aspectos sintomáticos, promove uma atitude benevolente no terapeuta, certamente muito mais apropriada na construção da aliança terapêutica e na expectativa de uma transformação positiva.

Casais desequilibrados são casais que não estão suficientemente equipados para realizar as suas tarefas de desenvolvimento, porque o equilíbrio entre pertencimento e separação está definitivamente comprometido e as fronteiras geracionais são confusas. O aspecto mais problemático dessas situações diz respeito à impossibilidade de alterar essa configuração de casal quando a adversidade ocorre no curso de seu ciclo de vida. Dificilmente, esse tipo de casal será capaz de se reconhecer como a espinha dorsal de toda estrutura familiar trigeracional, e os filhos terão muitas dificuldades em se posicionar dentro de seu plano, assumindo papéis e funções que compensem as distorções relacionais subjacentes. Essa paralisia evolutiva do casal irá influenciar fortemente o equilíbrio relacional de todo o subsistema dos filhos, criando uma *desarmonia familiar* na qual se verá uma *inversão geracional*, que vê a criança assumir uma postura de adulto em relação ao apoio emocional dos próprios pais. Basicamente, é como se a criança tivesse que desempenhar duas funções ao mesmo tempo: viver a sua infância e ser "seu próprio avô".

Nesses casos, devemos considerar a grande capacidade que as crianças possuem em ocupar duas posições muito diferentes ao mesmo tempo. Na verdade, uma criança pode viver em um relacionamento invertido, em que as necessidades emocionais de seus pais são de alguma forma confiadas a ela, e, ao mesmo tempo, buscar nessa situação uma resposta para a própria necessidade de pertencimento e cuidado. Infelizmente, porém, tudo isso, se prolongado no tempo, tem um preço, e a criança pode apresentar sérios problemas, pois desempenhar esse duplo papel é muito cansativo para ela. Em terapia, encontramos diferentes tipos de posições desequilibradas na relação de casal, vejamos algumas entre as mais frequentes.

a) O casal em conflito

A tensão e o sofrimento vivenciado diariamente por este tipo de casal fazem com que essa seja a configuração que mais encontramos em terapia. No casal em conflito, não existe harmonia e existem contrastes e divergências em muitos níveis. Por um lado, encontramos um parceiro que nunca realmente se separou de sua família de origem, mas viveu um *corte emocional* precoce (Bowen, 1979), evitando qualquer tipo de vínculo familiar, enquanto continua a alimentar a sua raiva com os problemas deixados suspensos com pais e irmãos. O outro parceiro, no entanto, não conseguiu se separar / se individualizar do vínculo com sua família, com quem ainda mantém uma forte relação de *dependência emocional*. São aquelas situações em que o casal é praticamente adotado pela família do parceiro indiferenciado, uma vez que nenhum dos dois é capaz de nutrir e proteger a unidade do casal da intrusão da família de origem. Um está muito emaranhado e o outro está muito distante. Na realidade, o parceiro que experimentou uma condição de privação emocional das primeiras figuras de apego poderia inconscientemente desejar a dependência da família do outro, favorecendo, assim, o desenvolvimento de uma relação de casal competitiva, semelhante àquela entre irmãos briguentos.

O que acontece com esse tipo de casal com a chegada de um filho? Os casais em conflito têm mais dificuldade em aceitar um filho de forma serena e alegre; muitas vezes não conseguem compartilhá-lo devido às suas brigas frequentes ou, pior ainda, podem acabar triangulando-os em seus conflitos. Também, pode acontecer que uma relação disfuncional do casal em que "um é o pai do outro" possa vir à tona com a chegada de um filho, com o risco de uma separação repentina. Muitas vezes, é justamente após a chegada de um filho que a terapia de casal é solicitada diante de uma profunda crise provocada por aspectos competitivos, mal-entendidos, eventuais traições. Às vezes, serão problemas psicossomáticos, comportamentais ou relacionais manifestados por uma criança pequena que levarão o casal a solicitar a intervenção. Trata-se, nesses casos, de *terapias de casais camufladas*, em que o pedido inicial é baseado em sintomas da criança, enquanto, na realidade, a distorção diz respeito ao aumento do conflito entre o casal, sobrecarregado por problemas não resolvidos com suas famílias (Andolfi & Haber, 1994; Andolfi, Falcucci, Mascellani et al., 2007; Andolfi, 2015).

Uma adoção malsucedida

Renato e Silvia, 41 e 37 anos, são pais de dois gêmeos de 12 anos, tidos imediatamente após o casamento. Eles moram perto da casa dos pais e das irmãs de Silvia e ambos trabalham em uma padaria própria, localizada no centro da pequena cidade onde moram. Solicitam uma terapia, a conselho de uma amiga dela, por causa das brigas constantes que tornam a vida em casa impossível, mas também porque Silvia descobriu que o marido tira tempo do trabalho para ficar nas máquinas caça-níqueis em um local situado na capital da província.

Renato é o caçula de cinco filhos homens que, desde pequenos, aprenderam o ofício com o pai padeiro e, posteriormente, emigraram para Roma para abrir um negócio todos juntos, que ainda hoje é bastante próspero. Aos 15 anos, Renato seguiu seus irmãos se mudando para Roma, mas, depois de um curto período, sentiu que não conseguiria ficar naquela cidade grande e voltou para a cidadezinha para morar com sua mãe, então sozinha, que tinha com ele uma relação especial. Ele conhece Silvia, uma garota da cidadezinha, muito ligada à família, e se casa com ela. Última de três irmãs, Silvia é uma jovem empreendedora e trabalhadora, muito dedicada ao sacrifício para garantir conforto econômico para sua família. Com o falecimento de sua mãe, que ocorrerá pouco tempo depois, Renato sofrerá muito, e os pais de Silvia saberão recebê-lo como um filho na sua grande família que, além de oferecer ajuda diária com os netinhos, irá sustentar financeiramente o casal no início da atividade comercial na cidade, onde Renato e Silvia vão investir todas as suas energias. Renato ficará muito apegado aos sogros e, principalmente, ao pai de Silvia, representando-o como filho homem que nunca teve. Infelizmente, será a descoberta de uma doença terminal do sogro que gerará os primeiros atritos no casal: Renato teria feito de tudo para salvá-lo, fazendo operá-lo com o melhor cirurgião disponível, mas Silvia e suas irmãs adotarão a solução simples de deixar o pai morrer em casa. Daquele momento em diante, o relacionamento entre os dois começa a piorar, e Renato, em uma espécie de rebelião por não se sentir reconhecido nem mesmo pela nova fratria como um filho confiável e deixado sozinho por sua esposa, que prefere sua família a ele, lança-se em um perigoso ataque, colocando seu patrimônio e seu casamento em risco.

b) O casal instável

Este tipo de casal geralmente é formado por duas pessoas muito inseguras e solitárias, que tiveram experiências semelhantes de negligência ou distanciamento em suas famílias de origem. A atração entre parceiros parece fortemente centrada na condição comum de privação afetiva. Na tentativa de satisfazer as necessidades de cuidado e afeto frustrados, cada um pede ao outro para se tornar os pais que eles nunca tiveram, criando uma grande confusão sobre as expectativas e solicitações dentro do casal. Tudo isso dá origem a uma relação instrumental, o que não leva a uma verdadeira intimidade e cumplicidade como casal, mas sim a um pedido urgente de presença e proximidade afetiva, que limita a liberdade de ambos, sendo o resultado de uma incapacidade mútua em tolerar a distância.

A falta de segurança e a instabilidade são os ingredientes essenciais desse tipo de casal, em que ambos os parceiros se comportam como órfãos, mesmo que os pais ainda estejam vivos, mas não disponíveis aos seus pedidos. Metaforicamente, definimos essa condição como a de dois *órfãos psicossociais*, em que os parceiros, para tolerar dolorosa situação de incerteza e grande confusão, estão constantemente em busca de segurança. Se isso não for recebido nos andares de cima (a geração anterior) ou, ainda menos, de sua relação de casal, eles vão procurá-la no andar dos filhos. Não é difícil entender que uma criança nascida para preencher um vazio será prematuramente privada de cuidado e atenção autênticas para crescer bem (Andolfi, 2015).

A garota com a mala e o eremita

Alessandra e Lionello pedem uma consulta, porque tiveram uma indicação da escola de Marco, filho deles de 7 anos, que nunca fica parado, não acompanha e, acima de tudo, atrapalha o andamento das aulas. Na verdade, durante a primeira sessão, na qual está presente o filho, ele é muito inquieto, contorce-se em exercícios de ginástica exagerados, mas, principalmente, assim que seus pais o repreendem, ele manifesta um nível de raiva profunda que ele expressa de todas as maneiras, ameaçando quebrar tudo. O que impressiona os terapeutas é a atitude dos dois adultos diante dos ataques contínuos da criança: falam com ele de maneira blasé, esperando que ela raciocine e se comporte melhor, enfim, tratam-no como se o filho já fosse maior de idade.

Ao nos contar a história de sua união, algumas metáforas iluminadoras vão emergir na sessão: Alessandra, falando sobre si mesma, no primeiro período de namoro com Lionello, apresentara-se como a "*menina com a mala, à procura de um porto seguro*". Primeira filha de um pai gravemente deprimido e de uma mãe distante dela, mas muito próxima dos dois outros filhos, por muitos anos, Alessandra desempenhou o papel de "terapeuta do pai" na solidão. Hoje, que o pai se foi, mora no mesmo prédio da casa materna, mas, apesar da proximidade física, nunca conseguiu sentir a mãe em uma proximidade afetiva que a acolhesse e, muito menos, envolvê-la na ajuda diária. Na verdade, tendo que trabalhar, muitas vezes, ela deixa Marco na casa de sua irmã, na companhia do filho dela, um jovem adulto psicótico que como passatempo favorito fica no sofá assistindo filmes adultos.

Lionello, desde pequeno, foi aquele por quem os pais tiveram grandes expectativas e projetos voltados para o futuro: alcançaria uma boa posição social como a de seu pai arquiteto, ao mesmo tempo, que encarna o único neto formado na família de sua mãe. Na verdade, Lionello conseguirá o diploma, mas depois não seguirá na profissão, escolhendo mirar baixo e adaptando-se para ser pedreiro, mesmo considerando tudo isso como uma escolha ideológica. Na realidade, triangulado em um conflito de casal, ele aceitava o mandato familiar, menosprezando, contudo, os significados mais profundos. Lionello contará como nunca se sentiu emocionalmente visto dentro de sua família, da qual ele logo se distanciou indo viver sozinho no campo e se sustentando com o pouco que conseguia ganhar. "*Sozinho você está mais seguro!*", ele afirmará falando de si mesmo. É naquele período que conhece Alessandra, que, por muito tempo, ia para casa dele à noite para partir de manhã, sempre com a mala em mãos, talvez pensando que não era digna de pedir mais do que lhe era oferecido.

A convivência entre Alessandra e Lionello nascerá somente com a chegada de Marco, que o casal aceita com surpresa, mas também com uma secreta esperança: Marco será aquele que legitimará a união deles, dará a eles um lar, dará a eles um futuro como adultos; será ele, enfim, que cuidando da invisibilidade deles, finalmente fará com que se sintam seguros.

c) O casal unido por meio de recíprocos fardos familiares

Esta é uma configuração de casal que encontramos muitas vezes nos últimos anos. Às vezes, as pessoas se encontram e decidem por se unirem para compartilhar os fardos familiares que cada uma delas herdou. Muitas vezes, são filhos únicos que optam por entrar em uma sociedade para compartilhar fardos que de outra forma seriam insuportáveis. São situações muito difíceis, que, ao longo dos anos, comprometem seriamente a persistência de vínculo, que não pode ser renovado. Nessa posição, na qual ambos os integrantes do casal estão empenhados na tentativa de compartilhar seus fardos, pouco sobra para o filho: a geração do casal está constantemente orientada para a geração superior, deixando pouco espaço para a dimensão do casal, seja conjugal, seja parental.

Um pedido estranho

Geralmente, os pedidos de terapia chegam por meio de uma primeira chamada telefônica interlocutória, na qual é solicitada uma primeira consulta. Giorgio e Mirella, ambos médicos, decidem vir pessoalmente ao nosso Centro Clínico, pedindo para falar com o Diretor. Uma vez recebidos, começam assim: "*Gostaríamos de saber se nosso filho tem uma patologia de desenvolvimento!*". Os dois estão na casa dos cinquenta anos e seu único filho, Piero, de 19 anos, está cambaleando nos estudos universitários recém-iniciados; de acordo com sua mãe, ele estuda pouco e mal e, por isso, não consegue passar nas provas. Além disso, passa muito tempo com seu tio Luciano, irmão da senhora, com quem ela mantém uma relação muito ruim. Todavia, o maior problema, segundo ambos os pais, diz respeito ao comportamento do garoto em relação ao compromisso acordado com eles para fazer sua contribuição doméstica "*de acordo com a lista de tarefas!*".

Essa família é, realmente, superorganizada no que diz respeito à divisão das tarefas a serem desempenhadas para manter a casa arrumada, para fazer as compras, para preparar as refeições, tudo de acordo com horários a serem respeitados e reportando as despesas feitas, mesmo as mínimas, por cada um dos três.

Como irá emergir no processo terapêutico, a história desse casal vê dois jovens estudantes de medicina se unirem tendo por base um pacto íntimo desesperado, o de ajudar um ao outro finalmente a ganhar visibilidade como filhos dentro de suas próprias famílias de origem, colocando à disposição os jalecos brancos de ambos. Por meio de suas habilidades profissionais, aliadas a um compromisso leal, os cônjuges finalmente teriam conseguido controlar os antigos e repetidos episódios psicóticos da mãe dele e a forte depressão que sempre manteve Mirella, protegendo seu pai. É fácil intuir que o filho Piero, como foi para eles, terá que ajudar a manter a "sede do Pronto Socorro" eficiente.

d) O casal sanduíche

Espremido entre duas gerações, o *casal sanduíche* representa a configuração de muitos casais contemporâneos. A geração mais velha, cada vez mais longeva, está muitas vezes presente na vida do casal e no crescimento dos netos, de forma consistente com modelos e tradições culturais muito diferentes. Em situações, em que está presente um genitor idoso doente fisicamente ou mentalmente, quando não se pode recorrer a estruturas de apoio, como casas de repouso ou cuidadores domiciliares, é muito comum a família ter que cuidar deles, exigindo grandes sacrifícios das gerações mais jovens. Cuidar de pais idosos, que precisam de ajuda, talvez, por muitos anos, pode se tornar um compromisso pesado e exaustivo para o casal, tanto do ponto de vista emocional, quanto do ponto de vista mais puramente organizacional. Para essa condição, devemos acrescentar outra cada vez mais frequente, em especial nos países em que a crise econômica e empregatícia implica na saída tardia dos filhos do núcleo familiar. Nesses casos, presenciamos o fenômeno que poderíamos definir como o *ninho cheio*, que vem se opor à experiência evolutiva de famílias que vivem em outros contextos socioeconômicos, em que a saída de casa dos filhos ainda jovens corresponde a fase oposta do *ninho vazio*. No ciclo de vida normal do casal, como descrito acima, a saída dos filhos favorece o casal no enfrentamento de outro estágio evolutivo, no qual os parceiros podem encontrar um novo objetivo e novos equilíbrios emocionais após anos em que o interesse permaneceu focado principalmente no cuidado e no crescimento das crianças. Caso contrário, o risco será aquele que, uma vez ausentes os filhos, não há mais razões para ficarem juntos. Porém, no caso do ninho cheio, se os filhos não saem mais de casa, e os idosos vivem muito mais, o casal, mesmo o mais sólido, quantas possibilidades tem para se sentir a dois e para manter um limite conjugal claro? Frequentemente, muitos casais entram em crise nessas situações. Fenômenos depressivos podem surgir em um ou ambos os parceiros ou o relacionamento pode se desgastar progressivamente e levar a fenômenos disruptivos que se originam de contingências pesadas, o que, infelizmente, tem pouco a ver com a qualidade do vínculo como um casal, mas sim com toda a arquitetura social em que muitos casais se desenvolvem hoje (Andolfi, 2015).

DIAGNÓSTICO SOCIAL DO FUNCIONAMENTO DO CASAL

Se por um lado o terapeuta observa e avalia o funcionamento do casal em sua dimensão histórica, explorando as relações com as suas respectivas famílias de origem, por outro lado, dedica igual atenção à qualidade das relações sociais do casal, *in primis* as que dizem respeito aos amigos.

O sistema de amizades

Os amigos representam a rede social mais importante dentro da qual cada um de nós cresce e tece relacionamentos duradouros e significativos, desde o jardim de infância até uma idade muito avançada. As amizades são escolhidas e renovadas com o tempo, mesmo que geralmente os amigos mais autênticos e disponíveis são aqueles com os quais as experiências de infância, da adolescência ou da juventude são compartilhadas.

Amigos desempenham funções terapêuticas naturais, especialmente em momentos críticos da vida, a partir da adolescência, em que o grupo dos nossos semelhantes tem uma função agregadora e de suporte afetivo extraordinário. São uma presença insubstituível e preciosa na vida adulta e nos acontecimentos como casal e depois como pais, muitas vezes, sendo mais eficazes e disponíveis do que os próprios membros da família de origem e, sem dúvida, mais solicitados e utilizados por terapeutas de casal.

Com amigos, especialmente os de longa data, você pode enfrentar qualquer problema da vida dentro de uma relação de confiança e intimidade comprovada, sem o risco de se sentir traído ou não ser escutado. Isso porque com eles, geralmente, não há problemas de dependência emocional ou medo de não ser amado ou reconhecido, como frequentemente acontece com os membros da própria família. Ao contrário do que acontece na família, em uma verdadeira amizade, também não existem obrigações morais ou atitudes julgadoras, nem se desenvolve um sentimento de vergonha ao falar sobre comportamentos incorretos e contraditórios. Com amigos, não se pergunta se eles serão capazes de suportar o impacto emocional ao comunicar as suas próprias limitações ou falhas emocionais. Com a família, no entanto, muitas vezes, há um sentimento de vergonha ou de proteção, que não permite que você se deixe levar e seja autêntico. Além disso, com amigos, não há problema de ciúme ou favoritismo entre irmãos, que é a base de tantas disfunções familiares e distanciamentos emocionais. Com eles, pode-se compartilhar experiências comuns e processos evolutivos paralelos: desde a formação do casal ao nascimento dos filhos, até quando eles saem de casa, e assim por diante, até a próxima etapa de se tornar avós. Com os amigos, pode-se resolver questões relacionadas às adversidades da vida, como mortes prematuras, doenças crônicas, perda de trabalho ou casos extraconjugais.

Uma limitação para amizades de longa data pode ser inerente à lealdade acumulada ao longo do tempo em relação ao próprio amigo, o que impede que esse último mantenha uma atitude equilibrada e apartidária quando for solicitado apoio emocional ou conselho em situações de crise de casal ou separações hostis. Um limite oposto de amizades mais recentes, feitas juntas como um casal, é o de menos confiança e intimidade individual com amigos em comum, que não podem realmente entender como as coisas são, porque, afinal, não são "os meus amigos" que me viram crescer ao longo dos anos; mas, ao mesmo tempo, um menor contato com a vida passada de cada integrante do casal também pode ser uma vantagem, já que os amigos podem ter uma visão mais objetiva das coisas, sem ter que se posicionar por um ou por outro parceiro.

Deve-se acrescentar que, como em todas as relações íntimas, os eventos da vida, as transformações individuais e de casal, os conluios que podem ser criados entre processos paralelos de crescimento ou de mudança podem levar a uma quebra repentina na confiança em amizades consideradas de natureza sexual. Na verdade, não é raro o fenômeno de casais se separarem e um dos dois parceiros estar romanticamente ligado ao melhor amigo do outro.

Avaliar a qualidade das amizades é muito útil no andamento de terapia de casal e, como veremos em um capítulo posterior, os amigos podem ser convocados para terapia como consultores, a fim de ativar seus recursos.

Em um casal harmonioso, será fácil observar como os amigos são agradavelmente compartilhados entre os dois parceiros; haverá amizades construídas juntos após a união, bem como um bom hábito de compartilhar amizades mais pessoais, nascidas antes mesmo do início do vínculo, enriquecendo a vida de relacionamento do casal. É interessante refletir sobre como frequentar amizades em comum pode representar um recurso não só para a consolidação da identidade do casal, mas também para superar alguns momentos críticos, inevitáveis mesmo para os casais mais unidos. Em tais situações, amigos em comum vão torcer pelo casal e adotar uma atitude restritiva do relacionamento, já que o vínculo de amizade se estabelece mais com o *Nós como casal* do que individualmente. Recebendo confidências por parte de ambos os parceiros, os amigos do casal poderão trabalhar para promover a tolerância e a escuta ativa entre eles, obviamente sem interferir nas decisões e em seu mundo afetivo.

Por outro lado, em casais altamente conflituosos, em que a confiança mútua parece ter desaparecido, não encontraremos com frequência amizades compartilhadas. Entre amigos em comum, muitos desaparecem com o surgimento das primeiras dificuldades, com medo de serem contagiados por tensões incômodas ou porque são afetados por ressonâncias perigosas para o equilíbrio do casal. Em outras situações, será o mesmo casal que, por vergonha ou por um sentimento de inadequação, vai se fechar para as relações externas, evitando ter que falar sobre seus problemas, em uma espécie de negação defensiva. Em todos esses casos, o sofrimento e o medo do fracasso decorrentes da crise do casal costumam ser acompanhados por profunda solidão de cada parceiro, devido à perda de outros relacionamentos importantes e, às vezes, a profundas desilusões causadas por reações inesperadas por parte daqueles que se consideravam verdadeiros amigos.

Eu não quero me intrometer!

Simona e Paolo estão casados há dez anos, têm três filhos de 8, 6 e 4 anos, todos os três desejados de acordo com um projeto compartilhado desde os primeiros tempos de seu relacionamento: os jovens esposos construiriam juntos uma grande família, cheia de felicidade e alegria. Desde os primeiros anos de casamento, Simona e Paolo estabeleceram relações de profunda amizade com vários casais parecidos com eles, nas quais os adultos se visitam alternadamente em suas respectivas casas, sempre junto com os filhos, em um contexto festivo e familiar. Com uma família em especial, morando no mesmo andar e composta por Stefano, Mariella e seus três filhos, as relações tornaram-se cada vez mais próximas ao longo do tempo, as famílias muitas vezes jantam juntas, e os filhos têm uma relação quase fraternal. Simona é muito amiga de Mariella, enquanto Paolo nutre um grande carinho por Stefano, junto com uma profunda estima. Nos últimos dois anos, as brigas entre Simona e Paolo aumentaram muito, muitas vezes, devido aos cuidados das crianças. Eles têm ideias diferentes e competem para colocá-las em ação. Além disso, Simona percebeu que Paolo se afastou um pouco e passa muito tempo no computador durante a madrugada, enquanto ela fica ocupada entre a casa e o trabalho para cumprir compromissos diários. O relacionamento está se deteriorando rapidamente, e Simona confia à Mariella seus problemas com Paolo. Ele, por sua vez, decide se abrir com Stefano, contando a ele sobre um relacionamento afetivo que está nascendo entre ele e outra mulher, mas também pedindo conselhos sobre como lidar com a sua profunda confusão sobre o que fazer, já que a ideia de se divorciar e de deixar a família é algo que não o deixa dormir: para ele, a família sempre foi o mais importante da sua vida! A decepção de Paolo com relação à reação de distanciamento de Stefano é feroz. Não entende, acredita que ele é seu amigo, mas, na realidade, a resposta que recebe é bastante banal e evasiva: "*Não quero me intrometer*!". Só depois de muitos anos, Paolo entenderá essa reação: Stefano sempre teve uma amante cuidadosamente escondida.

Outros tipos de amigos, aqueles que não fogem diante de um casal altamente conflituoso, tenderão a tomar partido de um ou do outro lado, tornando-se seus confidentes e alimentando desentendimentos entre os dois, em vez de trabalhar para uma resolução do conflito. Especialmente quando o conflito é particularmente quente e dura ao longo do tempo, muito provavelmente, haverá novos amigos dela e novos amigos dele, amizades individuais e desconhecidas para o parceiro. É a clássica maneira de se preparar para uma separação. É fácil compreender como essas situações terão um reflexo negativo sobre o *Nós como casal*, que cada vez mais perderá uma parte importante do seu valor identitário, que corresponde ao reconhecimento externo do pacto oficial.

Normalmente, os amigos que realmente importam diante de um casal em crise são aqueles que conseguem estar ali sem atrapalhar, sem desaparecer de circulação e, ao mesmo tempo, sem tomar partido de um ou de outro lado. São recursos emocionais muito importantes e, para nós, são recursos terapêuticos fundamentais.

O apoio social do trabalho

Uma área a ser considerada na avaliação do funcionamento social do casal diz respeito ao mundo profissional de cada um dos dois. Em uma sociedade cada vez mais centrada em carreiras duplas, muitas vezes, acontece que cada parceiro passa mais tempo no trabalho do que em casa e que relacionamentos com colegas, além de serem significativos no nível de trabalho, também têm funções de apoio afetivo e de troca pessoal. Em um casal harmonioso, as relações profissionais de cada um poderão enriquecer o relacionamento e o conhecimento mútuo; em situações de conflito aberto, até mesmo, o local de trabalho pode ser considerado como uma ameaça ou como um inimigo contra o qual se defender. Não é incomum que, em situações de baixa vitalidade do casal, o ambiente de trabalho possa representar uma oportunidade para um ou outro desenvolver relacionamentos extraconjugais afetivos ou sexuais, que geralmente acabam prejudicando ainda mais a compreensão e a confiança no casal.

O psicoterapeuta individual

Hoje em dia, quando as separações de casais estão na ordem do dia, muitas vezes, acontece de os parceiros que encontramos afirmarem já terem tentado outras terapias no passado ou estarem em tratamento individual. Em muitos casos, o sofrimento em que as pessoas se encontram, ao lidar com uma crise prolongada de relacionamento, pode se manifestar em uma sintomatologia individual pesada. Ataques de pânico, aspectos depressivos e transtornos alimentares podem se manifestar em um ou em ambos os parceiros, levando-os a pensar que o transtorno deve ser tratado por um psicoterapeuta individual ou, melhor ainda, por um psiquiatra, que pode prescrever medicamentos adequados e resolver o problema em pouco tempo.

Sandro e Tiziana, dois profissionais maduros, pedem-nos terapia de casal para "reencontrar entre eles uma cumplicidade que parece perdida". Os seus filhos estão crescidos agora e há muito deixaram a casa de seus pais. No primeiro encontro de aconselhamento, eles nos contam muitas coisas sobre eles, sobre a vida deles juntos, mas eles também nos dizem que ambos são acompanhados cada um por seu próprio psicanalista há mais de dez anos e que alguns assuntos, estritamente pessoais, não poderão falar na presença do cônjuge, porque "certas coisas só podem ser ditas ao seu terapeuta individual". Está escancarada a cumplicidade perdida!

Além desse caso extremo, é sempre verdade que uma relação terapêutica é profundamente íntima, e isso pode não ser um problema para o terapeuta que trabalha com o casal. Em várias ocasiões, podemos trabalhar juntos, nós com o casal e o outro profissional com um dos dois individualmente, desde que sigamos na mesma direção, a de religar os fios dos laços significativos entre as pessoas que se amam e se abster de se intrometer no pacto de aliança do casal. No entanto, o ponto crítico, vale destacar, tem a ver precisamente com a escolha de não se arriscar a se abrir com o parceiro para compartilhar problemas individuais, pois acreditamos que eles afetam, quase sempre, o relacionamento do casal. O primeiro entrelaçamento de casal se formou, muitas vezes, apenas para tentar resolver os problemas individuais! E se não se arrisca, como é possível reconstruir a confiança, elemento essencial de qualquer união sentimental estável?

Há muitas pessoas que conversam com seu terapeuta por horas a fio coisas que deveriam ser ditas ao parceiro, à família, aos seus filhos. Certamente, a ajuda profissional é legítima e, também, útil, mas o problema é outro: a relação terapêutica individual, embora corretiva nas disfunções pessoais do paciente, sempre alimentará a desconfiança da pessoa na possibilidade de reabilitar a relação originária na qual surge o sofrimento. Em resumo e para concluir metaforicamente: uma perna quebrada continuará quebrada, ainda mais se não vamos tentar consertar e se optarmos por andar com uma prótese!

Estamos convencidos de que, diante de um pedido de ajuda de uma pessoa envolvida sentimentalmente de forma estável, é sempre necessário questionar o funcionamento desse vínculo, ampliando a exploração na fase de consultoria nesse sentido. É sempre arriscado para o bem do casal ajudar apenas um dos dois parceiros. A relação terapêutica individual, promovendo o fortalecimento e o salto de amadurecimento só de uma única pessoa, cria simultaneamente um aumento da distância entre os cônjuges: um segue adiante e o outro fica estagnado. Há muitas ocasiões em que, precisamente após uma terapia individual, o parceiro decepcionado com seu relacionamento decide se separar. Por outro lado, nada impede de recomendar uma terapia individual para um dos dois parceiros ao final de uma terapia de casal, quando o desequilíbrio de amadurecimento entre os dois permanece significativo, apesar do trabalho feito em conjunto. Essas situações normalmente envolvem casos em que existem formas psicopatológicas mais importantes, muitas vezes de natureza depressiva, decorrentes de graves transtornos de personalidade. Nesses casos, o outro parceiro do casal não se sentirá abandonado ou traído pelo cônjuge, mas aceitará de bom grado que pode contar com uma nova relação íntima, antes vista como uma ameaça ou, pior ainda, como uma traição.

AVALIAÇÃO DOS RECURSOS INTERNOS DO CASAL

A força do Nós

Como parte da avaliação do funcionamento do casal, o primeiro objetivo do terapeuta relacional é conhecer as duas pessoas que compõem o casal, tentando colocá-las nas partes do *Nós como casal* do cubo de *Rubik* metafórico. Imaginando como um tabuleiro de xadrez vazio, o terapeuta perguntará: "Estão aí? Ambos? E, em caso afirmativo, a que distância entre eles? E é uma distância variável ou rígida?". Ele poderia encontrar os dois presentes, mas nas mais variadas posições, por exemplo, um que está um pouco mais no centro muito bem colocado na vida de casal e o outro em direção à borda externa, direcionada para a parte que corresponde aos filhos ou até direcionada para a sua família de origem, ou ainda em direção ao externo em relação à parte que corresponde a sua vida individual, em que pode ser mais fácil para ele estar, ou pode ser exatamente o oposto de tudo isso ou ainda diferente.

Vimos como as tensões provenientes das outras faces do cubo interferem na atitude do casal em seu campo relacional e na sua evolução. No entanto, o casal tem seu próprio potencial interno, a *força do Nós*, com a qual pode contrabalançar essas influências, fazendo de modo que mesmo nos momentos em que os dois indivíduos estejam mais distantes um do outro, eles possam continuar a se sentir juntos, pois estão unidos por um sentimento profundo, baseado no compartilhamento de tudo que cria e fortalece o vínculo afetivo que deve ser constantemente nutrido ao longo do tempo. Essa força se revela como um poderoso antídoto para o estresse emocional da vida a dois, porque permite a confiança mútua, aquela dimensão afetiva que une apesar de tudo e na qual cada parceiro se sente protegido por um plural reconfortante, o *Nós*, que, por sua vez, é capaz de criar *confiança* mútua, essencial para ir em frente, de alimentar-se com *respeito a si mesmo e ao outro* e de se reconhecer na *intimidade* como seu modo agregador extraordinário. Em suma, a força do *Nós* não é outra coisa senão aquela energia formidável que reforça profundamente o vínculo de cumplicidade, tornando-o invulnerável a crises fisiológicas e a adversidades diárias.

Se é verdade que a força do *Nós* depende do nível de diferenciação alcançada pelos parceiros no momento da formação do casal, também é verdade que a relação do casal é uma experiência para poder viver um *vício saudável* (Andolfi & Mascellani, 2010), por isso, é possível que essa relação seja capaz de reiniciar o desenvolvimento individual dos parceiros. A relação do casal deve ser sempre observada como um momento evolutivo derivado do impulso diferenciador que cada nova relação afetiva produz em cada indivíduo.

A amizade e a cumplicidade devem ser consideradas como o verdadeiro cimento da relação de casal, o que permite que os parceiros caminhem na mesma direção no que se refere aos valores e à dimensão espiritual de uma vida a dois. Quanto mais os pontos de vista convergirem nas questões principais, mais forte será o relacionamento. Isso não significa que você tem que concordar em todos os aspectos espirituais e filosóficos da vida, mas que o relacionamento terá que ser cúmplice em muitos outros aspectos para neutralizar as diferenças.

A intimidade

A intimidade é uma condição relacional um tanto mágica e um tanto misteriosa, com limites invisíveis, quase indefiníveis. Porém, quando está lá, você pode ouvir inequivocadamente, porque influencia intensamente a qualidade de vida emocional. Pressupõe o nível mais profundo de participação entre duas pessoas que se amam, nasce e se consolida a partir de outras percepções dentro do relacionamento, em um sentido físico, sexual, mental, emocional e espiritual. São essas percepções que nos dão a sensação de sermos apreciados e aceitos como somos pelo outro, seja o que for que aconteça. Somos íntimos se temos a sensação de segurança, de desenvoltura em estarmos juntos, de liberdade para revelar nossos sentimentos, para dizer o que pensamos e sentimos, sentindo-nos fortes por sermos vulneráveis. Essa profunda proximidade emocional é capaz de promover o vínculo e garantir apoio e compreensão, podendo estar presente em diferentes relacionamentos, com a família ou amigos, não só no relacionamento de casal. Existem infinitas formas de intimidade além do sexo. No entanto, a intimidade sempre foi a pedra angular do relacionamento de um casal e desempenha aqui um papel protetor muito importante. Estudada e analisada por vários estudos científicos (Kelleyt al., 1983; Hinde, 1995; Cusinato, 1992; Feeney et al., 1998; Sternberg, 2004), a intimidade é proposta como uma dimensão essencial na relação: sem intimidade não há casal.

Uma série de fatores, mais do que outros, caracterizam o construto da intimidade (Moss & Schwebel, 1993): junto com uma percepção geral de proximidade mútua, há uma interação mútua e recíproca, uma profunda consciência emocional, cognitiva e física, combinada com a capacidade de expressão de sentimentos em diferentes formas e gradações e a capacidade de se comunicar e confiar. Portanto, parece que os conceitos e os fundamentos que definem a intimidade são um sentimento de proximidade emocional, abertura de si mesmo e validação mútua. Scabini e Cigoli (2000) identificam na intimidade de um casal a capacidade decorrente da partilha de alegrias e tristezas, em resumo, *a realização* e *completude do pacto*, como resultado de um encontro e como a recompensa mais importante da relação emocional.

O casal é um sistema emocional com seu próprio nível médio de diferenciação, a saber: a maturidade (Bowen, 1979). Mais simplesmente, referimo-nos ao grau de integração entre o funcionamento emocional e intelectual dos parceiros. Um casal com um nível suficiente de diferenciação é composto por pessoas que apresentam um equilíbrio intelectual e emocional variáveis e que são capazes de manifestar os seus sentimentos de uma forma intensa e aberta e cujas relações com os outros vão além da necessidade de proximidade e aprovação. No casal, como na família, o aumento da intimidade anda de mãos dadas com o aumento da autonomia pessoal. Não se pode aumentar um sem que também não haja um aumento do outro. Pode-se ficar perto o tanto necessário que se pode ficar separado e vice-versa, e as regras implícitas estabelecem até que ponto essa pressão pode ser tolerada de acordo com um barômetro oculto muito preciso.

A dimensão dialógica, em seus diversos aspectos da comunicação interpessoal, constitui, assim, a oportunidade real de construir e consolidar a intimidade do casal, que surge do compartilhamento e nele cresce. Uma boa intimidade entre parceiros não pode estar separada de uma comunicação aberta e de confiança básica no relacionamento.

A sexualidade na intimidade de casal

O termo paixão raramente é usado quando se fala sobre o casal em nível psicológico, mas a paixão é um ponto de referência interessante na avaliação da saúde relacional do casal. É aquele sentimento que dá uma vitalidade extraordinária ao conceito de amor e dá consistência à sexualidade. No entanto, ela nem sempre é sinônimo de intimidade. Não por acaso que hoje é comum definir o ato sexual com o termo "fazer sexo" em vez de "fazer amor". Muitos parceiros sexuais nem mesmo sonham em se definir como um casal ou como apaixonados: na ausência de intimidade emocional, atraem-se em uma espécie de contrato implícito, em que cada um usa o outro para alcançar seu próprio prazer, sem compartilhar muito mais.

Em um relacionamento estável de casal, dentro do casamento ou na convivência, a sexualidade assume, por sua vez, características diferentes e muito importantes. Geralmente, acredita-se que o sexo seja apenas um aspecto do relacionamento do casal, enquanto a atividade sexual é substancial no ciclo de vida do casal para o estreitamento do vínculo. O sexo é a linguagem da intimidade, é a melhor maneira que os parceiros têm para falarem sobre si mesmos e para crescerem juntos: fazer amor equivale a entregar as chaves para o outro e deixá-lo entrar completamente em sua própria intimidade, em um vínculo afetivo constituído de atenção mútua, responsabilidade, confiança, comunicação aberta de sentimentos e sensações. O quarto pode, assim, tornar-se a academia da diferenciação, em que uma boa atividade sexual é capaz de promover o aumento da cumplicidade, que é o verdadeiro alimento para o bem-estar do casal. Na relação sexual, demonstra-se amor e vontade de se entregar completamente ao outro, mas também, nessa forma de comunicação, o nível de confiança relacional depende do quão separado emocionalmente se está, para não correr o risco de se confundir com o outro e perder-se de si mesmo. Em resumo, a sexualidade nada mais é do que o *espelho da relação* (Schnarch, 1999), a maneira pela qual os parceiros se comunicam entre si no grau de intimidade alcançável, uma linguagem cheia de nuances que expressa uma quantidade de significados relativos ao nível de amadurecimento de cada um dos dois. Pode-se perder no outro apenas quando se está inteiro. Quanto mais seletiva a pessoa é, mais forte é o senso de integridade e mais intimidade se pode tolerar com alguém que se ama sem perder o senso de quem se é como indivíduo. Por outro lado, não se pode subestimar a maneira como o sexo pode mudar na relação com o passar do tempo. Se a comunicação ou o compartilhamento mudou dentro do relacionamento, provavelmente isso afetará a vida sexual do casal.

A sexualidade oferece uma grande oportunidade para o casal observar e conhecer em profundidade a própria qualidade do relacionamento, os nós a serem desfeitos e o potencial a ser desenvolvido. Quando o sexo não funciona, o relacionamento também é afetado, sendo ou não reconhecido ou explicitado o desconforto pelos parceiros. Se o casal consegue manter a dimensão sexual viva e intacta, provavelmente, haverá melhorias também em outras esferas do relacionamento, bem como um maior nível de respeito ao parceiro. Em outras palavras, a sensação de bem-estar e a sensação de estar unidos se estenderão muito além do quarto.

A confiança

Ao buscar a terapia, a maioria dos casais costumam alegar que a causa de seus conflitos conjugais seja a falta de comunicação ou a sua ineficácia. Não se fala muito, nem se entende. A importância de ser capaz de falar ou ser ouvido entre parceiros é, portanto, percebida por eles mesmos. No entanto, devemos nos perguntar por que às vezes falamos mais facilmente com estranhos sobre o que mais nos preocupa emocionalmente do que com pessoas emocionalmente significativas. Por que às vezes não se pode ou não se sabe falar com quem realmente deveria ouvir o que temos a dizer?

A intimidade pode ser muito assustadora, porque pode levar ao sofrimento. Por exemplo, quando o outro não está mais lá, deixando um vazio assustador dentro de nós; ou, de forma sutil, quando se aproveita de nós, manipula-nos e abusa de nossa disponibilidade. Tudo isso pode nos causar uma grande dor e nos levar a dar um passo para trás, a recuar, porque, afinal, sentimos que quanto mais o outro se aproxima, mais corremos o risco de sofrer.

Uma comunicação aberta e eficaz nas relações afetivamente significativas não pode deixar de depender do nível de segurança do relacionamento. Para expressar uma discordância, não se pode deixar de considerar a decepção das expectativas de quem nos escuta, e isso também poderia representar um desafio a se enfrentar, mas o que não deve estar em risco é a continuidade da relação, justamente em função desse sentimento de pertencimento que nos liga a uma identidade comum. Romper o relacionamento seria um preço muito alto a pagar, então, se esse risco existe, o silêncio é melhor.

A confiança relacional nasce apenas em um ambiente saudável e seguro, no qual mal-entendidos, desacordos e discussões podem ser explicitados sem medo de ser abandonado. Cada relacionamento de casal carrega consigo problemas e adversidades, mas quando as dificuldades são enfrentadas com uma mente aberta, a confiança aumenta e se torna mais sólida a cada dia. Em suma, ter confiança significa saber que você pode contar com o outro independentemente do que aconteça no relacionamento. A confiança é a melhor ferramenta que os parceiros têm à disposição para lidar com o conflito e esclarecê-lo. Os conflitos devem ser enfrentados para serem resolvidos. Além disso, cada vez que o conflito é superado de forma independente pelo casal, a confiança entre os parceiros aumenta, gerando uma nova oportunidade de crescimento. Confiar no relacionamento significa ser capaz de dizer o que você pensa e sente com clareza, expressar seus sentimentos sem reservas. O diálogo é sempre a solução ideal para resolver problemas em um relacionamento como casal, mas o paradoxo é que, para ter um diálogo, é necessário ter confiança. Sem se concentrar muito no outro, mas em nós mesmos, o diálogo não serve para apontar no parceiro as ações por ele cometidas, mas para lhe dizer como nos sentimos ao seu comportamento. Isso serve para ajudá-lo a entender do que vem o nosso sofrimento. Dialogar também significa saber escutar, sem preconceitos e reações instintivas. Saber que você pode confiar cegamente nas palavras do outro e que cada pensamento pode ser expressado sem medo, permite que você construa um vínculo forte e valioso, porque está na base da autoconfiança e da estima do outro, considerado autenticamente capaz de aceitar a diferença e de negociar para o compromisso. Nem sempre é fácil. Muitas vezes, entre casais, os parceiros escondem as suas necessidades mais profundas, cabendo ao outro entender o que seria necessário fazer ou dizer em determinadas ocasiões. A falta de autoconfiança pode refletir, nesses casos, um relacionamento em que se pensa que não se pode pedir ou que não se pode ser ouvido. Prestar atenção às necessidades do parceiro e tentar satisfazê-las certamente é correto, mas às vezes há o risco de que aquele que vê as suas necessidades continuamente satisfeitas, sinta-se muito cercado, enquanto o outro sofrerá de negligência excessiva. Nenhum dos dois cenários é desejável.

O sentimento de confiança na relação a dois está intimamente ligado à percepção de um nível adequado de liberdade pessoal, que permite pertencer ao vínculo sem depender dele. Tudo isso é muito importante, porque implica na continuidade da escolha de ficar juntos, apesar das adversidades diárias. Confiar que se pode enfrentar as dificuldades juntos é a concepção perfeita de um relacionamento de sucesso, baseado na reciprocidade.

A tendência de sempre esperar que o pior aconteça em qualquer situação é um claro indicador de falta de confiança, enquanto ter confiança em seu parceiro significa estar sempre disposto a dar a ele o benefício da dúvida. A confiança não existe mais quando se age pelas costas de seu parceiro; mais cedo ou mais tarde, a verdade aparecerá, e a pessoa enganada, por sua vez, perderá toda a confiança na outra. A confiança destruída nunca será completamente restaurada, mas sempre será minada pelas sombras da dúvida.

O respeito

O respeito é um comportamento que caracteriza todos os relacionamentos saudáveis e fortes. Geralmente, acredita-se que, na relação sentimental, o amor seja o ingrediente suficiente para gerar satisfação mútua, mas, na realidade, isso só acontece quando o amor vem acompanhado de respeito. Amor e respeito devem ser considerados os dois principais pilares de um relacionamento sólido e gratificante. Com respeito mútuo, muito pode ser feito em um relacionamento.

Segundo Peter Gray (2012), o respeito poderia ser ainda mais crucial do que amor para o sucesso do relacionamento a dois. Aprender demonstrar respeito mútuo aumentará a satisfação conjugal, promoverá a proximidade entre os parceiros e fortalecerá a união para os anos que estão por vir.

O respeito pode ser muito mais difícil de se reconhecer do que o amor em um relacionamento a dois. Um parceiro pode oferecer ao outro manifestações claras de amor, mas isso poderia até ser uma forma de esconder uma profunda falta de respeito. O outro pode não perceber, pensando que é mais amado do que tudo, mas, a longo prazo, essa condição se revelará uma receita desastrosa. Uma pessoa que mostra amor, mas não respeita, está interessada apenas em colher os benefícios de um relacionamento e, na verdade, não faz nada para deixar seu parceiro feliz também. Um parceiro verdadeiramente atencioso, respeitará o outro e o reconhecerá como um ser humano diferente de si mesmo.

Estar disposto a escolher o compromisso no casamento é uma demonstração de respeito pelo seu parceiro, porque se honrará os desejos dele como se fossem seus. O compromisso dá flexibilidade ao relacionamento. Conhecer a outra pessoa, validar suas necessidades, seus medos, seus desejos e avaliar o que é importante para ela são a chave para uma parceria saudável. Tentar entender o ponto de vista do outro e ouvi-lo quando ele se abre conosco significa demonstrar-lhe não apenas ser confiável, mas que respeitamos a sua pessoa e somos capazes de validar as suas emoções.

Quando um parceiro não está tentando controlar a privacidade do outro e não interfere em nenhuma de suas interações sociais, é um bom um sinal de respeito, bem como de confiança. Saber parar dentro do limite definido pelo outro, é um bom sinal de respeito pela sua independência e capacidade como um ser humano autônomo. Além disso, um parceiro respeitoso saberá o que o outro não gosta e fará todo o possível para evitá-lo. O respeito, entretanto, está sempre junto da honestidade e da sinceridade, ocupando o lugar da mentira, mesmo que fosse por um bom propósito. Por exemplo, um parceiro respeitador não irá se abster de compartilhar uma má notícia com o outro para protegê-lo da tristeza ou da raiva, mas será sincero, demonstrando respeito por sua inteligência e capacidade de tomar decisões.

Mais ainda, uma forma de demonstrar respeito diz respeito à capacidade do parceiro de apoiar o outro na realização de seus objetivos individuais, sejam eles pessoais, sejam eles profissionais. Uma vez que esses objetivos tenham sido alcançados, o parceiro ficará orgulhoso disso, porque ele realmente se preocupa com o desenvolvimento do outro como pessoa e com a sua felicidade.

Peter Gray (*ibidem*) afirma concisamente:

> Respeitar é compreender que a outra pessoa não é você, não é uma extensão de você, não é um reflexo de você, não é o seu

> brinquedo, não é seu animal de estimação, não é um produto seu. Em um relacionamento de respeito, a sua única tarefa é ver a outra pessoa como um indivíduo único, é aprender a colocar as suas necessidades com as dele ou dela e ajudar a pessoa a alcançar o que almeja. (Gray, 2012)

Segundo Gottman, Silver e Gottman, Gottman (2015b), o desprezo e a falta de respeito são os sinais inequívocos de que a continuidade do casal está em um ponto realmente crítico. Quando sarcasmo, cinismo, insultos, ausência voluntária, zombaria ou humor hostil estão presentes nas interações entre os parceiros, deparamo-nos com o mais completo desrespeito entre eles; a relação está em frangalhos, assim como fica em pedaços a autoestima das pessoas que têm ao seu lado um companheiro que os despreza. As palavras podem causar a mesma ferida emocional que um machucado após uma surra.

O respeito nunca deveria ficar em segundo plano no relacionamento do casal. Um parceiro respeitoso lutará suas batalhas de forma justa, ouvirá os argumentos do outro e responderá racionalmente, sem golpes baixos, sem ofensa e sem violência física.

4. O TERCEIRO NO RELACIONAMENTO DO CASAL

Além daqueles que escolhem uma vida de solteiro, viver a dois parece ser a dimensão relacional mais satisfatória e duradoura quando se é adulto, além de ser a base para a construção de uma família. Certamente, o casal, como vimos, evolui e se renova por meio de eventos de vida e de seu ciclo de vida, é, portanto, uma díade forte, mas a melhor forma de observá-lo em seu desenvolvimento e auxiliá-lo na terapia é utilizar o triângulo como unidade de medida, principalmente se se opta por uma lente sistêmica. Existem vários autores que propuseram o triângulo como uma unidade de medida das relações familiares como uma base geométrica de qualquer sistema emocional: Bowen (1979), Framo (1992), Whitaker (1989), Walsh (1982), Haley (1980), Hoffman (1981), Minuchin (1974), Scabini (1985), Andolfi (1977), apenas para citar os mais relevantes, enquanto, durante a pesquisa, os estudos de Elisabeth Fivaz sobre o *triângulo primário* devem ser mencionados (Fivaz-Depeursinge & Corboz-Warnery, 1999).

Se, então, aumentamos as lentes de observação do triângulo primário para as relações triangulares, que são articuladas ao longo de três gerações, seremos capazes de entender que cada indivíduo está dentro de um mapa familiar complexo em que, de acordo com os eventos de vida, será possível ver as ligações entre os comportamentos e experiências atuais e relações entrelaçadas que vêm de outros espaços e outros tempos de sua história de desenvolvimento (Andolfi & Angelo, 1987; Andolfi, 2003; Andolfi, Falcucci, Mascellani et al., 2006).

Uma vez que a tríade é adquirida como uma unidade de estudo das relações humanas, as observações sobre a dinâmica do casal serão profundamente diferentes daquelas de muitos estudiosos e terapeutas, como os psicanalistas de casal, que usam exclusivamente a díade como lente de observação. Acreditamos que, no desenvolvimento de qualquer relacionamento significativo, ative-se uma rede de forças emocionais que seguem padrões triangulares, verdadeiras válvulas de segurança para conter o excesso de tensão ou de ansiedade que se pode alimentar os relacionamentos duais, especialmente em situações de conflito ou de medo. Bowen (1979) foi o autor que contribuiu de maneira particular para descrever esse mecanismo, que permite regular a tensão emocional entre duas pessoas por meio da triangulação de uma terceira. "É clinicamente provado que o sistema de tensão originário composto por duas pessoas será resolvido automaticamente quando colocado em um sistema a três, no qual uma pessoa permanece emocionalmente distante" (Bowen, 1979, p. 48).

Na condição ideal de relacionamento de casal, quando a ansiedade não é muito urgente ou o conflito não é particularmente acentuado e as condições externas são favoráveis, o fluxo e refluxo das emoções dos e entre os dois parceiros podem ser positivos e reconfortantes. Porém, as relações humanas dificilmente permanecem ideais por muito tempo, mesmo nas melhores condições, em primeiro lugar, porque a relação dual já é instável em si mesma e, em segundo lugar, porque ela é facilmente perturbada por forças emocionais e pressões que agem de fora. Vimos que, ao longo do ciclo de vida, são vários os momentos críticos de desestabilização do casal. Pode-se, portanto, facilmente entender o risco de que a triangulação ou a presença de um terceiro na dinâmica a dois dê origem a um fenômeno de proteção conforme descrito por Bowen, em situações de ansiedade ou medo intensificados, pode se transformar em uma condição patológica real. Basta pensar no conceito de *tríade perversa* (Haley, 1969), que enxerga a criança forçada a unir forças com um genitor contra o outro de forma latente ou explícita, aos diferentes tipos de *tríades rígidas* descritas por Minuchin (1974); até aos conceitos de *incitamento e engano relacional* (Selvini Palazzoli, Cirillo, Sorrentino, 1988), relacionado ao início de uma psicopatologia grave de um filho, e, finalmente, a *parentificação*, uma modalidade triádica disfuncional muito frequente (Minuchin, 1974; Selvini Palazzoli, Cirillo,

Sorrentino, 1988; Andolfi, Falcucci, Mascellani et al., 2007), em que uma criança assume uma função de cuidadora para um ou ambos os pais, incapazes de desempenhar o seu papel, e termina com o assumir responsabilidades de adulto. Como pudemos verificar em longos anos de atividade clínica, essa inversão de papéis envolve inevitavelmente um abuso emocional com uma criança que, prolongada ao longo do tempo, pode comprometer seu desenvolvimento saudável e causar-lhe problemas graves psicossomáticos e relacionais (Andolfi, 2015).

Depois de ter descrito os aspectos protetores e patológicos do terceiro em relacionamentos duais, gostaríamos de refletir sobre os aspectos do crescimento e da renovação da *triangulação positiva* referente ao sistema de casais. Nesse caso, o terceiro, que pode ser um filho, um genitor, um irmão ou um amigo, pode atuar como um ativador de recursos relacionais e de amadurecimento, tanto individualmente quanto em casal.

Criar um filho juntos não é apenas lhe garantir cuidado e amor, mas é uma oportunidade única de permitir, por meio da criança, aumentar os níveis de intimidade e conhecimento mútuo entre os dois parceiros, bem como de mediar eventuais conflitos e diferenças. Muitas vezes, por meio da voz, do sorriso e do comportamento de uma criança, seja uma criança, seja um adolescente, os dois adultos poderão se ver mais profundamente e se ouvir melhor. Igualmente poderosa e enriquecedora para o casal, pode ser a linguagem afetiva dos pais ou de um irmão, mesmo em situações de aparente conflito ou desacordo. O NÃO dentro dos laços familiares é, muitas vezes, mais rico em significado e em reflexões profundas do que muitos SIM fáceis.

É precisamente a nossa profunda convicção da importância do recurso do terceiro nas relações duais que nos levou a convocar no decorrer da terapia de casal, como nossos consultores, muitos terceiros importantes para o crescimento de cada parceiro, sejam eles filhos, pais, irmãos ou amigos. Porém, falaremos sobre isso mais tarde neste livro.

A TRAIÇÃO

Em casais harmônicos, a comunicação emocional, quando envolve o terceiro, geralmente assume a forma de *triangulação positiva*. É uma dinâmica relacional fisiológica na gestão do fluxo emocional da relação em si, que não constitui uma ameaça, mas sim que apoia o pacto de aliança e fertiliza o solo do espaço do *Nós*. No casal, porém, a presença de terceiros pode sempre ser arriscada quando a vitalidade de seu espaço íntimo é severamente testada por momentos críticos do ciclo de vida e pelas adversidades da vida.

A crise do casal sempre começa com a paralisia evolutiva do pacto íntimo ou com a sua impraticabilidade. Os parceiros, geralmente, não percebem, porque o profundo entrelaçamento entre os dois é inconsciente. O que eles percebem, no entanto, é que o mal-estar, a decepção e a perda passam a ocupar cada vez mais o espaço do casal, que será necessário mostrar o caminho e o tempo para reconhecer e enfrentar a crise. Se isso não acontece, o risco de envolver outra pessoa em uma *triangulação negativa* aumenta consideravelmente, dando lugar a diferentes formas de traição, mais ou menos graves, mais ou menos explosivas. Existe a traição que envolve um terceiro para equilibrar o equilíbrio relacional do casal, quando o pacto íntimo é inviável ou incapaz de se renovar, aí vem o mais feroz, capaz de despedaçar todo o pacto de aliança, porque além do pacto íntimo já morto, destrói também o pacto oficial, o vínculo, aquela parte consciente do pacto de aliança dentro do casal e, sobretudo, reconhecível de fora.

Em casais altamente conflituosos, nos quais o nível de diferenciação do *Self* é baixo e as distorções relacionais estão presentes desde a sua formação, o tipo de entrelaçamento de casal é desequilibrado, portanto, é possível que o envolvimento de um terceiro tenha uma finalidade *compensatória* de uma relação que não existe ou que se tornou decepcionante, na qual a confiança mútua é escassa e o respeito totalmente ausente. Pelas mesmas razões, terá um propósito *punitivo* implícito para o parceiro, considerado culpado ou incapaz. Nesse caso, o pacto íntimo é sutilmente atacado pela formação de uma *coalizão* entre o terceiro envolvido e um dos parceiros em detrimento do outro. Particularmente, nesse último caso, é mais provável que não encontremos o envolvimento de terceiros, mas sim de um terceiro, muitas vezes, escolhido com cuidado.

Em resumo, cada vez que o envolvimento de um terceiro invade o espaço do *Nós*, da intimidade e cumplicidade do casal e, portanto, da sua matriz identitária, já podemos falar de traição, mesmo que inconsciente por parte daquele que o coloca em ação. Então, quando a invasão de um terceiro também ataca o pacto oficial em seu aspecto ético da promessa e vínculo consciente entre os parceiros, a traição é muito mais grave, todo o pacto de aliança corre grande risco de rompimento, e a reconstrução da confiança entre os parceiros será muito mais difícil.

Identificamos diferentes tipos de traição no relacionamento do casal, vamos ver alguns deles.

O AMANTE COMO UMA FERIDA PROFUNDA NA INTIMIDADE DE UM CASAL

É muito comum que o pedido de terapia de casal chegue após a descoberta de um caso extraconjugal. Uma vez descoberto, o amante produz uma das feridas mais dolorosas para o parceiro traído, porque quebra a intimidade de casal, destruindo em um instante um dos elementos essenciais do vínculo sentimental, a confiança. O parceiro traidor, por sua vez, muitas vezes, é vítima de profundo sentimento de culpa.

Se o pacto íntimo é formado com base no entrelaçamento inconsciente de casal, o pacto oficial tem a ver com a escolha consciente de compromisso mútuo com o outro e com a própria união como uma escolha pessoal. É também aquela parte do pacto que é visível externamente e que qualifica o casal como tal aos olhos do mundo, que julga a sua estabilidade, a sua confiabilidade e a sua índole, para serem tomados ou não como modelo.

"*Eu me pergunto: com quem eu me casei?*" é a exclamação mais frequente que ouvimos proferida por um parceiro traído, que, de repente, acaba não mais reconhecendo aquela pessoa que lhe prometeu fidelidade e que, hoje, humilha-lhe perante o mundo. Porque é de humilhação que estamos falando, e se recair sobre alguém que já tem baixa autoestima, é capaz de destruir a imagem que ele tem de si mesmo. Nesses casos, é muito difícil para o parceiro traído se concentrar na disfunção do casal que levou à traição para analisar seus significados, pois é mais fácil culpar o parceiro ou o terceiro, tido como um ladrão, um intruso, culpado de ser considerado melhor.

UMA VOZ NO SILÊNCIO

Pino e Jenny, 45 e 43, são dois profissionais de carreira. Ambos são bonitos, bem cuidados esteticamente e afáveis nas maneiras, eles requisitam uma terapia de casal, porque ela descobriu que seu marido, por cerca de três anos, tem um caso extraconjugal com uma mulher de outra cidade, onde costuma ir frequentemente por motivos profissionais. Pino afirma que o relacionamento foi um deslize e que, definitivamente, já está encerrado há alguns meses, mas Jenny fica perturbada com o que aconteceu e diz que não sabe se conseguirá superar a traição, porque agora a confiança é irrecuperável. Para Jenny, a descoberta foi devastadora, o mundo desabou sobre ela, também porque há cerca de três anos o casal vem tentando ter um filho por meio de reprodução medicamente assistida. Várias tentativas foram feitas, infelizmente sem sucesso, e Jenny não consegue suportar o fato de que, justamente enquanto ela estava se submetendo à última inseminação, Pino estava hospedado com sua amante em um local de férias. É um casal que está junto há mais de dez anos e casados há oito. Desde seu casamento, Jenny desejava um bebê, mas ela nunca quis pedir a Pino, esperando que ele fosse querer isso. Se arrastaram em silêncio por anos em um relacionamento monótono, em uma sexualidade morna, sem nunca enfrentar a insatisfação.

Jenny nasceu em um país do norte da Europa, foi uma filha que nunca deu problemas para sua família, ao contrário de seu irmão que sempre centralizou para si as atenções preocupadas dos pais devido aos vários problemas físicos e psicológicos que surgiram nos primeiros anos de vida. Crescida em silêncio, em um canto familiar metafórico, representou para a sua família a boa filha: boa na escola, excelente no trabalho, sempre impecável. Vindo para a Itália para os estudos universitários, Jenny vai escolher ficar, encontrará Pino e se unirá a ele.

Hoje, Jenny mantém a relação com a sua família de origem ao vê-la algumas vezes durante o ano, mas compartilha muito pouco de si mesma com eles e absolutamente nada que diz respeito aos seus problemas pessoais. Por exemplo, seus pais não sabem que ela está tentando ter um filho com reprodução assistida e, claro, eles nunca terão que saber o que aconteceu agora, porque: "*Não posso lhes causar nenhum problema. Agora estão finalmente felizes, porque o meu irmão lhes deu dois netinhos!*".

Único filho de uma família de classe média, Pino seguiu os passos profissionais de seu pai, um homem de sucesso e muito amado por todos por sua generosidade e justiça, um guia, tanto para sua família quanto para a comunidade. Um homem que sempre se dedicou inteiramente à sua nova família, à sua necessidade de amor e de reconhecimento, a partir do momento em que as relações com seus pais foram interrompidas na juventude como resultado de sua escolha de se casar com uma mulher muito jovem, sem pai e precisando de ajuda. O mito da união, da harmonia e do respeito irá contra sua nova família. Uma noite, quatro anos atrás, o pai de Pino morre repentinamente de ataque cardíaco. Ele sofre muito, mas ele rapidamente coloca sua dor de lado, porque sente que tem de ser ele a se preocupar em sustentar o que resta de sua família, que ele acredita ser incapaz de superar a grave perda. Na verdade, nos dias que se seguem, fica chocado ao descobrir que a mãe é muito mais forte e autônoma do que ele jamais imaginou e que tanto ela quanto as irmãs são perfeitamente capazes de lidar com tudo o que há para se enfrentar.

Pouco depois da perda do sogro, cansada de esperar, Jenny pede abertamente a Pino para tentar ter um filho. Pino concorda, como é seu estilo, mas, infelizmente, o relógio biológico muito avançado não dá o resultado desejado. Decepcionada e com raiva por ter esperado muito para que Pino estivesse pronto para começar uma família, chama-o novamente ao dever e eles decidem tentar por meio de medicamentos. Pino concorda novamente, mas, na realidade, ele começa, ao mesmo tempo, o seu caso extraconjugal.

Em toda essa história, o que pode significar a traição de Pino? Possivelmente, a recuperação da adolescência perdida como vingança pela exploração silenciosa que sente ter vivido pelas figuras femininas? Pode ser. Pino pulou a juventude despreocupada, entregando-se as expectativas de uma mãe considerada frágil demais para ser abandonada e de um pai que precisava de reconhecimento. Na verdade, com a morte dele, descobre que sua mãe, com seu silêncio, sempre o enganou. O silêncio de Jenny, que por tantos anos escondeu sua raiva por não poder dar um neto aos pais e finalmente ser vista por eles, tem o mesmo gosto para ele: "*As mulheres não falam claramente e não precisam de mim!*".

O casal nem sempre consegue superar o rompimento profundo causado por um caso extraconjugal. A existência de um amante na história da intimidade do casal produz uma cicatriz que permanecerá sensível para sempre. No entanto, mesmo assim, quando existem sólidos sentimentos de afeto e o relacionamento conjugal é suficientemente satisfatório e estável em aspectos fundamentais, é possível usar a crise como uma oportunidade para reconstruir uma intimidade mais profunda ao longo do tempo e para o desenvolvimento de novas habilidades relacionais de apoio mútuo.

Em nossa experiência clínica, pudemos constatar que o amante nem sempre constitui o fim traumático do relacionamento conjugal. Em alguns casos, pode ser considerado como um grave "acidente de percurso", de uma ferida na intimidade que pode sarar se os parceiros forem capazes de compreender seu profundo valor comunicacional diante de uma relação a dois pré-existente, na qual a confiança e a intimidade já estavam profundamente comprometidas. Terminar um relacionamento para começar outro é muito diferente de se envolver em um caso extraconjugal clandestino. Nesse último caso, o novo relacionamento tem um valor desestabilizador para o casal que, muitas vezes, é involuntariamente desejado por quem o coloca em ação. Muitos casais, que vivem em um estado oculto de insatisfação e agora estão permanentemente desligados em relação à esfera íntima, arrastam seu relacionamento ao longo do tempo de acordo com um caminho previsível e imutável. Nesses casos, o amante que chega de repente pode representar não apenas o desejo do parceiro traidor de escapar, mas também a necessidade de quebrar uma rotina conjugal vivida como mortífera, que não consegue mais se renovar, que não consegue deixar explícito de outra maneira e que o outro não consegue reconhecer. Nesses casos, será útil acompanhar esses casais na elaboração de um verdadeiro luto e ajudá-los a reconstruir um novo e mais sólido *Nós como casal*.

A PRESENÇA DE UMA CRIANÇA COMO EVENTO DESESTABILIZADOR DA DINÂMICA DO CASAL

A chegada de um filho é o primeiro momento em que o casal coloca a prova a solidez do vínculo, uma vez que tal evento propõe a necessidade indiscutível de transformação do espaço *Nós*, que deverá se separar em dois subespaços: o da intimidade do casal e o da paternidade. Como já descrito anteriormente, o ingrediente mais importante para lidar com essas mudanças consiste em uma certa flexibilidade do pacto de aliança, que deve ser capaz de tolerar a desestabilização necessária para uma nova organização estrutural do casal, pois este deve se tornar parte substancial de uma nova família. Além disso, o recém-chegado implica no surgimento de novas funções dentro de toda a família trigeracional, com as quais o casal terá que interagir. Além de pai e de mãe encarnados por seus pais, ao mesmo tempo, na família, haverá alguém que se tornará avô, avó, tia, tio. Uma série de novos triângulos relacionais são estruturados, envolvendo um ou ambos os integrantes do casal, que serão solicitados por todos os lados. Além dos vários significados afetivos que um recém-nascido pode representar para toda a rede familiar e que são obviamente afetados pela história multigeracional de ambas as famílias de origem e pelos mitos e valores a elas ligados, em alguns casos, a presença de uma criança pode ser um evento chocante.

No casal harmônico, conforme descrito anteriormente, a chegada de um filho pode representar a consolidação da união entre os parceiros, que irão enfrentar o percurso evolutivo, crescendo juntos com a ajuda de um terceiro. No casal desequilibrado, no entanto, a chegada de um filho pode constituir uma bomba-relógio, porque a criança, que pode parecer tão inofensiva, pode se tornar o amante por excelência.

Uma mãe para dois

Cristina e Fábio são duas pessoas na casa dos quarenta anos, que estão casados há apenas três anos e têm um filho de 1 ano. Querem fazer terapia de casal, porque as coisas entre eles não estão bem, e Cristina suspeita que Fábio tenha outros interesses sentimentais. A mulher sempre foi muito apegada à família de origem, em relação de dependência, enquanto Fábio, depois de um corte emocional, parece ter encontrado nela e em sua família um lugar em que finalmente se sente reconhecido como filho. Nesse caso, a distorção básica da relação, que tem a ver com o não cumprimento da primeira tarefa evolutiva do casal, a de se diferenciar de suas famílias, tem impedido a construção do espaço do *Nós*, baseado na cumplicidade, confiança e respeito. Com a chegada do bebê, o casal teve uma distorção ainda pior, que diz respeito à relação com seu filho: Fábio, que antes mesmo de ser pai havia estabelecido uma relação de tipo mãe-filho com sua esposa, em que ele desempenhava o papel de filho, com o nascimento do filho real, coloca-se no mesmo nível, como se fosse seu irmão, competindo com ele pelos cuidados maternos. Cristina, por sua vez, visto que finalmente teve seu bebê de verdade, não está mais disposta a desempenhar o antigo papel no casal, aliás, chama fortemente o marido para seus deveres de pai e de reciprocidade. Sentindo-se traído, Fábio vive seu filho como amante de sua esposa e talvez reaja à experiência do abandono como uma verdadeira traição.

Minha vida, minha alegria!

Francesco e Isabella têm uma filha de 2 anos, Maria Sole, que eles tiveram imediatamente após o casamento. É Francisco quem nos pede ajuda, porque, desde a chegada de Maria Sole, a vida de casal parece ter morrido completamente. Se antes do nascimento da filha, os cônjuges saíam com amigos e os recebiam em casa e dedicavam tempo a eles dois, após esse evento, a vida diária gira exclusivamente em torno das necessidades da filha, que Isabella se recusa a deixar com os avós, disponíveis, chamando uma babá durante o horário de trabalho. À noite, a menina já dorme há muito tempo entre eles.

A relação de Isabella com seus pais é a mesma de sempre, praticamente inexistente para ela, que nunca sentiu um verdadeiro interesse por parte deles na sua vida e, certamente, sem comparação ao que viu pela sua irmã mais nova, eternamente necessitada de cuidados. Isabella cresceu rapidamente, negando efetivamente suas necessidades de dependência e movimentando-se nas relações externas com grande autonomia, sugerindo que é praticamente autossuficiente. É assim que ela conhece Francesco, o caçula de três filhos de dois pais que sempre valorizaram suas habilidades pessoais, fazendo-o se sentir como uma criança de sucesso, motivo de orgulho.

É justamente a autonomia de Isabella que será uma fonte de fascínio para Francesco, que se sentirá menos solicitado em termos de cuidado emocional. Uma mulher como ela, menos dependente dele do que ele era de sua mãe, poderia ter garantido a ele a liberdade de se dedicar a si mesmo e ao casal. Tudo isso realmente acontecerá até que Maria Sole chegue, que com seu esplendor iluminará a vida de Isabella, tornando-a finalmente importante para alguém: o relacionamento passional, de sangue, com sua filha é algo eterno para ela, o que a recompensará por tudo o que ela nunca teve e que ela acreditava ter desistido. Francesco, menos eterno que sua filha, pode esperar.

FAMÍLIA DE ORIGEM COMO O GRANDE INTRUSO

Os membros da família de origem de qualquer um dos parceiros podem representar um dos elementos perturbadores mais insidiosos do relacionamento de um casal, se entre esse parceiro e sua família de origem os limites não são claros. Nesse caso, a distorção básica do relacionamento de casal pode fazer com que o parceiro, ainda emaranhado em sua própria família, não perceba que o relacionamento nasceu mais por razões instrumentais para manter ativa uma triangulação negativa com sua família ao invés de continuar seu processo evolutivo junto ao seu parceiro. Tomemos, a título de exemplo, a história de Paolo e Serenella descrito anteriormente.

Serenella, desde criança, sempre teve uma relação especial com o pai, de quem ela era a filha favorita. Além disso, ao contrário de sua esposa enigmática e distante, para esse homem, sua filha era a única mulher em sua vida que foi capaz de valorizá-lo, aprovando e imitando muitas de suas escolhas, seja de tipo lúdico, seja de tipo profissional. Na verdade, o comportamento de Serenella, além de garantir a proximidade de pelo menos um pai amoroso e generoso, respondia ao pedido implícito por parte de seus pais para compensar a decepção paterna resultante de uma relação conjugal insatisfatória. Serenella, fortemente triangulada na relação parental, sempre ocupou o lugar de sua mãe, desempenhando o papel de vigário da "noiva do pai ". Até hoje, é assim para ela, seu pai continua em primeiro lugar como figura masculina insubstituível, um mito inatingível por parte de qualquer homem que ela possa conhecer. Evidentemente, se Serenella não conseguir se divorciar de seu pai, nunca será capaz de se casar com outra pessoa.

Tenha cuidado, assim você vai perdê-lo!

Flora e Gaetano são um casal na casa dos cinquenta anos, pais de dois meninos em plena adolescência. Ele é um empresário, enquanto ela deixou o trabalho para se casar e, desde então, sempre se dedicou exclusivamente à família. Eles moram em uma pequena cidade, onde são muito conhecidos.

O pedido de terapia vem do irmão dele, que diz estar muito preocupado com a situação que o casal vive atualmente. Eles discutem furiosamente, e ele teme que eles se separem. Além disso, segundo ele, a depressão do irmão lhe preocupa. Ele gostaria de marcar uma consulta para eles, mas concorda em esperar que sejam eles diretamente a nos ligar.

Gaetano, de caráter sombrio e irascível, é o filho preferido de uma mãe que sempre o considerou o melhor da família, o mais dotado, o mais bonito, o mais inteligente, e da qual ele ainda tenta, atualmente, de todas as maneiras se manter distante por medo de decepcioná-la. Um *falso self* muito pesado de usar que o forçou a se fechar várias vezes em si mesmo e, até mesmo, a pensar em suicídio como uma fuga definitiva dessa relação emaranhada, principalmente agora que os negócios não estão mais como costumavam ser. Ele sempre traiu a esposa, talvez na esperança de poder escapar dela também.

Flora, filha mais velha de uma família de origem mais humilde do que a do marido, é uma mulher muito aberta. Filha modelo, sempre envolvida em manter seus pais juntos, no limiar de seus 30 anos, ela se viu forçada a aceitar sua derrota: seus pais se separaram legalmente. Foi, então, que a família do futuro marido abriu as portas de casa para ela, e ela aceitou de bom grado a custódia desse filho difícil. Flora sempre sentiu que tinha que desempenhar o papel importante de quem poderia e deveria manter a família de origem ao lado dele, sendo mediadora das relações entre o marido e seus familiares diariamente e renunciando totalmente em existir como uma esposa em um vínculo de reciprocidade. O vestido de noiva que ela escolhera foi cuidadosamente substituído, porque era muito simples para aquele tipo de família. Após o nascimento do primeiro filho, tendo ficado acima do peso, avisos constantes vinham de sua sogra: "Tenha cuidado, assim você vai perdê-lo!" lhe sussurrava ao telefone à noite. Quando já era uma mulher mais velha, ela, de alguma forma, ressentia-se do estado de invisibilidade em que ele a deixava e pelas traições sofridas, era imediatamente amparada pelo cunhado, que fazia de tudo para evitar que ela explodisse.

Só hoje, por meio da terapia, Flora poderá entrar em contato com seu verdadeiro sofrimento, aquele que sempre sentiu, mas que sempre negou, sob a ilusão de que "mantendo as portas abertas", ela finalmente seria capaz de não se sentir mais sozinha.

O trabalho como um amante legítimo

Para muitos homens, mas hoje também poderíamos dizer que para muitas mulheres, o trabalho, muitas vezes, pode simbolizar o amante legítimo. É fácil para um parceiro aceitar que o outro dedica mais tempo ao trabalho do que à sua própria família sem se sentir traído, pois o trabalho é um meio muito importante para alcançar a realização pessoal, agora universalmente reconhecida como um objetivo fundamental e principal de cada indivíduo, independentemente do sexo.

Na realidade, o trabalho, com suas gratificações mais ou menos diárias, pode se tornar uma forma de antidepressivo para curar as piores formas de insatisfação do casal. Especialmente, quando se faz um trabalho que se gosta, que fascina, o risco de torná-lo o único verdadeiro reservatório para o seu próprio bem-estar aumenta. Nesse caso, acaba-se não percebendo que o casal é cada vez menos solicitado e que a solidão vivida no relacionamento é confundida com um merecido descanso. Nisso, em nossa opinião, está o significado da traição. O parceiro traído pode reagir à experiência de abandono reclamando, mas ficando quase sempre sem ser ouvido, ou ele pode simplesmente aceitar as coisas como elas são, porque ele tem poucos meios para avaliar as possibilidades reais de mudar um equilíbrio insatisfatório do casal. Muitas vezes, nesses casos, pode acontecer que a traição legitimada seja respondida com uma contratraição real ou virtual, equilibrando a situação.

A traição de si mesmo: o autoengano

Entre os muitos tipos de traições possíveis, existe uma, a traição de si mesmo, que é provavelmente a mais séria e perigosa de todas, porque uma vez descoberta pode causar uma dor profunda, muito parecida com o que se sente após uma perda devastadora.

Desenvolvendo o conceito de *self* idealizado / *self* desprezado, Horney (1950) afirma que, para chegar à construção de um *self* real, que permita que você seja autêntico dentro do relacionamento, muitas vezes, oscila-se entre dois extremos: de um lado uma forma idealizada de si, a grandiosidade, e de outro uma forma de desprezo de si, a desvalorização. Winnicott (1965), com o conceito de *Falso Self*, faz-nos refletir sobre as situações em que a criança se confunde com as necessidades mais profundas de seus cuidadores e, negando a existência de partes de si mesma, molda-se para acolher o outro. Usar uma máscara para viver, quando alguém não se sente digno de ser aceito pelo que é, é o pior destino de todo ser humano, porque significa trair profundamente a si mesmo.

Já descrevemos em trabalhos anteriores (Andolfi & Angelo, D'Atena, 2001; Andolfi, Falcucci, Mascellani et al., 2006) o conceito de autoengano. É uma forma sutil de traição, porque é bem-fundada em ações voluntárias e conscientes, que levam a pessoa a optar por silenciar a sua autenticidade por muitos anos. Relatamos um fragmento de uma carta que uma senhora escreveu para Andolfi ao final de uma longa terapia de casal:

> Claro, a consciência implica sofrimento, principalmente para quem tem de admitir isso, ao deixar invadir a terra de ninguém e ao se esquecer de viver, cometeu a traição mais grave, imperdoável e irremediável, não só para consigo mesmo, mas também para com os seus próprios filhos. Mas eu não sabia ... eu poderia dizer. Mas isso não é realmente a culpa? Não querer saber, não querer entender uma realidade que falava por si? E para não ver, autoenganar-se por tanto tempo e grotescamente, às custas de grande sofrimento de corpo e alma, para todos. Se penso quão pouco faltou para que minha vida transcorresse tão cega e incontrolavelmente até o fim, me apavoro e a minha gratidão para com a terapia aumenta dramaticamente. (Comunicação Pessoal)

Essas palavras parecem confirmar que as piores traições são aquelas contra a si mesmo e que, na maioria das vezes, são negadas e nunca reconhecidas. A afirmação: "*Eu não sabia, não via, não entendia*" é falsa. Quando a existência de uma traição é muito pesada para ser suportada, nega-se, em seguida, constrói-se uma realidade na qual você realmente não é como se pensa que é. Deveríamos, então, perguntar-nos sobre os *tempos de mudança*, um tema que ainda é profundamente misterioso tanto na vida pessoal quanto nas teorias construídas pelas disciplinas psicológicas e psicoterapêuticas. A questão básica é: "Por que as pessoas são capazes de mudar em poucos minutos após trinta anos em que foram sempre iguais a elas próprias?". A experiência clínica parece nos mostrar que as mudanças acontecem em instantes, o problema é que para chegar a esse átimo, muitas vezes, passa-se por anos de escravidão e sofrimento, porque mudar é muito mais assustador do que permanecer prisioneiro de um estado de infelicidade crônica com o qual se desenvolveu ao longo do tempo uma grande familiaridade.

Muito semelhante ao autoengano é a *relação de má-fé*, muito bem descrita por Vella e Ruberto (1980). Nesse caso, a traição não diz respeito ao indivíduo, mas sim ao casal, que conscientemente decide *estar junto do que não é*, renunciando a uma relação baseada em verdades autênticas. Nesses casos, aparece, muitas vezes, um aspecto do próprio vínculo, bastante dramático, *o circuito da proteção mútua*: quanto mais os parceiros se protegem, um com o outro, mais eles se privam da oportunidade de se encontrar nos núcleos reais que lhes pertencem. Os parceiros, muitas vezes, acabam por não dizer mais um ao outro o que realmente pensam de si mesmos e do outro para não destruir o relacionamento; em parte, por medo de perder o vínculo e, em parte, por medo de ficar sozinho. A solidão poderia não ser uma escolha tão trágica, mas ficarmos sozinhos com nós mesmos, às vezes, pode nos assustar muito, porque nos obriga a nos perguntar quem somos.

5. O PEDIDO DE AJUDA

Geralmente, os casais não vêm até nós para fazer um pedido de terapia em conjunto com as primeiras dificuldades de relacionamento, mas se arrastam em situações difíceis por muito tempo, tentando resolver seus problemas como podem. Uma minoria, são aqueles que aos primeiros indícios de crise no relacionamento do casal procuram um profissional para obter ajuda. Todos os outros pensam em lançar mão da terapia apenas em um momento em que sentem que não têm mais a chance de lidar com os problemas que os afligem com suas próprias forças. Desde sempre, a tradição, a educação nos seus aspectos mais formais e uma certa forma de reserva relacional tendem a distrair os parceiros da percepção que possa levar a um pedido de ajuda. Os problemas de casal, em casa, estão entre os mais delicados: preconceitos relacionados a dificuldades sexuais e a possíveis traições conjugais são deletérios, mesmo quando o problema não diz respeito nem a um nem ao outro. Outro fator que não deve ser subestimado e que pesa sobre o casal e sobre a suposta harmonia, é o medo dos parceiros em serem julgados pelas respectivas famílias, como se tivessem de sofrer, não só por suas dificuldades pessoais e de relacionamento, mas também por penalidades que são causadas nas famílias de origem. Finalmente, existe o medo que o pedido de intervenção possa levar à dissolução da família, medo já sentido em casa em tempos de conflito aberto.

Em nossa opinião, tudo isso tenta dissuadir um pedido simples e explícito de terapia de casal em momentos importantes de crise conjugal; muitas vezes, se se sente mal no relacionamento, escolhe-se o caminho mais simples da terapia individual ou se espera que a tensão entre os parceiros exploda alguns sintomas no nível dos filhos. Por outro lado, pedir ajuda por causa de dificuldades de uma criança ou de um filho adolescente é mais fácil de aceitar, tanto no seio da família, quanto no meio social.

Essa demora na busca de intervenção profissional tem a ver com alguns estereótipos sociais e do casal em relação ao gênero masculino e feminino. Há muito tempo, estávamos nos perguntando como um pedido de ajuda é feito diante de uma dificuldade de casal (Andolfi, 1996). Mesmo naquela época, era predominantemente a mulher que tomava a iniciativa, ligando para marcar um encontro para ambos, enquanto o homem tendia a adiar ou a acompanhar a esposa apenas para agradá-la, declarando que, se dependesse dele, ele nunca o faria. A nossa experiência nos diz que, ainda hoje, na maioria das vezes, são as mulheres que procuram ajuda profissional específica para o casal, no entanto, as demandas masculinas estão aumentando constantemente nos últimos anos, principalmente por pais de filhos adolescentes ou, ainda mais, de maridos já com idade avançada (Andolfi & Mascellani, 2012). Esses homens quase sempre nos chamam para salvar uma família da vontade da esposa de terminar. Devemos reconhecer que as dificuldades que ocorrem no relacionamento do casal não necessariamente são percebidas pelos parceiros da mesma forma e ao mesmo tempo. Muitas vezes, acontece que, para a nossa pergunta "*Desde quando surgiram os problemas entre vocês?*", as respostas são muito diferentes, por exemplo, enquanto um pode indicar o início da crise há de cerca de três ou quatro meses antes, o outro pode dizer que os problemas entre eles começaram há cinco anos. É evidente que essas primeiras informações já são de considerável importância para o terapeuta, que inicialmente terá que compreender quais são as expectativas implícitas de cada um dos dois, a fim de equilibrar a motivação deles em se colocar em um processo de mudança.

Outro elemento relevante nessa primeira avaliação é como o casal chega, se por escolha independente, de ambos os parceiros ou de um dos dois, se foi um conselho e dado por quem, ou se é uma não escolha, mas, como às vezes acontece, uma obrigação. Em sua especificidade, os diferentes tipos de referenciadores informam implicitamente ao terapeuta sobre a bagagem de expectativas que o casal traz consigo no primeiro encontro. Por exemplo, em casos em que o encaminhamento para terapia é obrigatório, como acontece quando estão envolvidos com os Serviços Sociais ou com o Tribunal, é fácil imaginar que o casal provavelmente terá poucas expectativas e desejo real de mudar algo no relacionamento e que, portanto, o primeiro objetivo do terapeuta é transformar uma obrigação em um desejo. Na situação oposta, quando o casal opta por solicitar uma terapia de forma autônoma, as expectativas do requerente não serão o único empurrão para intervir, porém seu peso será importante, por isso será útil sempre as levar em consideração.

Se o casal chega seguindo um conselho, é importante saber de quem veio: quando é de um familiar ou de um amigo, será útil compreender o papel ou as funções desempenhadas por essa pessoa na vida do casal ou da família alargada; é diferente se, em vez disso, o conselho vem do psicoterapeuta individual de um dos dois, se vem pelo médico de família ou pelo psiquiatra que está tratando um dos dois parceiros. Nesses casos, será um pedido feito em decorrência de uma avaliação profissional do problema, e a escolha pode não ser necessariamente compartilhada entre os parceiros, mesmo que ambos concordem em participar do primeiro encontro. Depois, há aquelas situações em que o casal chega por indicação de alguém que nos conhece bem, por ter feito um percurso terapêutico conosco, tendo alcançado bons resultados. É claro que as expectativas do remetente sobre o resultado esperado afetarão a motivação do casal: será uma questão de entender em que direção vão trabalhar, ou seja, se tiverem uma influência passiva sobre o casal que se adaptará aos aspectos da delegação ou vice-versa, estimularão-nos a se envolver. Enfim, não são poucos os casais que pedem terapia utilizando os seus contatos para encontrar o profissional: é interessante, nesses casos, entender como se pode confiar em um estranho, embora com boas credenciais, para lidar com as próprias crises existenciais.

A CONSTRUÇÃO DA MOTIVAÇÃO CONJUNTA

Razões e motivações

É raro os cônjuges chegarem até nós com um acordo sólido sobre fazer ou ter um projeto em comum. Eles estão mais individualmente e estão muito preocupados se seus filhos estão sofrendo ou se um dos dois quer recuperar o relacionamento enquanto o outro quer ser ajudado para se separar e assim por diante. Em relação aos motivos que atribuíram às dificuldades do casal, as divergências entre as respostas dos parceiros à nossa específica pergunta excedem muito as concordâncias: cerca de 55% contra 26%. Já 19% dos casais respondem de forma confusa (Andolfi & Mascellani, 2012).

Quando um dos dois parceiros traz o outro para a terapia, as razões pelas quais o casal aparece ao primeiro encontro quase sempre são diferentes. Ela ou ele que arrastou o outro para a sessão pode ter verdadeiramente a consciência de que a origem de seu sofrimento está dentro do relacionamento do casal e pede ajuda para resolver o problema, mas também pode pensar que esse é o contexto finalmente capaz de "tratar o parceiro disfuncional", que se torna, nesse caso, uma espécie de paciente designado: a solicitação implícita feita ao terapeuta pelo parceiro mais motivado parece servir a mudar o parceiro considerado problemático, pois ele não consegue viver uma relação conjugal de forma satisfatória, uma crença, muitas vezes, reforçada por uma história psiquiátrica anterior deste último. Especialmente nos casos em que o casal entrou em crise após uma traição, o parceiro traído pode implicitamente pedir que o terapeuta assuma a função de juiz que deverá, por meio de uma sentença, atribuir culpas e punições. Vai caber ao terapeuta não ser conivente com esse pedido e fazer com que o parceiro traidor encontre um interesse genuíno em se envolver na terapia, mas também que o outro o encontre igualmente, mesmo que pareça ter um grande motivo em estar lá, na realidade, tem muito pouca motivação para se envolver.

Depois, há aqueles casais que há muito entenderam que a vida do relacionamento está definitivamente desligada, mas não conseguem sozinhos se separarem. O pedido implícito é, então, ajudá-los a enfrentar o fim do relacionamento conjugal e administrar adequadamente o relacionamento de cada um dos dois com seus filhos. Nesses casos, a motivação é conjunta, mas as dificuldades e o sofrimento com a separação deverão ser enfrentados.

Mesmo naqueles casos aparentemente mais equilibrados, quando ambos os parceiros dizem que concordam em buscar um melhor clima para o casal, existe a possibilidade de que seus objetivos implícitos sejam profundamente diferentes, enquanto um gostaria de recuperar o relacionamento, o outro pede para ser ajudado a se separar de forma civilizada, sem muito barulho, choro e sofrimento, talvez com medo de sofrer retaliação de alguma forma, por exemplo, com medo de perder os filhos. Às vezes, por trás desse pedido aparentemente nobre, a distância emocional de um dos dois já aconteceu há algum tempo, por ela estar escondida, a questão implícita é delegar ao terapeuta a responsabilidade de uma separação inevitável a ser servida como um prato frio para alguém que não quer aceitar.

Diga você isso a ele, por favor!

Gianfranco e Silvia, casados há mais de trinta anos e pais de quatro filhos jovens, pedem ajuda para o relacionamento que entrou em crise após a descoberta de uma traição por parte dele. Na verdade, isso é apenas a última de uma série de traições que ocorreram ao longo dos anos, sempre perdoadas pela senhora, mulher conciliadora, mediadora e aparentemente heroica na superação das adversidades da vida, desde que ficou órfã ainda criança e teve que cuidar de quatro irmãos e irmãs mais novos. Silvia está em terapia individual há cerca de um ano e, dessa vez, não está mais disposta a perdoar: decidida, apesar de sofrer muito, ela ordenou que Gianfranco saísse de casa. Desta separação de fato, Silvia adverte um sofrimento mais autêntico e não parece disposta a iniciar uma separação litigiosa. Ele, imediatamente, encontrou uma acomodação bastante agradável e vive seus dias de maneira tão serena, saindo com amigos "privados". Além do mais, não está tão claro que seu caso extraconjugal foi encerrado.

Ele é quem solicita a terapia de casal. Após cuidadosa pesquisa do terapeuta certo para ele, chega o primeiro telefonema em que Gianfranco se apresenta explicitamente pedindo uma terapia de casal para redescobrir uma atmosfera serena com sua esposa, "uma companheira de longa data a quem ele sente muita afeição". Imediatamente, chama atenção que, mais do que seus problemas de casal, ele fale sobre seus filhos, enfatizando o quão todos são bem-sucedidos nos estudos e no início da carreira, seguindo os passos do pai.

Já no primeiro encontro, constata-se que esses filhos sempre foram totalmente aliados da mãe, que agora sentem que devem apoiá-la, pois têm plena consciência do ocorrido. Por outro lado, a mãe revelou aos filhos, às duas famílias de origem e aos amigos a notícia da traição, pedindo-lhes explicitamente que ajam para que o marido caia em si, cujo comportamento é a causa do seu sofrimento e do provável desastre familiar.

Silvia, que aceita de imediato a proposta de Gianfranco de fazer uma terapia de casal, espera o mesmo do terapeuta, ou seja, que a apoie, enquanto seu marido infiel é tratado para curar a sua doença recorrente. Se isso parece claro imediatamente, menos claro parecer ser o motivo pelo qual ele deseja a terapia de casal. Ele trai a esposa desde sempre, sem nunca a deixar, encontra, assim, uma maneira para ser visto como homem e não como uma criança entre tantas que tem em casa, mas ele percebe que está sozinho contra todos e que apenas um aliado poderá ajudá-lo a demonstrar sua eterna insatisfação como casal e legitimar uma separação inevitável e, assim, permitir, mais uma vez, que ele não assuma as suas responsabilidades sem pagar um preço.

Em um caso como esse, em que parece bastante improvável poder construir a motivação conjunta, o terapeuta pode decidir não iniciar a terapia, uma vez que as condições necessárias não existem para garantir a sua eficácia. A explicitação dessa avaliação pode ser um estímulo importante para o casal refletir sobre o real desejo de mudança.

O melhor arranjo de casal no momento da solicitação da terapia é obviamente aquele que vê os dois parceiros determinados a enfrentar a crise de seu relacionamento, obtendo ajuda de um profissional, porque eles querem resolver um conflito de casal em andamento, muitas vezes, arrastado por muito tempo. Mesmo nesses casos, no entanto, muitas vezes, temos que lidar com expectativas irreais: como um brinquedo quebrado, o casal pede para ser consertado, para voltar a funcionar como funcionava antes. O casal pede para ser levado ao passado, enquanto nós só podemos oferecer a ele a chance de seguir em frente.

As diferentes razões pelas quais os integrantes do casal vêm até nós não são nada além do que o cartão de visita do casal, que deve ser aceito dessa forma, porque constitui a matéria-prima a ser transformada em produto final, por meio do processo de afiliação. Permitir que motivações parciais ou discordantes coexistam no casal sem tomar partido, esforçando-se para equilibrá-las e dar vida a uma *motivação conjunta* é o primeiro objetivo a ser perseguido para a construção de um sistema terapêutico que dá vida e consolida a *aliança terapêutica*, premissa necessária para que qualquer tipo de terapia possa decolar.

O processo de afiliação

Ao contrário da terapia individual, em que a aliança é claramente formada pela díade terapeuta-paciente, na terapia de casal, como na terapia familiar, as coisas são um pouco mais complexas. Desde a primeira sessão, o terapeuta terá de se engajar na construção de uma relação de confiança com o casal, e é óbvio que, sendo duas pessoas, o processo de afiliação deve ser duplo. A utilização de um modelo triádico no trabalho com o casal, assim como se faz com a família, é fundamental para compreender que o terapeuta não está ligado a um ou ao outro parceiro em uma dimensão dual, mas a aliança está sendo construída na medida em que, por meio do relacionamento com um, o outro parceiro também está envolvido. O primeiro passo na construção da aliança terapêutica consiste na atenção constante por parte do terapeuta para que cada um dos participantes do encontro, incluindo o terapeuta, mantenha vivo o interesse pelo que acontece ou pelo que é dito na sessão; metaforicamente falando, poderíamos dizer que cada um dos presentes deve sempre se sentir "escalado e não na reserva". Esse interesse nada mais é do que o primeiro tijolo da motivação conjunta: a motivação para voltar. Se ambos os parceiros querem nos encontrar novamente, as razões pelas quais eles nos pediram ajuda podem ser diferentes, e o terapeuta não será escolhido com base em seu alinhamento com um ou com o outro, mas por sua capacidade de acolher a realidade trazida por cada um dos dois e, ao mesmo tempo, justamente aquelas divergências que estão na origem da crise do casal. São com elas que o terapeuta deve aliar-se, enquanto junto com o casal e com as duas pessoas que o constituem, ele busca recursos para enfrentá-las.

A motivação conjunta, uma vez construída, deverá ser cultivada durante a própria experiência terapêutica, porque é a premissa relacional que rega, sessão após sessão, a planta da aliança terapêutica. Cada parceiro deverá ser capaz de sentir que está presente nas reuniões por si mesmo e não apenas pelo casal.

O processo de afiliação com a família em busca de ajuda para um sintoma de uma criança traz imediatamente um certo nível de concordância na sessão: a família, voltada para o problema, dá uma procuração consistente para o terapeuta, também, porque, muitas vezes, nesses casos, o encaminhamento envolve um profissional. Embora os diferentes membros da família podem não compartilhar a natureza do problema e o tipo de soluções que ele oferece para serem adotadas, a motivação do grupo converge para o problema do indivíduo.

Porém, como se pode construir uma aliança com o casal que seja capaz de transformar competição e desacordo em colaboração ativa e em confiança real em um projeto terapêutico? E, como terapeutas, podemos evitar o risco de tomar partido de um ou de outro, ouvindo apenas as razões de um dos dois?

Em vez de nos colocarmos como o terceiro vértice do triângulo, formado por nós e o casal, teremos de entrar e sair das interações, tornando-as um nexo relacional capaz de ativar a dimensão vertical que diz respeito às relações de ambos os parceiros, suas configurações familiares ao longo de várias gerações. Já há muitos anos, Andolfi e Angelo afirmavam:

> Por meio de suas formas específicas de se relacionar com sua família trigeracional, cada indivíduo aparece como uma entidade complexa, cheia de contradições e conflitos, que no entanto se tornam elementos de compreensão de seu mundo interior para um terapeuta com o objetivo de compreender as ligações implícitas entre comportamentos e vivências atuais e necessidades não atendidas do passado. (Andolfi & Angelo, 1987, p. 38)

Ser capaz de nos colocar como elo relacional entre cada um dos parceiros e dos eventos e pessoas significativas em sua história é um movimento eficaz para não sermos encastrados no triângulo horizontal presente na sessão, composto pelos membros do casal e pelo terapeuta, vazio de sentido relacional de desenvolvimento de parceiros. Esse movimento permite fazer outras possíveis leituras da realidade, permite ativar a curiosidade e, portanto, injetar flexibilidade na imagem cristalizada que cada parceiro tem de si e do outro. Fazê-lo, desde o início, produz vantagens imediatas: por um lado, o conflito do casal diminui consideravelmente após uma mudança de atenção para si mesmo e, por outro lado, permite ao terapeuta começar a construir um relacionamento sólido com cada um dos dois indivíduos.

A relação terapêutica cria um movimento dinâmico entre a singularidade de cada indivíduo e sua família de origem como um todo, entre passado e presente.

É preciso entender e levar em consideração a realidade / verdade apresentada por cada integrante do casal, e o terapeuta terá que se considerar como um malabarista que mantém três / quatro bolas em equilíbrio dinâmico ao mesmo tempo com uma certa habilidade, embora tendo muito cuidado para não as deixar cair! (Andolfi, 2015, p. 110)

Utilizamos uma metáfora visual, a do *terceiro planeta* (Andolfi & Angelo, 1987), para descrever um espaço aberto no qual a família ou casal pode se encontrar com o terapeuta, a fim de descobrir juntos novos significados relacionais de eventos passados e problemas atuais, para compartilhar uma experiência de crescimento interior com o objetivo de desencadear uma mudança. Os integrantes do casal serão parte ativa do sistema terapêutico, assim como o terapeuta, que utiliza a si mesmo de maneira criativa e livre; nesse contexto, o encontro decorrerá com base na influência e no investimento emocional recíproco.

O patinete na rodovia

Gianni e Gabriella chegam à terapia, alegando ser a última chance. Especialmente ele está pensando seriamente na separação como a única possibilidade de recuperar alguma serenidade em sua vida. Na primeira sessão, eles expõem seus problemas de completa falta de comunicação. Ele o faz de maneira breve e destrutiva, usando termos bruscos e mostrando desprezo por essa esposa incapaz; ela lamenta a separação dele, que agora foi morar na parte dos hóspedes, um anexo da casa em que moram, porque eles não conseguem mais compartilhar nem mesmo um pequeno espaço comum. Se Gianni quer se separar, Gabriella gostaria de fazer de tudo para recuperar a harmonia de um tempo. Eles têm dois filhos de 5 e 7 anos e fazem o que podem para que a casa tenha pelo menos uma aparência de serenidade. Enquanto Gabriella, com uma voz fraca e ligeiramente trêmula, fala de seus esforços diários para tentar ser ouvida pelo marido, a terapeuta a interrompe.

Terapeuta: Quando você aprendeu a lutar contra moinhos de vento?

Gabriella: Quando eu era pequena e minha mãe me disse que eu nunca conseguiria atrair a atenção do papai, que passava todo o tempo entre seus livros ... e não queria ser incomodado! De outra forma...

Terapeuta: Deve ser difícil se sentir em um patinete viajando na contramão na rodovia!

Capturar, por meio de uma imagem metafórica, o sentimento de solidão e perigo vivido por essa senhora durante seus esforços contínuos em pedir proximidade e colocá-los em primeiro plano, relacionando-os a um passado antigo em que o marido ainda não estava presente em sua vida, permite que Gabriella se sinta vista e compreendida pelo terapeuta em suas vivências mais profundas e, ao mesmo tempo, permite concentrar sua atenção em si mesma e em seu destino praticamente relegado, mas sobre o qual, até hoje, nunca havia pensado.

AS HABILIDADES RELACIONAIS DO TERAPEUTA

O aspecto de procuração por parte dos pacientes está sempre presente nas solicitações de terapia. Ele ou ela que traz o problema espera que o terapeuta o acolha e que, por meio de sua competência profissional e do uso de técnicas especializadas, seja capaz de decodificá-lo e resolvê-lo, sem pensar que o envolvimento tem um valor ou uma utilidade especial para sair do impasse em que se encontra e acabar com seu sofrimento. Como em todas as terapias, também na terapia de casal, os parceiros esperam que o terapeuta realize seu trabalho a partir de uma posição assimétrica da relação como no modelo médico, que vê como uma boa colaboração por parte dos pacientes confiar passivamente à resolução na intervenção do especialista.

O modelo multigeracional, aplicado à família, bem como ao casal, é diferente do modelo médico. É sobre ler o pedido de ajuda com os "óculos da vida"; é um modelo ecológico, no qual o terapeuta terá de saber como mergulhar no fluxo da realidade dos pacientes para reativar as suas paradas evolutivas e ajudá-los a seguir seu caminho. É baseado no pressuposto de que os relacionamentos afetivos são fundamentais para crescer, mas que a aceitação dos próprios limites e dos outros é igualmente fundamental, que as experiências intersubjetivas entre os seres humanos são válvulas libertadoras para se sentir em contato com outras pessoas, compreendido e aceito como se é. De uma perspectiva multigeracional, a utilidade da terapia de casal não diz respeito apenas a mudar relacionamentos, o que, aliás, permanece um objetivo necessário, mas, sobretudo, a possibilidade de lhe atribuir um valor positivo, porque permite ao terapeuta produzir modificações extremamente importantes no amadurecimento individual dos parceiros e, consequentemente, de sua rede relacional como um todo.

Como já deve estar claro ao leitor a essa altura, o nosso modelo terapêutico está centrado no *encontro entre as pessoas,* e a verdadeira competência profissional do terapeuta é particularmente representada por sua formação pessoal, sua maturidade, sua humanidade. A assimetria da relação paciente-terapeuta diz respeito exclusivamente à bagagem profissional do terapeuta, que só pode ser acionado após uma forte aliança entre as pessoas em uma base recíproca, garantindo que todos os participantes estejam simultaneamente envolvidos ativamente na experiência transformadora da terapia.

Habilidades relacionais, como a empatia, como o saber entrar na pele do outro, a escuta ativa e a capacidade de permanecer calado quando se depara com a própria impotência, a curiosidade autêntica trabalhada com criatividade, a honestidade intelectual e o respeito pelo outro, que permite ser direcionado na forma de falar e de ser, são características fundamentais para o nosso terapeuta (Andolfi, 2015). Dessa forma, pode-se criar um profundo *joining* com pessoas que nos trazem dilemas e esperanças de mudanças e será possível consolidar a relação terapêutica, enfrentando dramas e conflitos dolorosos, em um contexto de leveza e simpatia, porque, muitas vezes, fantasia e humor são os anestésicos perfeitos que nos ajudam a minimizar os acontecimentos da vida em que a tragédia e a comédia sempre aparecem em companhia.

A MOTIVAÇÃO DO TERAPEUTA

Para que o que acaba de ser descrito possa ser realizado, é extremamente importante que o terapeuta também questione sua própria motivação para se envolver na experiência terapêutica. Se, por vários motivos, o terapeuta não está suficientemente motivado, o risco de aceitar silenciosamente a motivação parcial do parceiro solicitante ou de se casar com a motivação do requerente, torna-se mais evidente, comprometendo fortemente a possibilidade de construir a motivação conjunta.

Os pacientes chegam com suas demandas e esperam poder ter a solução para os seus problemas por intermédio de alguém que eles acham que está lá para vender. A disponibilidade de tempo do terapeuta, suas qualidades humanas e relacionais, a curiosidade em conhecer as pessoas à sua frente como se fosse sempre um primeiro encontro, um pensamento sem julgamentos, a paciência em ficar na incerteza, relacionar-se com os pacientes com sua capacidade de pesquisador, que possui apenas um método de leitura, ao invés de um especialista em soluções, são elementos fundamentais para avaliar a motivação do terapeuta para transformar as expectativas dos pacientes. Será, portanto, precisamente a motivação do terapeuta o convite para a sala de terapia. No outro canto, se o casal pode ficar confuso, o terapeuta deve ter as ideias claras sobre o que propor e sempre apresentar, conforme cada caso, a sua carteira de identidade.

6. A PRESENÇA SIMBÓLICA DAS FAMÍLIAS DE ORIGEM

O que realmente caracteriza o nosso modelo intergeracional de terapia de casal é a atenção constante do terapeuta para a presença simbólica das famílias de origem no contexto terapêutico; essa presença traz fragmentos da história do desenvolvimento de cada um dos parceiros desde o primeiro contato com o pedido de intervenção, ao longo de todo o processo terapêutico, até o encerramento dos encontros e de eventuais *follow-up*.

Vamos começar com um exemplo de nossa experiência diária. Uma senhora liga para fazer terapia de casal e, já no decorrer da conversa, afirma que o marido "*é muito dependente da mãe, que exige toda a sua atenção como se nunca tivesse saído de casa*"; ou o marido liga porque gostaria de resolver seus problemas com sua esposa que "*é completamente plagiada por sua irmã que nunca aceitou o nosso casamento*". São muitas as ligações telefônicas desse tipo que um ou outro parceiro faz ao Serviço Clínico da Academia, que possui a tarefa de elaborar um prontuário clínico para o terapeuta com as informações recebidas. Essas informações geralmente descrevem conflitos, tensões, intrusões, triangulações, abusos perpetrados por algum familiar do outro contra o parceiro que nos liga e que, por esses motivos, gostaria de iniciar a terapia de casal. Mais raramente, um parceiro liga e pede por terapia de casal, porque está ciente de alguma intrusão ou abuso de um membro de sua família de origem, que parece estar prejudicando o relacionamento deles. Ainda mais raro, é que seja formulado um pedido no qual se sente que o casal está em dificuldades por motivos que não envolvem pais, irmãos, filhos ou amantes, mas que há algo errado com o relacionamento a dois, independentemente das influências negativas de terceiros. De qualquer maneira, nós entendemos muito cedo que não somos nós a introduzir a estrutura intergeracional, mas que isso vem sozinho e se impõe imediatamente. Pelo menos no início, devemos simplesmente aceitar a descrição de preconceitos e *scripts* familiares que surgem prepotentemente pela boca de um ou do outro parceiro. Tudo isso nos levou à decisão de não ouvir somente uma única voz e solicitar que o segundo parceiro também faça contato por telefone, a fim de explicar seus motivos para solicitar uma intervenção de casal. Assim, pelo menos, seremos capazes de estar em uma condição menos desequilibrada no que diz respeito às demandas urgentes que vêm de apenas um parceiro e que poderiam ser erroneamente consideradas como verdade absoluta, influenciando, dessa forma, o andamento da terapia.

Pelo que acabamos de afirmar, fica claro que a presença simbólica da família de origem está na cabeça do terapeuta a partir da primeira sessão, quando os motivos do pedido de ajuda são mais bem explorados, a fim de traçar uma espécie de mapa multigeracional da família e captar recursos ativos para abrir novos caminhos. Então, ao longo dos anos, como nós nos tornamos mestres na redefinição dos sintomas apresentados por um indivíduo, seja ele uma criança, seja ele um adolescente, e mestres na construção de uma aliança terapêutica a partir desses sintomas norteadores, fazemos o mesmo com os preconceitos e com os *scripts familiares*. Byng-Hall (1995) descreve como *script* as expectativas compartilhadas pela família com relação aos papéis familiares que devem ser respeitados como um roteiro dentro dos mais variados contextos e, sobretudo, na relação de casal. Trata-se, normalmente, de padrões de repetição de interações familiares que passam de uma geração para a outra.

Um conceito semelhante ao de roteiros familiares está presente na nossa descrição da *lacuna de necessidades* (Andolfi & Angelo, 1987), que se refere à falta de satisfação de determinadas necessidades emocionais precoces com as figuras familiares mais significativas e a solicitação compensatória das mesmas necessidades emocionais em relação a outras pessoas, como o parceiro, que deveria satisfazê-las e que, infelizmente, será inadequado a preencher as lacunas originais (o parceiro, por exemplo, nunca será capaz de substituir um pai ou um irmão). Em vez de ficar fora do campo de observação do casal, os roteiros familiares com os quais cresceram ("Vamos deixar de fora as famílias de vocês e falemos sobre vocês dois") ou sofrer passivamente, sendo influenciado por quem os apresenta com mais força e convicção, somos inicialmente guiados pelo que nos é dito para, então, redefini-lo ou modificar seu significado.

Em nosso modelo terapêutico, desde o primeiro encontro, as perguntas, os comentários ou as observações do terapeuta em relação ao que chega da história do casal terão como objetivo desviar a atenção dos parceiros do *aqui e agora* para *lá e então*, para os detalhes que eles podem começar a nos fazer imaginar, as histórias de desenvolvimento de cada um dos dois parceiros, com suas relações vazias e plenas. São informações essenciais para começar a fazer suposições sobre o funcionamento do casal e, principalmente nessa fase inicial, sobre o que eram os primeiros tijolos na construção do pacto de aliança.

Se as nossas intervenções no plano intergeracional são bem-vindas, mas, acima de tudo, adequadas, veremos que o casal vai se adaptando gradativamente a nossa maneira de ler a realidade e nos acompanhará, agradavelmente, curiosos para saber o que temos em mente.

Um cavalheiro/cavaleiro perfeito

O pedido de terapia de Marcella é de natureza urgente. A senhora telefona para o Serviço Clínico da Academia de Psicoterapia da Família e responde à nossa proposta de consulta para a semana seguinte com um: "*Talvez nessa data já estejamos separados!*". Na verdade, na semana seguinte, os cônjuges aparecem na hora marcada e bastante calmos. Eles nos contam que estão casados há cinco anos e têm dois filhos gêmeos que chegaram por intermédio de procriação assistida, já que a senhora, de quarenta e cinco anos, já tinha poucas chances de ter filhos de maneira natural. Glauco é um senhor calmo em seus modos, mas que revela alguns lados obscuros de seu caráter, principalmente no que diz respeito à expressão de emoções negativas. Muito gentil, é bastante falador e normalizador. Marcella, ao contrário, tem um aspecto triste, abatido, quase resignado.

O casal reclama de uma rotina sobrecarregada de compromissos e a sensação que ambos sentem de distanciamento entre os dois, que se manifesta em longos silêncios e que está levando a senhora a pensar seriamente que deseja se separar.

Antes mesmo de analisar os problemas pelos quais o casal chegou a pedir ajuda agora, o terapeuta se interessa pelas pessoas à sua frente, tentando imaginar o que os aproximou. Às suas primeiras perguntas sobre como eles se conheceram e o que os atraiu um no outro, são os mesmos parceiros que começam a trazer elementos de suas histórias pregressas: um relacionamento romântico muito longo, infelizmente, interrompido abruptamente quando finalmente a senhora se sentia pronta para ter um filho, deixou um grande vazio na vida dela. Após um duro período de depressão, pelo qual iniciou uma terapia individual, conseguiu esquecer dedicando-se à sua paixão por cavalos. Desde a infância, diz ela, cresceu com os avós paternos no campo, já que seus pais se separaram logo após seu nascimento, eles praticamente deixaram-na com eles; eles se casaram novamente e cada um reconstituiu uma nova família. Quando o pai ia encontrá-la não falava muito, mas eles passavam o dia cavalgando juntos até a noite, e Marcella guarda uma lembrança de uma alegria despreocupada.

Ela conhece Glauco por meio de amigos, em uma festa no campo. Apaixonado por viagens de moto, ele é dez anos mais velho que ela e seus modos gentis e brincalhão imediatamente a fascinaram: ele era muito atencioso com ela, desde abrir a porta do carro, cobrindo-a com o seu casaco para protegê-la da chuva, até presenteá-la com os doces preferidos dela. "*Um 'cavaleiro' perfeito, capaz de fazer esquecer ... mas o quê?!*", afirma o terapeuta.

Glauco, por sua vez, afirma ter se apaixonado por Marcella por suas características de mulher independente e capaz, uma mulher que ele valoriza muito, porque sempre soube como reagir com firmeza aos percalços sofridos durante a vida. "*Quem, na sua vida, não conseguiu fazer isso?*", pergunta o terapeuta. Atrás de um olhar repentinamente cheio de lágrimas, Glauco responde: "*Minha mãe. Sua mãe cometeu suicídio imediatamente após o parto e seu pai não o assumiu. Infelizmente, ele sofreu com isso por toda a vida sem poder superar isso!*".

O GENOGRAMA COMO PORTA DE ACESSO AO MUNDO FAMILIAR DOS DOIS PARCEIROS

Como podemos ver no exemplo que acabamos de descrever, lembranças de histórias de vida trazidas por parceiros, que imediatamente nos ofereceram elementos significativos relativos ao seu encontro, juntamente com os personagens que os viveram, já fizeram sua primeira entrada no consultório de terapia. É nesse ponto que o terapeuta pode propor, em um clima de compreensão do significado, de aprofundamento da história, o genograma de ambas as histórias familiares para descobrir outros elementos úteis para percorrer juntos todo o processo evolutivo de cada um dos dois. Ele pode fazer isso solicitando que cada parceiro prepare o gráfico relacionado à sua família em casa ou o construa junto com o terapeuta na próxima sessão.

O genograma da família, descrito por muitos autores, incluindo McGoldrick e Gerson (1985), Guerin e Pendgast (1976), Montagano e Pazzagli (1989), Byng-Hall (1995), Andolfi (1977), tornou-se um instrumento amplamente utilizado para a avaliação do funcionamento familiar. Usado por terapeutas de família em todo o mundo, tanto na prática clínica privada, quanto em contextos institucionais, é sem dúvida a ferramenta visual mais completa para nos informar sobre os membros de uma família, sobre os eventos mais significativos (nascimentos, óbitos, casamentos, separações, abortos etc.) e sobre as conexões ou desconexões emocionais entre as várias gerações. Por meio da apresentação do genograma na sessão, de qualquer forma que se utilize, surgirão muitas informações sobre a família, mas muitos elementos que foram removidos ou permaneceram nas sombras também serão trazidos à tona. Poderão ser ativadas emoções intensas e reflexões profundas sobre experiências passadas, sobre perdas importantes ou sobre conflitos familiares ainda em aberto, permitindo a descoberta de novas conexões e significados emocionais diferentes para serem atribuídos a fatos e eventos familiares. O genograma tem de fato um tom terapêutico, não só de diagnóstico. Junto com os pacientes, será possível identificar aqueles triângulos relacionais que resultam emocionalmente mais envolvidos em relação a eventos familiares significativos, junto com as pessoas que cheias de responsabilidade ou problemas pessoais parecem fundamentais para superar fases críticas e promoverem o desenvolvimento emocional da família ou, pelo contrário, para criar situações de bloqueio evolutivo (Andolfi, 2015).

Heróis e malfeitores, vergonha e salvação

Giovanna é a quarta filha de dois pais que são ladrões por profissão, morreram jovens em um grave acidente de carro enquanto fugiam depois de um roubo em uma pequena loja da cidade, enquanto eles estavam sendo perseguidos pela polícia. As quatro órfãs, entre dificuldades e vergonha, cresceram com a avó materna, sozinha, sem um tostão e com poucos escrúpulos. Mais velhas que ela, suas irmãs se envolveram na prostituição. Só Giovanna conseguiu estudar um pouco mais e se distanciar daqueles valores negativos que sempre caracterizaram sua família. Honesta e capaz, ela nunca se esquivou de fazer os trabalhos mais humildes para, assim, ser capaz de realizar o que havia em mente e sair da cidade em que havia nascido e sido criada por muitos anos sob a égide da vergonha.

Ao desenhar seu genograma, Giovanna se coloca em distância de sua família, o círculo que a distingue emerge para o externo e com um traço preciso. Dos outros, ele faz um emaranhado bastante indistinto, desenhado a lápis com um traço leve, facilmente apagável.

Por volta dos 18 anos, assim que concluiu o ensino médio, Giovanna conseguiu emprego na empresa mais importante da região em que mora. Ela se dedica a isso com consciência e assiduidade, conquistando rapidamente a admiração do dono, um homem bastante correto, de poucas palavras, mas que, como ela, construiu inteiramente com as suas próprias forças tudo o que possui. Lentamente, Giovanna vai assumindo tarefas cada vez mais importantes, que ela cumpre com pontualidade máxima. Durante a narração de sua história, Giovanna nos mostra fotos daqueles tempos. São fotos que a retratam sorrindo e bem-arrumada na frente da empresa, junto com o proprietário e seus colegas. Diz-nos que eram tempos felizes.

Pouco tempo depois, ele conheceu Romano, o único filho de seu empregador, recém-chegado de uma missão na África, onde trabalhou como voluntário. Eles se apaixonam e, em poucos anos, casam-se, com total aprovação da família dele, que sempre reconheceu a honestidade e o desinteresse financeiro de Giovanna: exatamente o que a distingue de sua família de origem. Romano representa para ela a possibilidade de redenção daquela vida humilde e infeliz de quando ela era criança e, ao mesmo tempo, um projeto de longo prazo, no qual ela é, uma vez mais, protagonista.

Em seu genograma, Romano se coloca sozinho e separado de seus pais, que para ele sempre foram muito unidos e cúmplices. "*Eles sempre foram acima de tudo um casal, eles sabem pouco sobre mim. Nunca me faltou nada, pelo menos materialmente ...*" Fala de uma mãe dócil e silenciosa, à sombra do pai, e solidária com ele, mas também de um sentimento de estranheza para com a empresa paterna, que sempre foi vista como uma antagonista emocional. Ele nunca quis trabalhar lá, preferindo viajar para ajudar os mais desafortunados e considerando como uma vida miserável o dia a dia do pai: "*Sempre no mesmo lugar, na mesma hora!*". Romano sempre gostou de se mover, em uma tentativa contínua de acolher a sua necessidade de se expressar de forma original.

No desenho de sua família, Romano insere Marzio, o avô paterno, definindo-o como um homem mítico para ele, o qual ele nos mostra por meio de uma foto antiga que o retrata em um barco, ágil e bronzeado, guardando suas redes de pesca. "*Ele era um lobo do mar e salvou tanta gente no mar! Ele foi um herói!*", afirma Romano. Na verdade, da história, emerge uma figura masculina solitária, que teve filhos em diferentes lugares e com diferentes mulheres, deixando para elas a tarefa de criá-los. O pai de Romano foi um deles e foi ele quem cuidou de sua mãe e de seus irmãos, fazendo um esforço desde a infância. O pai de Romano nunca falava de seu pai, mesmo que, na cidadezinha, ele sempre foi conhecido como "o filho do Marzio", apesar de sua idade e da posição social alcançada. Enquanto desenha, Romano diz que, como para o avô, ser homem para ele significa doar-se ao mundo para salvar vidas, envolver-se com as próprias paixões e ideais e o que pouco importa são os deveres diários.

Duas histórias se encontram em uma única história, na qual heróis e malfeitores surgem como instigadores de um destino cruzado, feitos de valores supremos a serem preservados e por valores ínfimos a serem esquecidos para se sentirem eles próprios. O mito da salvação e da honestidade parece unir o casal, a solidão eterna é o preço a pagar.

Um genograma alternativo

Agora estamos interessados em descrever brevemente um método de coleta de informações simples e, ao mesmo tempo, muito eficaz, principalmente se se trabalha em um contexto privado ao invés de institucional. É uma modalidade que Andolfi começou a usar na Austrália, em que vive há alguns anos e em que os pedidos de terapia, muitas vezes, vêm de cidades muito distantes da cidade em que ele mora. No continente australiano, caracterizado por uma distância substancial entre uma cidade e outra do país, o e-mail é um dos meios de comunicação mais utilizados.

Diante do pedido de ajuda formulado por telefone ou por e-mail de um dos dois parceiros, em vez de adiar a coleta de informações para um primeiro encontro, cada parceiro pode ser solicitado a enviar ao terapeuta, por e-mail, informações separadas sobre dois aspectos em particular: a descrição do problema para o qual cada um gostaria de ser ajudado e as informações mais significativas sobre a história do desenvolvimento de cada um dos dois na própria família de origem.

A forma como o pedido do terapeuta será respondido já é indicativo do estado de ânimo e do motivo que leva cada um dos dois a pedir ajuda e, imediatamente, introduz a ideia de que estamos interessados nas histórias de vida de ambos os parceiros. Sem ter uma explicação, o método de trabalho multigeracional aplicado aos problemas de casal entra em operação antes mesmo da sessão.

Duas versões para uma história

Victoria e Peter são encaminhados pelo terapeuta individual de Victoria, que a acompanha há muito tempo e considera útil uma intervenção centrada no casal. O terapeuta, antes mesmo de conhecê-los, pede que eles enviem por e-mail as informações que consideram mais significativas sobre sua história juntamente com uma breve descrição dos problemas. Ambos respondem com empenho e métodos muito estruturados, visto que ele é professor universitário e ela professora de Ciências no Ensino Médio.

Victoria tem 53 anos e ilustra sua história detalhadamente em etapas, desde a primeira infância e gradualmente ao longo do ciclo escolar, até chega a descrever seu primeiro amor que a levará ao primeiro casamento, que durou cinco anos e acabou em divórcio, antes de conhecer Peter, o homem da sua vida, de quem sempre exigiu amor incondicional! Essa busca pelo amor conjugal abrangente contrasta com a descrição repleta de carências afetivas dos anos de sua infância, marcada primeiro por uma difícil emigração do sul do Paquistão para a Austrália e, depois, por relações violentas e abusivas em família, tanto entre pais, quanto entre ela e seus avós maternos.

Victoria, então, descreve o nascimento de seus três filhos com idades muito próximas e o cuidado nos primeiros anos de vida, teve que ter sozinha, tanto porque seu marido estava muito ocupado, perseguindo uma carreira acadêmica, quanto porque a mãe dele nunca a aceitou em sua família, devido aos preconceitos contra suas origens paquistanesas. Nunca se sentiu defendida pelo marido que, segundo ela, estava cada vez mais próximo emocionalmente da mãe do que dela.

Na segunda parte do e-mail, Victoria se descreve como a pessoa frágil do casal, seja por causa de uma depressão pós-parto, que começou após o nascimento do primeiro filho, seja pelo surgimento de Transtorno Obsessivo-Compulsivo subsequente. Quanto à situação atual, ela fala de uma relação feita de brigas e solidão recíproca, tudo isso agravado por modelos educacionais muito diferentes com os filhos, que agora estão todos no final da adolescência e, infelizmente, muitas vezes, ficam do lado do pai.

Apesar de ter enviado duas páginas descrevendo uma infância muito difícil, os conflitos conjugais violentos, a exclusão dos filhos e a rejeição da mãe de Peter, Victoria termina a sua escrita com a esperança de que a terapia possa ajudá-los a reencontrar não somente um entendimento matrimonial, mas um "*casamento feliz com Peter feito de amor incondicional*".

O e-mail de Victoria é seguido pelo de Peter que, ao final de três páginas inteiras, conclui se desculpando pela extensão de sua carta, com a esperança, porém, de que ajude a dar consistência ao nosso primeiro encontro.

O estilo de Peter é muito diferente, mais descritivo e distanciado, embora comece contando uma infância maravilhosa feita de amor e carinho, principalmente por parte da mãe, já que o pai estava, muitas vezes, ausente por causa de trabalho. Ao contrário dos eventos tumultuosos de Victoria, nos primeiros anos de sua vida familiar, tudo parece bastante positivo no crescimento de Peter, que adora visitar com a maior frequência possível os pais, agora idosos, que moram a uma distância considerável.

Após uma extensa descrição de sua carreira universitária, na qual ele despeja seus principais interesses, o resto de sua história se concentra nos problemas de Victoria, que define quase com uma linguagem psiquiátrica, e essa será a principal razão para a separação de Victoria da família dele. Ele descreve seus filhos com grande cuidado e atenção, como se fossem apenas seus próprios filhos, e a mãe como uma ameaça constante para sua saúde mental e harmonia familiar.

Há cerca de quatro anos, ele tentou se separar de Victoria por seis meses, mas foi muito difícil, tanto porque ele tem um profundo senso de responsabilidade com o casamento, quanto por causa da distância de seus filhos. Nos últimos tempos, Peter tem experimentado crises de ansiedade crescentes e tem medo de perder o controle em face das violentas e repetidas explosões de Victoria, por isso conclui que, se as coisas não mudarem para melhor, a melhor opção será a separação. Com essas premissas, estão prontos para virem à terapia.

Embora pareçam muito distantes e muito conflitantes um com o outro, as informações recebidas por ambos os cônjuges, assim como suas expectativas, serão muito úteis para começar a construir uma motivação conjunta e um projeto terapêutico. O compromisso deles de refletir sobre o que é solicitado e relatá-lo por escrito já é uma prova tangível de motivação individual e de confiança básica em relação ao terapeuta ainda desconhecido. Além disso, para o terapeuta, as informações representam um ponto de partida e reduzem o tempo de envolvimento terapêutico. É claro que essas são duas descrições da realidade (e não apenas aquelas relacionadas a problemas de relacionamento, mas também sobre o desenvolvimento familiar) com base em roteiros e mitos familiares, com dimensões compensatórias e demandas idealizadas e mágicas do sistema de casais. Por exemplo, Victoria parece desejar o amor incondicional de Peter, tão necessário e impossível quanto maior é o seu sentimento de total falta de amor no seio da sua família de origem. O vazio da cura original deve ser preenchido por uma atenção plena e por afeto por parte de um marido que, por sua vez, prefere se defender das oscilações e explosões de humor de Victoria, insustentáveis para ele, por meio do trabalho e da cumplicidade de seus filhos.

O estigma sobre Victoria, a causa de todo o mal de sua instabilidade e busca espasmódica de atenção, mudará assim que Peter for capaz de se expor em primeira pessoa na sessão, expressando todo o seu ressentimento com a esposa, tirando a sua armadura anglo-saxônica e mostrando suas fragilidades, até agora gravadas no corpo, devido à frequente tensão retroexterna que assume a forma de uma angina pectoris. Em sua explosão libertadora (aquela em que a especialista é Victoria) será capaz de dizer que Victoria é como sua mãe, ambas de humor instáveis e famintas por atenção, e que ele está cansado de estar no meio dessas duas mulheres impossíveis. Com isso, ele irá modificar o que fora relatado sobre sua infância maravilhosa, alegando em vez disso que ele era um prisioneiro das necessidades maternas derramadas sobre ele, em particular, como indenização pela ausência total do marido. É interessante notar que quando se passa de uma construção defensiva para a busca de autenticidade, o outro cônjuge também muda de posição em campo. Victoria vai ouvir em silêncio, sem interromper o desabafo do marido, como se ela não estivesse mais no centro da cena e pudesse expressar com um gesto afetuoso seu sentimento de apoio a Peter. A fragilidade de ambos agora será mais bem apreendida e será a base para a construção de um projeto terapêutico compartilhado.

AS PERGUNTAS INTERGERACIONAIS

Estes tipos de perguntas são uma ótima maneira de entrar na história de desenvolvimento de cada parceiro e entender melhor a dinâmica do casal (Andolfi, 2003, 2015; Andolfi & Mascellani, 2010). O que nos interessa é destacar a propriedade inerente a essas perguntas em produzir movimento por meio dos *saltos no tempo*, ou seja, de brincar com o tempo, de modo a conectar eventos passados com relacionamentos atuais e fantasias sobre o futuro.

Voltemos ao exemplo de Angela, a senhora que já no primeiro telefonema para o Serviço de Clínica afirmava que o marido Mario é muito dependente da mãe, como se nunca tivesse saído de casa, e isso atrapalha a qualidade de seu relacionamento como casal. Uma vez na sessão, poderíamos pedir-lhe que nos faça compreender melhor com um exemplo concreto como o marido manifesta sua dependência de sua mãe e, então, poderíamos perguntar a ela o que a dependência representa para ela e quais os sentimentos são despertados; poderíamos investigar quem em sua família de origem era mais dependente um do outro e como isso afetou as relações familiares. Gostaríamos, então, de perguntar como ela conseguiu sair de casa e como seu irmão mais velho e sua irmã mais nova se saíram.

Seguindo a ideia de Keeney (1983), que considera a conversa terapêutica como "uma visita a um museu", podemos deslocar, por exemplo, a palavra *dependência* da frase relacionada ao marido e explorar os processos de dependência e autonomia na família da esposa, ampliando, assim, o ambiente familiar para entender melhor o entrelaçamento do casal e a possível complementaridade entre quem cresceu na dependência e quem, talvez, tenha se tornado autônomo precocemente.

Enquanto conversamos com Ângela, ficamos muito atentos em observar a linguagem não verbal de Mario, que pode nos fazer entender muito sobre ele e o seu relacionamento de casal, antes mesmo de envolvê-lo diretamente no nível verbal. A essa altura, podemos começar a partir da frase de Ângela, que faz alusão à dependência, para obter sua opinião sobre o assunto. Podemos, então, extrapolar a palavra *casa* a partir do contexto de julgamento com o qual era usado pela esposa (ressentida porque o marido "*nunca saiu de casa*") e voltar atrás, perguntando a Mario uma série de perguntas, que explorem seus processos de desenvolvimento: "*Como era a casa onde cresceu quando criança? Gostava dela? Tinha um quarto só para si? Ficava feliz ao estar sozinho, com os irmãos ou com os pais? Era uma casa alegre ou escura? A mãe era o centro da casa? Quando você saiu de casa, o que você sente que perdeu?*".

Então, podemos voltar ao presente e perguntar ainda para Mario como se sente na nova casa (a conjugal) e o que gostaria que mudasse para lá estar bem. Podemos fazer a mesma pergunta a Ângela para entender quem está na nova casa e como os dois poderiam viver melhor.

Assim, mudamos o contexto da sessão e começamos a explorar a história do desenvolvimento de ambos, além da apresentação inicial, que mostra Ângela em busca de compensação emocional e Mario na defensiva todo o tempo.

Desde o primeiro encontro com o casal, por meio de perguntas intergeracionais, o terapeuta pode facilmente introduzir dinamismo em uma realidade percebida como imóvel pelos parceiros individualmente. Isso é muito útil: ligar imediatamente as informações relativas a algumas características pessoais de cada um dos dois aos seus modelos familiares, ao invés de deixá-las no território do casal, introduz curiosidade e reduz consideravelmente o risco concreto de serem utilizadas como armas de ataque ou defesa (Andolfi, 2015).

Uma árvore secou em silêncio

John se descreve como taciturno e ausente em casa, Mary se apresenta deprimida e decepcionada com a total falta de atenção do marido com ela. A vida dele é toda projetada para fora, entre o trabalho e o esporte, enquanto a dela é totalmente focada em seus três filhos pequenos, de acordo com um roteiro muito comum. Ambos estão insatisfeitos com a qualidade de seu relacionamento, mas nenhum deles sabe o que fazer para mudar os padrões de comportamento rígidos e comprovados ao longo dos anos. É possível observar uma mudança radical no clima da sessão se deslocarmos essas características de cada um, ele taciturno e ausente, ela deprimida e sem nenhuma atenção, do nível do casal para o plano intergeracional.

Questionado sobre quem sentiu mais ausente de casa durante seu crescimento, John muda seu tom de voz e descreve o quanto sentia falta do pai: lembra-se dele sentado em uma poltrona no sótão da casa, sempre escondido atrás de um jornal e totalmente projetado em seu trabalho de figura política fora da família, cuja gestão cabia inteiramente à mãe. O tom de sua voz se torna ainda mais sincero quando ele descreve sua morte prematura e os longos silêncios entre ele, filho mais velho e o pai; então, ele lembra que ele próprio também quando criança, seguindo os passos do pai, refugiava-se no sótão para ler seus quadrinhos. Hoje, que seu pai não está mais vivo, ele se censura por nunca ter conseguido falar com ele de forma direta e pessoal.

Em relação à pergunta de qual lado veio a depressão, materna ou paterna, Mary não tem dúvidas: "*Da minha mãe, que sofreu tanto com a falta da menor atenção por parte de meu pai*", depois acrescenta: "*Esse problema de falta de atenção e afeto era o drama da minha família e eu cresci como uma árvore seca*", e, por fim, com ressentimento, conclui: "*Eis que me casei com quem nunca está presente!*".

Congelando temporariamente o mal-estar conjugal e explorando os componentes intergeracionais do entrelaçamento de casais, faz-se um salto no tempo, que permite que os dois revivam na sessão sensações vividas quando crianças no passado e que parecem se repetir na relação do casal, como roteiros aprovados: ambos podem refletir sobre o próprio mundo interior e sobre os comportamentos apreendidos e repropostos no casal para, finalmente, sentir-se empático e benevolente, um com o outro, porque inseguranças, fragilidades e defesas fazem parte da vida de cada um e podem ser aceitos e se tornarem recursos terapêuticos, deixarem de ser motivo de confronto. Esse será o projeto de terapia de casal, que se propõe, desde o primeiro encontro, não em palavras, mas a partir do envolvimento emocional e cognitivo de ambos os parceiros, a refletir primeiro sobre si mesmos e sobre seus próprios processos identitários e, em seguida, sobre o relacionamento, que se tornará mais satisfatório, uma vez descobertos terem se tornado duas entidades distintas e completas.

AS PERGUNTAS *COMO SE* E O JOGO ENTRE OS PAPÉIS

Perguntas *como se* são perguntas hipotéticas presentes na linguagem comum e familiar e seu uso pode ser ilimitado; basta adaptar a linguagem às circunstâncias, às temáticas a serem exploradas e às relações que você deseja investigar (Andolfi, 2015).

Permanecendo no caso recém-descrito de John e Mary, poderíamos facilmente perguntar a John: "*Se seu pai ainda estivesse vivo e pudéssemos convidar para conhecê-lo, o que ele poderia nos dizer sobre seu filho e o sobre refugiar-se sozinho no sótão para ler histórias em quadrinhos? Afinal, seu pai era o especialista em se esconder atrás de um jornal no sótão; o que ele poderia ter dito como pai se ele tivesse conseguido fechar seu jornal e sair do silêncio dele?*". Essa experiência de se colocar no lugar do pai nessa troca de papéis pode ser muito libertadora para John, que, dando voz ao pai, de forma especular, poderia sentir com maior intensidade a solidão de seu crescimento, quando o sótão se tornara um refúgio reconfortante para ambos, inseguros para saírem de lá e assumirem os riscos no relacionamento. Mary poderia sentir seu profundo desconforto e talvez ajudá-lo a "sair do sótão" para estar presente em sua vida de casal, ao invés de apenas repreendê-lo por não estar presente para ela. Culpar o outro é uma das formas mais prejudiciais e destrutivas no relacionamento a dois, bem descrito por Gottman, Silver e Gottman, Gottman (2015a).

Poderíamos pedir a Mary que personificasse a mãe e nos fizesse sentir como a própria mãe foi privada de atenção em seus relacionamentos mais significativos e o quanto ela falhou em dar carinho e atenção para a filha, porque talvez ela, no papel de mãe, sentisse-se como a primeira árvore seca da família. Nós também poderíamos pedir a ela para fingir ligar para a mãe sem discar o número no telefone e convidá-la para o nosso encontro para ajudá-la a não se sentir como uma árvore seca. Talvez, vindo juntas, elas pudessem descobrir como se pode dar a essas duas plantas água suficiente para fazê-las florescer novamente. John, ouvindo o "diálogo telefônico entre mãe e filha" de sua esposa, pode sentir que ele também pode participar como marido do reflorescimento de Mary, se ela conseguir sair de suas defesas. Ligar para um membro da família sem realmente fazê-lo, como se fosse um jogo (e, portanto, sem correr os mesmos riscos), desperta fortes emoções, permite experimentar duas posições relacionais diferentes e se tem a impressão de ouvir realmente um diálogo por telefone. Também, representa a premissa para uma possível convocação da mãe no futuro (torna-se mais fácil de convidá-la depois de já tê-la envolvida por telefone), para passar de uma presença simbólica para uma presença real.

Por fim, poderíamos pedir a John e a Mary que simplesmente nos digam como seu pai ou sua mãe, uma vez presentes na sessão, poderiam nos ajudar a conhecer melhor sobre as qualidades de um ou de outro. Ao fazer isso, ajudaríamos ambos os parceiros a se concentrarem em seus próprios aspectos positivos, verdadeiro antídoto para a culpa e crítica recíproca.

É incrível o valor evocativo e transformador de perguntas *como se* e de *se colocar no lugar do outro*: sair do nível da lógica e da realidade concreta pode permitir que se superem situações de impasse e descobrir outras formas de sentir e enfrentar dificuldades reais, enriquecidas por experiências simbólicas, caracterizadas por um forte envolvimento emocional.

CONSTRUIR METÁFORAS DURANTE A SESSÃO

Descrevemos em vários trabalhos (Andolfi & Angelo, 1987; Andolfi & Mascellani, 2010; Andolfi, 2015) quão útil é a construção de imagens e objetos metafóricos na sessão. Na verdade, construir metáforas é uma das maneiras mais eficazes de criar uma aliança terapêutica com os dois parceiros, como vimos na história *Um cavalheiro/cavaleiro perfeito*, na qual o próprio terapeuta oferece imagens que representam o entrelaçamento relacional do casal e seus componentes intergeracionais.

Com a mesma frequência, a imagem metafórica é trazida para a sessão pelos próprios pacientes, como a de se sentir como uma árvore seca descrita por Mary. Será útil para o terapeuta apreendê-la e conservá-la na memória, para reutilizá-la melhor por meio de redefinições ou combinações de significados alternativos.

O limão espremido e a santa mulher

"*Sinto-me como um bagaço, como um limão espremido*": esta é a imagem fornecida por Julie no primeiro encontro de casal com o marido Shane, que vem para a terapia por ela, que parece ter sofrido de depressão após o câncer de mama, que felizmente desapareceu nos últimos anos. Ambos são designers de sucesso que, após passarem alguns anos de formação profissional no exterior, voltaram à sua cidade natal, onde vivem suas respectivas famílias e onde tiveram seus dois filhos.

Tudo correu bem no relacionamento deles até quando viveram livres de responsabilidades e longe de casa. O retorno coincidiu com a necessidade de se afirmar profissionalmente e de constituir família. Além disso, quando sua primeira filha nasceu, Julie desenvolve tumor no seio e, após o nascimento do segundo filho, ela é submetida a uma histerectomia. Dois eventos felizes, estragados por dois eventos preocupantes relacionados à saúde de Julie e que desestabilizaram o casal. Na verdade, a depressão de Julie ganha forma após seu tumor, mas ainda mais por causa do comportamento de Shane, que não sabe como estar perto dela e curar as suas próprias angústias "voltando ao útero materno". A mãe tem sempre ajudado os três filhos homens dia e noite durante o crescimento deles, sem nunca reclamar e sem ter o apoio do marido, ocupado demais no trabalho, e está feliz por proteger seu filho agora que ele está tão frágil. Shane afirma que as mães croatas são assim, como se fosse um fato cultural, e que ele não é capaz de cuidar; ele só pode se refugiar no trabalho, do qual recebe muita satisfação, de acordo com um código masculino (Garfield, 2015) antigo e difícil de morrer, muito mais difundido do que só na Croácia.

Julie é uma perfeccionista – e isso pode ser entendido como uma defesa para as suas angústias – que dedica muito de seu tempo à casa e às crianças, mas constantemente reclama, fazendo Shane se sentir sempre culpado. Ela também é forçada a trabalhar só meio período no trabalho que ela tanto gosta para acompanhar a filha mais velha que tem traços compulsivos-obsessivos! Julie é descrita como a cópia da mãe, que também é perfeccionista e sugada por se sacrificar por todos, desde sempre. Ela é o primeiro "limão espremido" da família, e Julie, ao longo da infância e adolescência, só ouviu e absorveu as fortes reclamações da mãe, exausta de tanto esforço.

A metáfora do "limão espremido" estará por muito tempo no centro da terapia em contraste com a da "santa mulher", imagem oferecida pelo terapeuta para descrever o senso de sacrifício cristão da mãe de Shane de origem croata e muito religiosa.

A terapia de casal terá, então, que partir dos mitos originais de ambos, que se baseiam em sistemas de valores e comportamentos aprendidos e que, como sabemos, podem ter uma forte função prescritiva nas gerações subsequentes (Andolfi & Angelo, 1987; Andolfi, 2015). A proposta terapêutica será de se libertar de roteiros familiares repetitivos para poder construir relações mais harmoniosas e equilibradas, nas quais os estereótipos de gênero (mulheres se sacrificam em casa, homens dependem e se refugiam no trabalho) e as lealdades familiares não representem uma prisão para ambos.

OBJETOS METAFÓRICOS E FOTOS NAS SESSÕES

Se a metáfora é a substituição de um termo justamente por um figurado após a transposição simbólica de uma imagem, por exemplo, "*Sinto-me espremida*" (como se fosse um limão), usar objetos concretos e simbólicos com uma alta taxa evocativa é uma modalidade muito útil para trazer à sessão membros importantes de suas famílias de origem (Andolfi, 2015).

A observação do genograma familiar de um parceiro com símbolos de pessoas falecidas ou de laços matrimoniais rompidos ou mesmo a pesquisa sobre um atlas do país de onde a família de origem precisou emigrar, de um ou outro cônjuge, são maneiras muito eficazes de despertar emoções, memórias, medos, sentimentos de perda relacionados aos próprios processos de desenvolvimento e para entender melhor a ligação entre as conexões afetivas do passado e laços atuais. Por exemplo, pode-se perguntar a John (que acabamos de descrever como o menino que se refugiava para ler histórias em quadrinhos no sótão) o que a perda de seu pai significou para ele, que impacto teve na família; podemos, então, fazê-lo indicar no genograma quem foi mais afetado por sua morte. Olhar juntos para o mapa de sua família poderá evocar fortes emoções em John e fazer com que ele as expresse em sua dor, ele que se descreve como taciturno e indiferente, permitindo ambos os cônjuges compartilhar um momento de intimidade.

Então, se pedirmos a dois adultos que tragam para a sessão as fotos mais significativas de suas famílias quando eram crianças ou objetos pessoais, como um pingente, uma bolsa, um instrumento musical com um alto valor sentimental de um pai falecido ou de um irmão que está longe, percebemos o quão importante é a estrutura familiar para descrever seus processos de crescimento e relacionamentos atuais, seja como casais, seja com seus filhos. Fazer isso permite reduzir os níveis de competição ou conflito entre casais (quando voltamos às memórias da infância, mesmo as dolorosas, há cada vez mais empatia e curiosidade) e aumentar o nível de confiança deles para com o terapeuta e aumentar o clima emocional em que ocorre a sessão. Ao mesmo tempo, é um excelente teste para avaliar o funcionamento do casal e o progresso da terapia.

Uma vez que a família esteja simbolicamente presente na sessão, por meio de imagens e objetos concretos que a representam, será mais fácil para o terapeuta e para os integrantes do casal, posteriormente, convocar as famílias de origem para um encontro conjunto.

O USO DO ESPAÇO TERAPÊUTICO

Como já escrevemos várias vezes (Andolfi & Mascellani, 2010; Andolfi, 2015), o movimento, a ação concreta nas sessões, a construção de esculturas familiares e o uso da imaginação são muito úteis tanto no nível de avaliação do funcionamento do casal quanto para ativar processos de mudanças, tanto individualmente quanto em casal.

Voltando ao caso de Julie e Shane, vamos pedir a ambos para nos mostrar, criando uma imagem espacial e usando objetos, o relacionamento deles com suas respectivas mães: a mãe de Julie, sacrificial e queixosa, que se sente como um limão espremido (metáfora que Julie também usa para si própria) e a de Shane, mãe universal e útero materno sempre pronto para acolher as crianças. A mãe poderá ser representada por Julie usando objetos ou ursinhos ou colocando algo que evoque a sua presença em cima de uma cadeira e descrevendo a relação espacial de distância ou proximidade entre as duas. Depois de vasculhar a cesta de objetos e brinquedos da sala de terapia, Julie pegará duas bolas vazias de tamanhos diferentes (na ausência de limões) e desenhará dois rostos tristes e os colocará em duas cadeirinhas de bebê frágeis, de frente uma para a outra, de modo a evocar sensação de fragilidade e precariedade em sua dimensão como mulher. Shane, por sua vez, vai desenhar um mapa geográfico da Croácia (lindíssimo, já que ele é um desenhista profissional) em um avental com bolso, dentro do qual ele colocará três ursinhos de pelúcia brancos para indicar os três irmãos. Ele será o urso maior no centro da cena, o filho que vai ajudar a mãe com os problemas da deficiência de seu irmão mais novo. Quando questionado se ele esqueceu alguém, Shane ficará surpreso no início e depois envergonhado, perceberá que se esqueceu do pai e se justificará dizendo: "*Mas ele nunca esteva lá!*". No decorrer da terapia, será demonstrado que Shane também não está muito em casa, nem como marido, nem mesmo como pai, repropondo o mesmo roteiro familiar.

Visualizar na terapia, por meio da imaginação e do jogo simbólico, as disfunções relacionais que se repetem de geração em geração, sufocando a vida de um casal, é uma experiência dolorosa, mas muito útil. Permite que cada parceiro se observe a partir de múltiplas dimensões, a de filho, a de cônjuge e a de pai ao mesmo tempo. Daqui, com a ajuda da terapia, será possível começar juntos (não um contra o outro) na busca de novas maneiras de ser como pessoa e de se conectar com os outros, uma vez livres de estereótipos de gênero e papéis familiares repetitivos e cristalizados.

7. A FAMÍLIA DE ORIGEM NA SESSÃO

DA PRESENÇA SIMBÓLICA À PRESENÇA FÍSICA

A convocação da família de origem na sessão dá início a fase intermediária da terapia de casal. Como vimos nos capítulos anteriores, o trabalho realizado na parte inicial do processo terapêutico se baseia no objetivo de acompanhar os parceiros na percepção da crise do casal que estão atravessando como uma paralisação evolutiva, estritamente ligada às modalidades relacionais apreendidas por cada um dos dois durante o processo de desenvolvimento no seio de suas próprias famílias e a história delas. O pacto íntimo, que vem de longe e tem como base um diálogo profundo que tem a ver com pedidos implícitos de reparação, está agora bem claro para o casal. Trabalhar na dimensão intergeracional, durante a primeira fase da terapia, permitiu rastrear e compartilhar justamente os limites pessoais que impedem os parceiros de proceder naturalmente e com autonomia em direção à jornada evolutiva do casal no seu momento presente. Até agora, o terapeuta, usando todas as suas ferramentas, conseguiu insinuar dúvidas, despertar curiosidades e, portanto, flexibilidade no que diz respeito a preconceitos e a crenças que cada parceiro tem sobre sua própria história e sobre si mesmo. Tudo isso trouxe, para o centro do contexto terapêutico e, especularmente, para a relação do casal, uma nova capacidade de escuta e compreensão compartilhada.

Porém, pode ser feito mais: se o passado é passado e a história não pode ser mudada, ela pode ser contada por meio da voz de quem realmente estava presente e com ela conviveu, dando-se a oportunidade de compreendê-la mais plenamente.

A ideia de Whitaker (1989) de que mesmo a pior família tem dentro de si os recursos para enfrentar os próprios problemas é um pensamento que nós compartilhamos. É nossa convicção que o amor dentro da família é o combustível que a mantém viva e a faz progredir. O que acontece é que o problema na família, às vezes, é o amor que não flui como deveria e, portanto, não é percebido, devido à comunicação emocional ineficiente, por causa da necessidade de responder às necessidades mais urgentes, por exemplo, aderir ou não a mandatos que garantam a matriz identitária de uma mesma família, sob pena de desintegração. Daí as várias dinâmicas: triangulações negativas includentes, excludentes, protetoras, agressivas etc., que as famílias adotam para continuar a existir, mas que geram muitos mal-entendidos sobre os sentimentos.

A nossa experiência clínica como terapeutas de família nos ensinou que todos os filhos, pequenos e grandes, procuram de todas as formas sentir o amor familiar para crescer, porque isso se traduz em sentimento de pertencimento e segurança, elementos fundamentais para poder explorar o mundo sem medo de se perder. Somos particularmente gratos a muitos adolescentes que conhecemos, que nos ensinaram que o espaço individual precisa ser encontrado primeiro no seio da família antes de procurá-lo em outro lugar.

A presença da família de origem de cada parceiro na sessão durante a terapia de casal é uma grande oportunidade: relembrar o passado que passamos juntos nos permite reler seu significado por meio de outros pontos de vista, mas, acima de tudo, abre a possibilidade de se dizer o que nunca foi dito, enriquecendo ou, às vezes, distorcendo completamente aquelas verdades, até então, inalteradas e imutáveis. A lembrança coletiva com várias gerações na mesma sala tem um enorme potencial de cura e, acima de tudo, é um ritual extremamente útil para a construção da experiência terapêutica, que não interessa mais apenas ao casal, mas também ao terapeuta, que se torna cada vez mais parte da história da família, ou seja, do único fio condutor capaz de integrar ou rejeitar estímulos vindos de fora. Um possível encontro da família em casa provavelmente nunca aconteceria, porque as famílias geralmente procuram não falar, ou se isso acontecesse, conflitos ainda abertos seriam reativados.

A memória coletiva, em um contexto especial, orientada pelo terapeuta, permite reviver algumas passagens importantes na vida relacional familiar; refazer as etapas evolutivas tem um poder enorme em termos de crescimento individual de cada um dos dois parceiros, com efeitos positivos também em toda a família de origem.

Em síntese, poderíamos resumir afirmando que o encontro com a família de origem em um contexto especial produz uma série de vantagens ao mesmo tempo: promove a aproximação e, portanto, o pertencimento; favorece a comparação em uma dimensão de separação individual e constrói a experiência terapêutica em termos do modelo de relacionamento apreendido (Andolfi, Falcucci, Mascellani et al., 2006).

DIFERENTES MODELOS DE TERAPIA DE CASAL INTERGERACIONAL

Há mais de trinta anos, vivenciamos a inclusão das famílias de origem e dos filhos no processo terapêutico com casais. Já em 1987, na histórica Conferência Internacional intitulada *O casal em crise*, realizada em Roma, expusemos nosso pensamento e, posteriormente, desenvolvemos nosso modelo de terapia e descrevemos a sua evolução e a sua prática clínica em inúmeros trabalhos (Andolfi, 1988, 2015; Andolfi, Falcucci, Mascellani et al., 2007; Andolfi & Mascellani, 2010).

Na introdução deste livro, reconhecemos a profunda influência de Framo em nossa maneira de pensar e praticar a terapia de casal intergeracional; no entanto, em nossa prática terapêutica, optamos por convocar os dois parceiros para encontros dedicados às famílias um do outro, por motivos quase opostos aos que levaram Framo a fazer reuniões separadas.

Framo afirma que, quando os membros da família se esforçam para abordar questões problemáticas não resolvidas no passado e no presente, a presença do cônjuge pode inibir ou confundir uma atividade tão importante. Além disso, sua presença seria um convite para que pais e irmãos conversassem sobre as dificuldades do casal, dando origem a uma forma de triangulação que diverge do objetivo dessas sessões, que é se reconciliar entre as gerações por intermédio da compreensão e do perdão (Framo, 1992). Dada a importância desses encontros, é necessário prepará-los com cuidado e sem pressa durante o desenrolar da terapia. Também, é possível que as sessões sejam realizadas em horários diferentes ou que um integrante do casal não esteja disponível.

Nós também estamos bem cientes da maior liberdade em se sentir família e em se expressar plenamente sem a presença de quem, no entanto, é um membro adquirido da família sem laços de parentesco. Apesar disso, optamos por envolver ambos os parceiros para permitir que eles compartilhassem uma experiência importante e, muitas vezes, dolorosa, a de enfrentamento / diálogo com as respectivas famílias de origem. Além disso, a presença do parceiro na sessão é uma confirmação de que, mesmo que indiretamente, estamos trabalhando em questões problemáticas do casal e isso nos permite avaliar a capacidade de cada um de se expor na frente do outro no encontro com seu próprio mundo familiar. Será possível observar quantas necessidades e quantas expectativas emocionais em relação a seus pais e irmãos tiveram respostas satisfatórias enquanto cada parceiro crescia ou o quanto ele sofreu com a falta delas. Na sessão, afloram-se sentimentos e pensamentos que vêm de longe e que contribuíram para forjar a personalidade individual, que têm peso nos relacionamentos atuais e que, muitas vezes, são ocultados ou malcompreendidos pelo cônjuge, mesmo depois de vários anos de vida de casados (Andolfi, 1988). Todavia, justamente, porque ciente do risco de triangulações ou conflitos entre as famílias, deixamos claro antes e durante a sessão que o outro parceiro está presente exclusivamente como um *observador participante*, que acompanha a sessão sem intervir. Isso é facilitado pelo fato de que nessas sessões nunca se fala nos problemas do casal.

Concordamos com Framo quando explica o porquê de não incluir as crianças nas sessões com suas famílias de origem. Falaremos disso em um outro capítulo com o objetivo de convocar os filhos durante a terapia de casais.

Diferente é o modelo Canevaro (1999, 2009), que utiliza o método invariante, chamando o integrante do casal no início da consulta com sua família separadamente, na ausência do companheiro. Ambos os parceiros devem concordar com essas sessões, que devem ocorrer a uma distância muito curta uma da outra. Esse método, que Canevaro considera estratégico e paradoxal, serve para contrastar a simbiose do casal e desbloquear situações de impasse, com o objetivo de restaurar o "amor coterapêutico" no casal, isto é, a ajuda mútua na separação gradual da família. Enquanto Framo enviava o áudio da sessão familiar para o cônjuge ausente para que esse pudesse saber o que aconteceu, Canevaro mantém o sigilo do que foi dito na entrevista com a família, como um segredo profissional, que não deve ser divulgado. Esse modo permite entender muitas coisas, coisas que, às vezes, requerem um longo tratamento antes de se tornarem explícitas e, muitas vezes, nunca se revelam (Canevaro,1994).

Como você pode ver, as formas e objetivos de convocar a família de origem para a terapia de casal são diferentes, mesmo que dentro da mesma matriz de pensamento.

QUANDO CONVIDAR A FAMÍLIA DE ORIGEM NA SESSÃO

Na realidade, a presença física das famílias de origem, embora possa produzir transformações significativas, é limitada a um ou dois encontros ao longo de toda a terapia de casal. São encontros muito delicados que, ao nosso ver, representam uma meta intermediária alcançada dentro do processo terapêutico, constituindo uma rodada muito importante.

Com o tempo, modificamos alguns aspectos do método, mesmo à luz de um livro iluminador: *Terapia narrada por famílias* (Andolfi, Angelo, D'Atena, 2001). Coletando memórias remotas e avaliações de muitos casais após a conclusão da terapia, tivemos a confirmação da fundamental importância da convocação das famílias de origem, porém aprendemos isso justamente pelo valor transformador desses encontros, tivemos que mudar o momento dessas sessões, que geralmente ocorriam nos estágios iniciais, quase como um elemento de diagnóstico do funcionamento do casal e como referencial teórico do modelo multigeracional. A presença das famílias de origem tinha como objetivo abrir uma porta para a história de ambos os parceiros, e esse pedido vinha mais de uma prática do que de uma motivação real, amadurecida durante o processo terapêutico.

"*O encontro com minha família foi perturbador e eu ainda não estava pronta para um impacto emocional tão forte.*" "*Ela (referindo-se à esposa) se beneficiou muito, para mim não deu nada e foi uma confirmação do distanciamento total dos meus pais*". "*Talvez tenhamos perdido uma oportunidade única, mas ambos não estávamos prontos.*" Estas são algumas das respostas insatisfatórias que recebemos dentro de uma amostra muito grande, em que, para muitos, a memória foi extremamente positiva e desencadeou mudanças, tanto em nível de casal quanto nas relações intergeracionais.

As observações críticas relatadas por alguns coincidiam com a nossa impressão como terapeutas de que não havia tempo suficiente para passar da prática padrão na primeira fase de avaliação para uma oportunidade vital mais bem elaborada por todos.

Percebemos, assim, que para não perder uma oportunidade única, bem descrita por um dos integrantes de um dos casais entrevistados, é necessário primeiro ter construído uma forte aliança terapêutica com o casal e um clima de confiança e total parceria conosco; ao mesmo tempo, ambos os parceiros devem ter adquirido a coragem e a convicção suficiente para pedir ajuda aos pais, bem como a consciência do significado desses tipos de encontros abertos com as próprias famílias. Porém, mais ainda, devem estar preparados para aceitar o risco de uma eventual rejeição por parte dos pais, sem sentir isso como a reabertura de feridas dolorosas causadas por outras rejeições experimentadas durante o período da infância e da adolescência. Dessa forma, mesmo uma rejeição ou uma presença negativa na sessão ainda pode ser sentida como um sucesso pessoal, como se dissesse: "*Fiz a tentativa e fico sereno ao constatar a indisponibilidade emocional deles comigo. Para além do mais, meu parceiro testemunhou a minha tentativa sincera*".

Na verdade, por meio da nossa pesquisa com casais (*ibidem*), sentimos confirmada a nossa ideia, já descrita (Andolfi, 1999), que a presença de ambos os parceiros é útil e terapêutica nas sessões com suas respectivas famílias. Nenhum dos entrevistados jamais nos relatou ter sentido constrangimento ou desconforto nos encontros em que o outro convidou sua família. Na verdade, a presença do parceiro na sessão foi considerada um importante suporte emocional diante de uma tarefa tida como difícil e dolorosa. Além disso, havia um sentimento de partilha, pois o outro também teria que passar pela mesma experiência. Tudo isso apesar do fato que muitos desses casais vieram para a terapia por causa de nível elevado de conflito conjugal.

A experiência também nos mostrou que, uma vez realizado, de maneira positiva, o encontro com os membros da família de origem, um segundo encontro pode ser agendado na fase final da terapia de casal ou no *follow-up*, de modo a testemunhar as mudanças ocorridas, tanto no nível do casal quanto no relacionamento entre cada parceiro e sua própria família. Esse encontro também pode ter o significado de um ato ritual a ser celebrado em uma sessão na presença de todos. Em nossa experiência de formação dentro de uma escola de pós-graduação, pudemos apreciar o valor comemorativo da entrega de diplomas finais na presença das famílias dos alunos. Igualmente comemorativo pode ser a entrega de um "diploma de maturidade de filho", assinado pelos pais ou familiares na presença do parceiro. Será como selar o caminho percorrido juntos pelo casal, agora capaz de definir melhor os limites conjugais com relação aos intergeracionais. Ou podem ser relatados os progressos extraordinários de relações cortadas ou distantes entre um pai e um filho, como prova do processo de reaproximação desencadeado no encontro anterior com a presença da família de origem.

Em outras situações, um segundo encontro com a família de origem pode ser programado de acordo com etapas evolutivas importantes do casal, como o nascimento de um filho, a conclusão de seus estudos, a transferência para outro país ou, em situações ainda diferentes, para eventos menos auspiciosos, mas ainda mais importantes, como o processamento do luto pela morte prematura de um pai ou irmão. Nesses casos, o casal pode decidir se o local em que a terapia foi realizada pode ser válido para enfrentar um luto comum na presença do terapeuta, de modo a permitir que o sofrimento circule dentro das relações familiares mais significativas e não apenas uma dor individual que permanece.

QUAIS MEMBROS DA FAMÍLIA ALARGADA CONVOCAR

Quem chamar da família de origem e quando convocar alguns membros da família, em vez de outros, depende da história do casal, da história individual de cada um e de como os membros da família são descritos ao longo da terapia ou como são percebidos por cada um dos cônjuges. Em geral, é útil convocar aquelas pessoas que tiveram relacionamentos significativos durante o crescimento de cada parceiro. Além dos familiares mais próximos, podem ter tios, babás ou cuidadoras, vizinhos ou amigos que desempenharam um papel, às vezes, mais importante do que os próprios pais no processo de crescimento. Sobre amigos como conselheiros na terapia, falaremos mais detalhadamente em outro capítulo. Na realidade de casais reconstituídos, que é cada vez mais frequente, os filhos adultos de relacionamentos anteriores também devem ser incluídos.

Como frequentemente acontece em todas as famílias, existem pais ou irmãos que são lembrados e descritos como muito positivos e atenciosos, outros, pelo contrário, como distantes, desinteressados ou totalmente ausentes. Ao longo dos anos, optamos por começar com essa parte da família descrita na terapia pelo integrante do casal como sendo a mais próxima e disponível, facilitando, assim, a tarefa de convidá-los. Se houver um segundo encontro, pode-se enfrentar questões mais conflitantes com familiares "negativos". A experiência nos ensinou que essa forma de atribuir conotações positivas ou negativas aos membros da família é superada ou revisada quando todos, mesmo os membros negativos da família, concordam em comparecer na sessão para ajudar um filho adulto em dificuldade. Aliás, justamente esse fato vai surpreender o filho que poderá afirmar: "*Eu nunca teria esperado que meu pai viesse a uma sessão por mim!*".

Existem também situações em que o parceiro sofreu um luto repentino ou apresentou comportamentos altamente autodestrutivos, como tentativas de suicídio ou um estado depressivo grave. Nesses casos, parece útil para nós pedir ao cônjuge em questão que ligue para todos os membros da família alargada que podem nos ajudar. Eles, uma vez convidados, poderão atuar como um recipiente emocional e nos dar informações importantes sobre o membro da família. É uma espécie de consultoria em um estado de crise, mas, no final, as razões são semelhantes e consistem em fazer as pessoas sentirem uma disponibilidade emocional e um apoio para quem se encontra em situação de fragilidade.

EM QUAL PAPEL CONVOCAR A FAMÍLIA DE ORIGEM

Por intermédio de muitos anos de experiência clínica, entendemos que é quase automático que diante das dificuldades de um(a) filho(a) que está vivendo um problema em sua vida de casal, os pais tendem facilmente a se culpar ("Onde erramos como pais durante os anos de seu crescimento?") e a temer que essas dificuldades pudessem ter um efeito negativo sobre os netos. Também, é possível que esse sentimento de culpa seja projetado no parceiro, que poderia ser considerado inadequado e a principal causa da crise do casal.

Para evitar tudo isso, na preparação desses encontros, explicamos muito bem que os familiares são convidados para a sessão como os nossos *consultores*, para nos fazer entender mais sobre o crescimento do seu filho / irmão dentro da família. Também, explicamos que, nesse encontro com a família de origem, não serão abordadas questões do casal e que o parceiro estará presente na função de *observador participante*. Isso não quer dizer que os pais automaticamente não se sintam, de alguma forma, culpados ou responsáveis pelas dificuldades atuais do filho ou que não queiram dar a sua opinião sobre seu relacionamento / crise conjugal na sessão, considerando que o parceiro também estará presente na sessão. A tarefa do terapeuta será precisamente a de criar um contexto apropriado que permita deslocar o tempo para as fases evolutivas que precedem a vida de um casal que, se exploradas, pode nos fazer entender muitas coisas sobre comportamentos atuais de um adulto e seus padrões relacionais, que podem ser afetados fortemente por todos aqueles modelos e tipos de relacionamento absorvidos na família.

OBJETIVOS DA SESSÃO

A convocação dos pais

Existem várias razões que nos levam a organizar essas reuniões especiais e, obviamente, as razões para convidar os pais podem também ser muito diferentes daquelas relacionados aos irmãos.

Os pais são convidados para uma sessão para ajudar um filho em dificuldade. Essa é a mensagem que gostaríamos que fosse passada nessa convocação. Os pais geralmente estão disponíveis para ajudar o filho em idade de desenvolvimento, criança ou adolescente que seja, se surge um problema. É menos óbvio que isso aconteça quando ele se torna um adulto e menos ainda quando ele construiu sua própria família e goza de uma completa autonomia. Deve-se ter em mente que vemos casais em crise de jovens adultos, mas também de adultos maduros de quarenta ou cinquenta anos de idade para mais. Aos 25 anos, apenas começando um relacionamento a dois, pode-se esperar mais ajuda, apoio emocional dos pais. Na idade madura, após anos de vida a dois e com filhos adolescentes ou adultos, a ideia de ser ajudado pelos pais, às vezes idosos ou doentes, é diferente, para uma crise profunda e muitas vezes destrutiva do casal.

Obviamente, o pedido de ajuda e a resposta a esse pedido variam dependendo de uma série de razões, entre as quais a idade é apenas um dos componentes. Um filho adulto pode ter alcançado sua autonomia total, mas, como muitas vezes enfatizamos neste livro, ele ainda pode ser muito dependente emocionalmente (às vezes, até economicamente) ou, pelo contrário, pode ter feito um corte emocional e rompido seus laços afetivos com o passado. Pedir ajuda aos pais quando ainda não se atingiu uma diferenciação suficiente não é fácil, porque se pode sentir o risco de ser ainda mais sufocado e culpado por não corresponder às expectativas dos pais. Pedir isso, depois de muito tempo de distanciamento e silêncio, pode ser ainda mais difícil, porque prevalece o sistema de orgulho, tão bem descrito por Horney (1950), que evita pedir, mesmo quando se sente devastado ou sozinho, porque pedir seria uma humilhação muito grande para suportar e, portanto, é melhor permanecer na condição de "perdedor grandioso".

Pedir ajuda na idade adulta obviamente sofre de aspectos culturais frequentemente muito significativos. Modelos culturais de cuidado e autonomia variam fortemente da cultura anglo-saxônica, na qual se espera que os filhos saiam de casa muito jovens, para a latina, na qual os filhos tendem a ficar mais tempo em casa, e mais ainda da asiática, em que o indivíduo se torna adulto e se casa dentro de uma série de deveres com a família de origem, que vão desde a coabitação até o cuidado de pais idosos.

Não é incomum os casais que estão passando por uma crise há algum tempo ou que estão à beira da separação declararem que seus familiares não têm consciência de suas dificuldades ou que as mantêm bem disfarçadas para evitar repercussões emocionais, especialmente para os pais doentes ou emocionalmente instáveis.

Para tanto, se membros da família devem ser convidados para os nossos encontros, os parceiros inevitavelmente terão que fazer uma espécie de *coming out* e encontrar uma maneira de comunicar que estão fazendo terapia de casal para enfrentar e resolver suas dificuldades. Essa etapa permite a cada um dos dois se libertar do peso de mascarar a realidade, começando a busca de formas de relacionamento mais autênticas, não mais baseadas na proteção mútua e no medo de ser culpado por não ter feito seus pais felizes. Como se o bem-estar deles se baseasse no modelo do casal perfeito, que não passa por conflitos e não causa problemas para os outros, especialmente se for uma questão de pais ou filhos.

Pudemos observar que uma vez que tenham tido a coragem de se revelar aos seus familiares, superando essa condição de *intimidação geracional*, amplamente descrito por Williamson (1982), eles se sentem aliviados, como se o jogo de não saber ou de não ver pudesse ser interrompido, visto que, na maioria dos casos, especialmente os pais, há algum tempo perceberam as dificuldades e as tristezas de seus filhos, sem saber como sair dela. Como pode ser bem entendido, esta não é apenas uma fase preparatória, mas já é, para todos os efeitos, um ato terapêutico, mesmo antes dos encontros reais com suas respectivas famílias de origem.

Ainda mais importante é encontrar forças para convidar pais distantes ou ausentes, porque nos permite abordar a questão da rejeição, a que se refere, por exemplo, frases como: "*Ele nunca virá me ajudar, nunca o fez durante todos os anos de vida na mesma casa!*". Ao invés de apoiar as resistências certas de um adulto em reabrir um diálogo com um pai, preferimos que não seja ele a dizer não primeiro e que, em vez disso, possa lidar com a incerteza do pedido, acima de tudo, quando o capítulo ainda não parece encerrado. Em vez de ficar em um tipo de suspensão emocional ou de raiva crônica pelas recusas recebidas no passado, um novo confronto com a realidade será útil, hoje. Pudemos, assim, ver situações em que era realmente possível reabrir uma relação pai-filho, interrompida há algum tempo, para a surpresa de ambos, maravilhados com o desejo há muito adormecido de se reencontrar e chegar a uma reconciliação.

Um maldito mal-entendido

A história de Davide é significativa para ilustrar o que acabou de ser dito. Davide, cheio de raiva e rancores antigos, há muito tempo está em crise com a esposa, que se declara incapaz de manter um relacionamento pacífico com um homem sempre tenso e impulsivo. Depois de um longo período de trabalho com o casal e de preparação para esse encontro, Davide encontra coragem para convidar a sua mãe idosa, com quem há muitos anos cortara laços, descrevendo-a como falsa e egoísta e antecipando: "*Ela nunca virá!*". A mãe, para sua grande surpresa, aceita o convite e vem para a sessão com uma sacola cheia de "provas" de ter sido uma mãe amorosa, como se fosse para se defender das possíveis acusações do filho. Acusações que não demoram a surgir com o risco de reabrir conflitos que nunca se resolveram. No entanto, após uma troca inicial de reivindicações recíprocas, o clima emocional da sessão muda positivamente depois que a mãe, aos prantos, consegue desabafar e revelar, quase gritando, o estopim do rompimento: o filho, então um jovem adulto de 21 anos, presente em casa, não quis defendê-la do marido enquanto este estava batendo nela, mas, pelo contrário, ele disse ao pai para bater mais. Após um longo silêncio, repleto de emoções, o filho consegue se aproximar da mãe e se desculpar por aquele episódio que marcou sua vida (deles) a ponto de cortar todas as relações com ela e lhe diz que, apesar de tudo, sempre a amou. Esse importante momento de reconciliação é, então, selado por um gesto de pacificação: mãe e filho conseguem se dar as mãos com ternura e finalmente se olham nos olhos.

Esse momento mágico certamente não pode mudar a longa e triste história do passado, mas pode certamente libertar Davide de sua armadura, cheia de rancor e sentimento de culpa, em benefício da relação do casal, que pode finalmente se libertar de fardos que não lhe dizem respeito.

Em vários casos, ainda que minoritários, testemunhamos uma recusa clara e irrevogável dos pais em comparecer a um encontro conjunto, confirmando, assim, o que o filho já sabia e já havia dito durante a sessão. Entretanto, é precisamente a tentativa de fazer, de todo modo, um pedido autêntico, hoje, para si e para o bem-estar do casal, que pode ter um efeito transformador. Finalmente, é possível aceitar a rejeição sem mais ter sentimentos de raiva ou vingança afetiva. A "*síndrome da compensação*" (tão conhecida no campo do acidente) pode ser substituída pela aceitação serena da perda de um relacionamento significativo, da mesma forma, que lamentar a morte de um ente querido, e esta pode se tornar uma oportunidade de crescimento pessoal e relacional muito vantajosa para vida de casal e para a dimensão de pais.

A convocação dos irmãos

Um discurso muito diferente e muitas vezes subestimado é aquele relacionado à convocação de irmãos e irmãs. Às vezes, é difícil pedir ajuda a um irmão, especialmente se houver triangulações rígidas na família e favoritismo por um filho em relação ao outro. Fenômenos antigos de rivalidade ou distanciamento entre irmãos adultos são, muitas vezes, o resultado de papéis distorcidos desempenhados desde que eram pequeninos, seja por causa de primogenitura, gênero sexual, seja por eventos familiares, como mortes, traumas precoces ou separações hostis, que acabaram produzindo alianças disfuncionais e coalizões rígidas, colocando uns contra os outros ou causando distâncias emocionais muito dolorosas. A última ocorrência é comum quando uma criança é forçada a morar com um dos pais e a outra com o segundo, correndo o risco de crescerem como estranhos.

Convidar os irmãos para uma sessão pode permitir que se percorra novamente fases evolutivas importantes relacionadas ao compartilhamento de experiências de crescimento significativas e que se conserte eventuais distorções relacionais ligadas a papéis rígidos assumidos em família e à dificuldade de construir ou manter uma aliança geracional entre irmãos. Constatamos que quando o entendimento horizontal entre irmãos foi difícil, ele é substituído por atitudes de rivalidade e reivindicação, essas modalidades relacionais adquiridas na família podem facilmente ocorrer no relacionamento do casal.

Um buraco no estômago

A história de Luca é um exemplo de como a morte de sua mãe acentuou a distância emocional na fratria. Luca é um homem de cerca de quarenta anos em profunda crise com sua companheira, que reclama como ele sempre foi fechado como um ouriço, absolutamente incapaz de mostrar as suas emoções mais profundas e o quanto tudo isso minou na raiz o relacionamento do casal. Durante a terapia, Luca encontra coragem para convidar as irmãs, com quem a relação ficou muito fria e distante especialmente após a morte da mãe, uma viúva de longa data e centro afetivo para crianças. As irmãs se frequentam com suas famílias e se apoiam, mas Luca rompeu com o passado e não as considera mais um ponto de referência em sua vida adulta, embora quando criança, fora cuidado e amado por ambas. As irmãs desconhecem seus problemas de relacionamento e não falam com ele, muito menos com sua companheira e com a filhinha deles, levando-se em consideração que vivem em cidades diferentes.

A chegada das irmãs na sessão nos permite aprofundar o luto pela morte de sua mãe, nunca elaborado por Luca, que nunca mais quis falar sobre a perda da mãe com ninguém, nem na família, nem com amigos e colegas. Na verdade, ele também se recusou a ir ao funeral e ele nem sabe onde sua mãe está enterrada.

Depois de um longo silêncio, Luca finalmente consegue se expressar e falar sobre o "buraco no estômago" que sente há anos e que acredita estar ligado à morte da mãe. Mãe que, agora se sabe, teve sempre uma relação privilegiada com ele, sendo o mais jovem e o único homem. Luca escuta por muito tempo as irmãs que, a convite do terapeuta, falam sobre o funeral de sua mãe, sobre a comoção de todos e sobre as dores sentidas por elas e por outros familiares pela sua ausência. Em meio às lágrimas, as irmãs afirmam que não perderam somente a mãe, mas também o irmão que sempre amaram, cuidando dele em todos os sentidos desde pequeno. A comoção toma conta e os três se abraçam em um gesto profundo e libertador. A sessão termina com a proposta de que Luca vá junto com as irmãs visitar a mãe no local em que ela está sepultada, a fim de curar uma fratura afetiva que dói em todos. A companheira de Luca está presente e participa de forma discreta, mas emocionalmente envolvida a esse momento mágico de reconciliação. Nas sessões subsequentes, ela vai relatar o quanto Luca mudou depois de seu encontro com as irmãs: "*Não parece mais com ele, agora ele fala comigo!*".

Mesmo no caso de irmãos, como pode acontecer com a convocação dos pais, nem sempre se obtém abertura e reconciliação esperadas. Existem histórias de família cristalizadas, em que antigos rancores ou distorções de papéis em relação aos pais não podem ser nem mesmo arranhadas. Apesar disso, colocar um adulto diante de uma nova tentativa autêntica de abrir o contato com irmãos ou irmãs distantes têm um valor terapêutico em si. Pode transformar a raiva ou o rancor pelo que se sente que perdeu ou que pagou emocionalmente em relação aos irmãos ou às irmãs nas fases de crescimento com dor sincera por uma perda definitiva. Por meio do NÃO ao seu pedido de ajuda, um adulto maduro pode ser capaz de aceitar de forma serena o desapego emocional como uma morte real. Essa aceitação se torna um elemento de resiliência muito positiva, o que permite que se cresça em um nível pessoal e, também, no relacionamento do casal, porque foi traçado um limite claro entre a história e as feridas do passado e os acontecimentos atuais.

A convocação dos filhos da união anterior

Com o aumento do número de separações e de divórcios em todo o mundo, a possibilidade de embaralhar as cartas e formar núcleos familiares com novas combinações é quase igual ao número de famílias convencionais. O processo de convivência e de formação de uma nova família recombinada, que inclui os filhos de um e do outro parceiro, tidos em um relacionamento anterior, não é um caminho fácil e é uma experiência muito exigente. Falaremos sobre isso em um capítulo posterior.

Especialmente quando os filhos de uniões anteriores atingiram a idade adulta, convocá-los para uma sessão de terapia de casal pode ser muito instrutivo e é muito diferente de convocar os filhos tidos juntos pelos dois parceiros. Às vezes, eles foram uma espécie de "guardião do corpo" de um progenitor especialmente frágil ou assumiram um papel parental; em qualquer caso, são testemunhas privilegiadas das relações familiares no núcleo anterior de um ou do outro cônjuge, bem como de eventos significativos que marcaram as etapas de desenvolvimento da própria família. Os filhos conhecem muitos aspectos íntimos e de caráter de seus pais, às vezes, mais profundamente do que seu novo parceiro. São o indicador da balança da construção da nova família; são capazes de colocá-la em crise e fazê-la ruir, se sentirem que a separação de seus pais ocorreu de forma tempestuosa ou destrutiva ou se sentirem que foram abandonados ou não são bastante cuidados como os filhos do outro parceiro ou, ainda, como os eventuais novos filhos do casal reconstituído. Em suma, mesmo nesse caso, separações hostis, rivalidades, competições, favoritismo, várias triangulações podem fazer estremecer a nova unidade familiar. Pelo contrário, se tudo isso não ocorrer, os filhos podem, inicialmente, ser um acréscimo e enriquecer a vida relacional da nova família.

Deborah se foi!

Greg começa a fazer terapia de casal com Louise após vários anos morando juntos. Eles se conheceram e namoraram em Londres após a conclusão de seus casamentos anteriores, dos quais Louise teve duas filhas que agora são jovens adultas e Greg dois filhos na casa dos trinta. Por razões muito diferentes, as relações anteriores terminaram de uma forma muito dolorosa. Louise devido a situações repetidas de violência física e psicológica por parte de seu marido, de quem ela se separou de forma tempestuosa, carregando embora com ela ambas as filhas ainda crianças. Greg, por outro lado, perdeu a esposa por quem ele era muito ligado devido a um tumor que a debilitou progressivamente ao longo dos anos. Em relação a seus filhos, Greg desenvolveu um senso de proteção e preocupação, embora os dois vivam hoje suas vidas sem mostrar nenhum problema particular.

Louise tem uma carreira consolidada como arquiteta e uma vida social muito ativa, enquanto Greg é um solitário, ele passa muitas horas em seu galpão, no qual desenvolve seus hobbies de aeromodelismo. O fantasma de Deborah, a primeira esposa de Greg, estava muito presente e incômodo no desenvolvimento de seu relacionamento, bem como uma certa quantidade de inveja de Greg pelos sucessos profissionais de sua parceira. Greg cresceu em um orfanato e se lembra de seu crescimento com nostalgia apenas da relação e do apoio emocional de um educador ao qual ele era muito apegado. Para o resto, sua história foi de abandono precoce e sua vida teve uma reviravolta positiva somente após o encontro e os anos felizes com Deborah, que, como diz ele, era uma mulher excepcional. "*Mas agora não está mais aqui!*" será uma frase repetida por muito tempo durante a terapia do casal.

Greg é taciturno mesmo nas sessões e se anima principalmente quando a memória de Deborah entra na conversa. Louise, que gosta muito de Greg, constantemente se sente como uma segunda escolha e parece ter que manter uma posição *stand-by* no relacionamento romântico com Greg, que reluta em qualquer forma de manifestação afetiva.

As coisas definitivamente tomam outro rumo quando Greg, depois de muita resistência, concorda em convidar seus dois filhos adultos para a sessão. Ele diz que nunca pediu nada a seus filhos em sua vida e que lhes pedir ajuda com sua terapia de casal parece completamente inapropriado para ele; por fim, acrescenta que não quer que sofram novamente, se a discussão sobre a morte de Deborah for reaberta.

Apesar disso, ele tem coragem de convidá-los. Os dois filhos concordam em vir e, desde o primeiro momento, aparecem como dois homens maduros e afetuosos, que conseguiram superar a perda da mãe ao longo dos anos; o mais velho também enfrentou bravamente o aparecimento de um tumor, felizmente resolvido após a cirurgia e subsequente quimioterapia. O tema da mãe não demora a aparecer, introduzido justamente pelos filhos, que não entendem o porquê de o pai, que é quem mais precisa de ajuda, insista em protegê-los e mantê-los fora de sua vida. Na verdade, ele nunca quis falar com eles sobre Deborah, sobre a sua longa doença e sua morte, acabando por os privar de sua confiança. "*Papai nunca fala sobre si mesmo conosco e estamos felizes que ele finalmente uma vez pediu nossa ajuda!*", diz um deles.

A presença dos filhos parece ter aberto uma brecha na armadura do pai, que pode finalmente se livrar de seus medos e da "síndrome do órfão" para viver a relação com Louise de forma mais autêntica; mas só depois que os filhos mostraram com sua presença ativa na sessão que a vida continuou para os dois, que aproveitam suas novas famílias e que ele também pode seguir em frente, se ele for capaz de aceitar as perdas que o tornaram órfão primeiro e viúvo depois e, ao mesmo tempo, sair do galpão de casa.

OS EFEITOS POSITIVOS NA DINÂMICA DE CASAL

Como pode ser visto pelo que foi descrito até agora, são muitos os efeitos positivos dos encontros com famílias de origem na dinâmica de relacionamentos de casal.

Um dos resultados mais significativos é, sem dúvida, o *aumento da solidariedade* dentro do casal, mesmo em situações de forte conflito entre os parceiros. Como se ter assumido riscos pessoais com relação às famílias recíprocas de origem consiga produzir inesperadamente uma maior compreensão e um sentimento de benevolência um com o outro. É um pouco como se encontrar mais unido depois de enfrentar uma espécie de prova de vida e correr um perigo comum, aquele de reabrir um diálogo com o passado, muitas vezes, doloroso e cheio de feridas ainda abertas.

Não é incomum que essa proximidade seja apreendida também por meio dos gestos e olhares afetuosos de incentivo e espelhamento de um na história do outro.

Um segundo resultado é o *aumento da curiosidade* de cada um sobre a história de desenvolvimento do outro. Muitas informações sobre eventos de vida ou de morte não são novas, talvez tenham sido o assunto de discussão, de troca ou, até mesmo, conflito dentro do casal. Porém, novo é o contexto em que a narrativa familiar toma forma, deixando-se distinguir aspectos de novidade e transformação, além dos muitos preconceitos ou roteiros comportamentais transmitidos de geração em geração.

Percorrendo novamente, por meio de lembranças, as experiências de abandono, luto e de sofrimento junto com testemunhas privilegiadas do seu desenvolvimento, como pais, irmãos ou tios, cada cônjuge poderá adquirir maior *consciência sobre si e sobre a relação do casal* e ter uma melhor *percepção dos limites*: individual, casal e intergeracional.

8. OS FILHOS COMO CONSULTORES NA TERAPIA DE CASAL

Já mencionamos, na introdução deste livro, o erro histórico da terapia familiar ao criar uma barreira entre a terapia familiar e terapia de casal, como se fossem duas disciplinas e modalidades terapêuticas distintas. Ao fazer isso, as declarações fundamentais do pensamento sistêmico eram traídas, no qual a totalidade está em um nível *meta* com relação à observação das partes individuais e em que a conexão entre os diferentes subsistemas familiares é essencial para a compreensão do que está acontecendo dentro de cada um deles. Por exemplo, se nos concentramos no subsistema dos filhos, não podemos deixar de observar ao mesmo tempo o funcionamento do subsistema dos pais; ou se nos concentramos no subsistema do casal, é necessário observar as ligações com as relativas respectivas famílias de origem e ao subsistema dos filhos.

A terapia familiar nasceu precisamente do interesse em mudar o *focus* da intervenção que vai do indivíduo, visto como uma mônada, para a família, enquanto sistema mais amplo e complexo. Assim se falava sobre um *problema apresentado* por uma pessoa, seja ela um adulto ou um menor, e de *paciente identificado* (ID, *identified patient*) para indicar a família como *paciente* e juntos como o principal recurso para fazer uma avaliação e intervenção eficazes no que diz respeito aos problemas de um único indivíduo.

Com a terapia de casal, foi cometido o mesmo erro que se queria corrigir com relação ao indivíduo: os problemas apresentados por um casal, em vez de serem avaliados como o aspecto emergente de um problema familiar, foram codificados como exclusivos e próprios da dimensão conjugal.

Filhos e famílias de origem não são parte integrante da terapia de casal, que se concentra principalmente em modelos de comunicação e nas dinâmicas relacionais entre dois adultos de sexo diferente ou do mesmo sexo que celebraram um pacto conjugal, que compartilham uma casa (embora nem sempre) e que têm relacionamentos emocionais e íntimos de duração variável. Muitas vezes, esses casais têm filhos, que crescem com eles, que compartilham suas alegrias e tristezas, que são considerados o centro de suas vidas, a ponto de dedicar e / ou sacrificar por eles tempo e energias infinitas; mas se o casal tem um conflito relevante, está em uma crise profunda ou perto da separação, isso se torna um problema exclusivo para ele, e os filhos, principalmente na infância, devem ser protegidos e mantidos fora de conflitos conjugais, como se não os dissesse a respeito.

A mesma atitude protetora em relação às crianças é geralmente reforçada pelos terapeutas do casal, que consideram inoportuno convidá-los durante o decorrer da terapia, para não os expor a temas difíceis ou muito envolventes para sua tenra idade. Se, então, trata-se de adolescentes ainda menos, porque, se convidados, eles poderiam adicionar a sua raiva ou o seu sofrimento face a um problema, aquele do casal, que já é suficientemente exigente.

Desde 1988 (Andolfi, 1988) e em publicações subsequentes (Andolfi, 1994; Andolfi, Falcucci, Mascellani et al., 2007), falamos sobre a necessidade de substituir a *proteção* das crianças pelo *respeito* com relação às suas habilidades interpessoais extraordinárias. Dar voz para crianças e adolescentes foi para nós uma espécie de *missão terapêutica* e, também, educacional para contrastar o estereótipo cultural e profissional que vê as crianças como cegas, mudas e distanciadas dos problemas entre os adultos do casal. Pelo contrário, esses problemas os preocupam diretamente, especialmente quando a própria continuidade da vida familiar parece comprometida pelas hostilidades conjugais, e a voz dos filhos pode ser valiosa, tanto para os pais quanto para aqueles terapeutas que desejam e sabem ouvi-los.

A PRESENÇA SIMBÓLICA DOS FILHOS

Tal como acontece com as famílias de origem, as crianças também podem estar presente na sessão do casal desde o início dos encontros de forma figurada, ampliando de imediato o quadro conceitual e afetivo do encontro.

As fotos dos filhos

É muito simples, mesmo em face de um conflito óbvio de casal, pedir aos cônjuges que nos mostrem fotos de seus filhos antes de entrar no campo de batalha. Geralmente, é um pedido aceito com prazer e orgulho ("*Eles são a melhor parte de nós!*") e suspende momentaneamente a animosidade ou uma sensação de fracasso e frustração que acompanha dois adultos em busca da ajuda de um terapeuta para as suas dificuldades de relacionamento. A curiosidade despertada no terapeuta ao ver fotos dos filhos e as reações verbais e não verbais dos pais permitem fazer uma série de perguntas destinadas a compreender a qualidade das relações pais-filhos e, ao mesmo tempo, a maior ou menor compreensão ao nível da fratria. Basta perguntar sobre as semelhanças físicas: "*De quem tirou aqueles olhos pretos ou verdes, aquele sorriso cativante, aquela cor de cabelo?*", ou semelhanças de personalidade (uma foto pode mostrar também o temperamento, a intensidade do olhar) para ter uma primeira ideia das alianças familiares e, também, das diferentes funções e papéis desempenhados por um ou por outro filho.

Não é incomum que os pais carreguem consigo, em suas carteiras, fotos especiais das crianças, muitas vezes não atuais, mas significativas, porque imortalizam momentos ou sorrisos mágicos em contextos especiais, talvez em viagens feitas junto com seus pais em momentos felizes para a família. Outras vezes, os avós aparecem junto com os netos quando eles eram muito pequenos. Relembrar, por meio das fotos do passado dos filhos, as fases evolutivas anteriores da família é muito útil para se ter uma ideia da família como um todo e do funcionamento parental, antes de abordar as dificuldades conjugais pelas quais a intervenção foi solicitada. Além disso, tudo isso permite ao terapeuta entrar na família imediatamente, reduzindo as distâncias, desconfianças e hierarquias que poderiam ser criadas entre aqueles que vêm pedir ajuda e aqueles que deveriam se apresentar como especialistas. Ao introduzir um clima emocional positivo, baseado na curiosidade e na busca por valores familiares, muitas vezes, é possível evitar que se crie um contexto de julgamento durante a sessão e reduzir o risco, para o terapeuta, de ser triangulado e forçado a aceitar as razões de um dos dois parceiros ao invés de manter uma equidistância. O perigo de assumir uma posição desequilibrada é ainda maior quando os cônjuges chegam para a terapia com duas agendas diferentes: um gostaria de melhorar a vida a dois e o outro gostaria de ajudar principalmente as crianças diante das dificuldades conjugais.

As perguntas *como se* e o uso do espaço terapêutico

Ainda no que diz respeito ao relacionamento com os filhos, perguntas *como se* são muito úteis para torná-los concretamente presentes na sessão. Vejamos alguns exemplos:

"Onde seu filho mais velho estaria sentado e onde estaria sentada a filha menor? Entre vocês, de lado, no colo da mãe, no chão brincando?"

"Se o filho de vocês estivesse aqui na sessão e eu perguntasse a ele como poderia ajudar vocês, o que ele me diria?"

"Se sua filha viesse para a sessão e eu perguntasse se ela acha que vocês terão sucesso para superar as dificuldades que estão passando, o que ela me responderia? E onde ela me diria para procurar os aspectos positivos da família? Quem ela acha que pode ajudar os pais nas suas famílias de origem? Os avós, os tios? "

"Seus filhos acreditam que a terapia de casal é útil para resolver as dificuldades atuais? Eles têm medo de que vocês se separem? O que pensam que vai acontecer depois da separação?"

As perguntas hipotéticas podem ser muitas e moduladas dependendo do contexto emocional da sessão e do problema apresentado. O seu objetivo é permitir que ambos os parceiros respondam, colocando-se no lugar de seus filhos. Isso normalmente produz fortes emoções nos pais, que devem se identificar com seus filhos, em seus medos, em suas esperanças, em seus pensamentos.

Ao introduzir uma terceira pessoa (os filhos) na sessão, a gama de respostas pode ser ampliada e as reações emocionais de cada um podem ser observadas quando um parceiro deve se identificar com um filho ou quando observa o outro no ato de responder por um filho. É mais fácil se colocar no lugar de um filho do que no lugar do outro cônjuge, especialmente quando barreiras defensivas foram construídas dentro do casal.

Pedir para indicar onde as crianças se sentariam se estivessem presentes na sessão permite ter um primeiro mapa das relações familiares e do funcionamento do casal. Vamos imaginar configurações possíveis do espaço escolhido pelos pais: três cadeiras colocadas no meio para as três crianças com pais nas extremidades, ou dois filhos separados por um dos pais no meio entre eles e o outro pai sentado mais longe, ou mesmo uma criança pequena brincando no chão entre os dois pais e outro, um adolescente, em uma cadeira perto da porta de saída.

O espaço é uma metáfora das relações e observar as dinâmicas relacionais de uma família, por meio do uso do espaço, permite ver seus pontos fortes e fracos, fornecendo uma visão geral do seu funcionamento. Nesse quadro, será mais fácil contextualizar as dificuldades do casal, compreender os motivos e identificar possíveis direções terapêuticas. O casal fala sobre sua crise, de seus próprios mal-entendidos, de seus fracassos, mas a família já está na sala de terapia e da família (dos filhos e, também, da família de origem) virão sugestões e propostas de mudança.

O filho imaginado

A presença simbólica de uma criança é tão útil e enriquecedora na terapia de casal que se pode pedir aos dois parceiros que ainda não têm filhos ou que não desejam ter filhos que os representem na sessão (Andolfi, 1994). Pode-se propor imaginar ter um filho de uma forma muito concreta: "*Se vocês tivessem um filho, que idade ele teria agora, seria menino ou menina?*". É incrível observar como dois adultos podem se transformar e se animar com o simples pedido de imaginar ter um filho, mesmo que já tenham decidido não ter, pelo simples fato de não representar uma ameaça para seu relacionamento e não requerer que se assuma a responsabilidade de verdadeiros pais; na realidade, é como um jogo de fantasia. Após uma relutância inicial, os parceiros estão dispostos a brincar com uma realidade ficcional como se fosse verdade: "*Então, seria um menino de seis anos e ele se chamaria Arturo*", diz a companheira de forma divertida. "*Então, seria o primeiro ano dele sair de casa, já grande, para ir à escola*", continua o terapeuta. "*Sim, mas Arturo é uma criança madura e sabe se virar mesmo sem nós*", responde o companheiro. "*E de quem ele teria herdado essa maturidade, mais do lado materno ou do lado paterno?*", replica o terapeuta. "*Certamente do lado materno, aos seis eu já estava indo sozinha para a escola e pegava o ônibus na parada em frente de casa*", responde ela. "*E você (para o marido) era um pouco mais lento no crescimento?*", continua a terapeuta. "*Certamente, meus pais eram muito protetores e sofreram até quando me casei ... eu era filho único homem e minha mãe se sentiu muito sozinha quando saí de casa; papai nunca estava lá*", continua ele.

Depois de poucas falas, Arturo parece uma criança de verdade, que faz parte dessa família e que nos permite já coletar algumas informações importantes sobre os estilos relacionais das duas famílias de origem e sobre os possíveis entrelaçamentos de casal. Nesse ponto será muito fácil continuar e perguntar aos dois "pais" como Arturo poderia ajudar o terapeuta se ele estivesse presente durante a sessão. Pode-se fazer as mesmas perguntas *como se* já descrevemos antes e abrir caminho para reflexões e sentimentos mais autênticos entre os dois parceiros, que podem usar um terceiro imaginário (Arturo) para falar sobre suas dificuldades e o desejo comum de encontrar soluções positivas para seus conflitos. Arturo vai ficar na sala de terapia como uma presença positiva à qual se pode recorrer de vez em quando, quando se deseja expandir o quadro de observação. E quem sabe, mais tarde, nasça um verdadeiro bebê que poderia se chamar Arturo, em memória de uma importante presença que os acompanhou com amor em um período de grandes dificuldades.

Mesmo que um casal em crise já tenha um filho, ao longo da terapia, pode-se construir a fantasia de uma segunda criança, imaginando a presença de outro filho. Nesse caso, novamente, brincar com a fantasia pode permitir compreender melhor a dinâmica relacional do casal e, se o filho real for convidado para a sessão de consulta, pode-se explorar com ele o que mudaria em casa se houvesse um irmãozinho ou irmãzinha mais novos. Quando confrontado com um filho parental, imaginar a presença de um irmão mais novo pode ser uma maneira de explorar como poderia ser dividido em dois a grande responsabilidade de cuidar dos pais e de evitar o perigo de uma separação conjugal, com a subsequente desintegração da família. Dar voz aos medos de uma criança ou amplificar durante a sessão o abuso emocional de um filho que deve ser sempre mais maduro que os pais ou ser capaz de protegê-los quando brigam por causa da presença fictícia de um segundo filho pode ser uma forma de não fazer julgamentos, mas tangível para fazer os dois parceiros refletirem sobre sua responsabilidade com o filho e para substituir a culpa e a crítica mútua por um maior sentido de estima pessoal e relacional.

POR QUE CONVOCAR OS FILHOS NA TERAPIA DE CASAL

Como bem sabemos, em cada cultura e em cada configuração familiar, os filhos representam o bem mais precioso e o elo mais forte entre os dois parceiros. Enquanto convocar membros da família de origem para uma sessão pode ser uma tarefa complexa e gerar forte resistência nos dois cônjuges, geralmente, torna-se mais fácil solicitar a presença dos filhos para ajudar o terapeuta a conhecer melhor a família. No entanto, sempre existe uma certa preocupação dos pais, que temem que seus filhos possam ser muito envolvidos e tendem a ter uma atitude protetora com eles, especialmente se eles estão na idade infantil. São ainda mais relutantes em aceitar o convite do terapeuta quando o casal está em processo de separação e os filhos estão, de alguma forma, envolvidos em sua hostilidade e são forçados a escolher um lado, de um ou de outro. O sentimento de culpa e o constrangimento com relação ao julgamento dos filhos, principalmente adolescentes, pode assumir e representar uma hesitação em se expor diante deles. Portanto, também para essa convocação, como para a dos membros da família de origem, é importante encontrar o momento certo e o consentimento total de ambos os pais. Isso pode acontecer nos estágios iniciais de terapia para quebrar o muro que divide os dois parceiros, pode ser em uma fase de impasse da terapia de casal ou nas etapas finais, como avaliação do processo terapêutico.

As resistências do casal e a escuta ativa

Certamente, a presença das crianças na sessão diminui a resistência do casal e facilita a escuta ativa de cada parceiro. Bowen (1979) afirmou que quando dois parceiros não são mais capazes de interagir, eles acabam reagindo automaticamente às palavras do outro sem qualquer possibilidade de escuta. Nesses casos, a voz dos filhos é mais aceita, porque é menos hipócrita e mais livre para expressar pensamentos e sentimentos autênticos. A experiência clínica nos levou a compartilhar o que Schnarch (1997) disse: nos integrantes de um casal, a sensação de constrangimento e fracasso não surge porque o outro insulta, ofende ou magoa, mas sim porque um forte mecanismo de proteção recíproca é ativado, no qual a negação da realidade prevalece e com o tempo um muro de falsidade é construído. Precisamente para quebrar esse muro, pode ser útil explorar e reforçar na primeira fase da terapia o *nós parental* para, então, abordar os aspectos mais frágeis e idiossincráticos do *nós conjugal,* e a presença de filhos na sessão pode ser uma ocasião especial para solicitar o entendimento parental.

A brincadeira e a criatividade

A presença de crianças na sessão cria um contexto aberto à *brincadeira e à criatividade.* Costumamos usar uma *varinha mágica*, com muitas estrelas no seu interior, pedindo a uma criança para fazer mágica para trazer de volta harmonia na família, dando, assim, voz à esperança de mudança e ao desejo de acabar com o comportamento hostil ou violento entre os cônjuges. É incrível observar o poder imaginativo das crianças e as respostas emocionais dos pais, que conseguem participar de um jogo criativo, como se fosse realidade.

Às vezes, recorremos à construção de um *conto de fadas* como canal verbal para uma possível superação de conflitos conjugais; criamos, dessa forma, junto com as crianças pequenas, uma história com um enredo geral, que sempre começa com "*Era uma vez uma família que era feliz* ...", para, então, passar a descrever o que aconteceu que fez com que todos se tornassem triste ou zangados, para descobrir no final que o caminho pode levar a uma direção diferente e permitir que todos voltem a "*viver felizes para sempre*". O conto de fadas pode ser iniciado pelo terapeuta com: "*Era uma vez uma família*...", para depois passar a palavra à criança, que terá que continuar a história, enquanto cabe aos pais concluí-la. Eles, por meio do conto de fadas, podem se livrar do peso de posições rígidas e defensivas e transmitir mensagens implícitas de mudança para si mesmos como casal, para seus filhos e para o terapeuta.

Em outros casos, o *desenho* pode ser usado como um veículo de projeção, pedindo às crianças que desenhem os personagens principais da família e o mundo ao seu redor. Geralmente, a partir do desenho, percebe-se como as crianças veem as relações familiares, por meio das cores que escolhem usar, podem descrever os sentimentos e humores de cada membro da família. Com casais em que prevalece a raiva ou a ansiedade, pode-se pedir às crianças para descreverem com pincéis em um cartão: usando a imaginação, a raiva pode ser desenhada como um vulcão em erupção ou a ansiedade como uma cobra que envolve todos os membros da família. Em seguida, pode-se perguntar aos pais o quanto eles se reconhecem nessas imagens produzidas por seus filhos, os quais podem autografar seu próprio desenho e levá-lo para casa. Talvez possa ser pendurado na cozinha para que todos possam refletir sobre como evitar a erupção do vulcão e como manter a cobra a uma distância adequada.

A definição de fronteiras mais harmoniosas entre as gerações

Como já vimos nos capítulos anteriores, uma crise de casal também pode ser agravada como resultado de distorções intergeracionais presentes no crescimento de um ou de ambos os integrantes de um casal. O mesmo perigo pode surgir para o casal com relação aos próprios filhos, se, por razões diferentes, as fronteiras geracionais são muito permeáveis ou invadidas devido ao favoritismo, a triangulações rígidas e ao abuso emocional com as crianças, que são forçadas, com relutância, a se tornarem crianças parentificadas ou apresentam sintomas de vários tipos diante de fortes tensões e pressões familiares. Para tanto, um objetivo de trabalhar com os casais é poder restabelecer fronteiras geracionais mais saudáveis para todos, de modo a renovar a aliança entre os cônjuges, bem como a do subsistema dos irmãos. Nesse sentido, a(s) sessão(ões) com a presença de crianças são muito úteis para transformar triangulações rígidas em triângulos flexíveis, em que as crianças podem se tornar elos emocionais e pontes relacionais entre gerações.

Trazemos aqui uma breve sequência paradigmática de como os irmãos podem ser separados por causa da função de divisor de águas, em que a filha mais velha, Zoe, tem que desempenhar entre os dois pais em total contraste um com o outro: quatro crianças são convidadas para a sessão, as três mais novas ficam brincando calmamente no meio da sala de terapia; Zoe, uma menina de 10 anos com uma atitude adulta séria, está sentada entre os pais. A terapeuta pergunta a ela: "*Onde você gostaria de estar, brincando com seus irmãos no chão ou sentada entre seus pais?*", Zoe responde: "B*rincando com meus irmãozinhos*". "*Então vá!*", propõe a ela o terapeuta, Zoe, com lágrimas nos olhos, responde: "*Não posso!*".

Os cartões amarelos e vermelhos: história de um casal impossível

Anne e David se conheceram em Dublin, onde ambos estudavam, e foi um amor avassalador. Por amor, ele deixou tudo, sua família, seus amigos, seu trabalho na Universidade de Dublin para se mudar para outro continente, a Austrália, onde ele não conhecia ninguém e onde ele ainda se sente um estrangeiro depois de doze anos. A mudança aconteceu quando Anne estava grávida do primeiro filho, Jonathon, porque ela queria que ele nascesse em Sydney, cuidado por seus pais idosos, aos quais Anne é muito apegada e emocionalmente dependente. O amor há muito tempo desapareceu e foi substituído por constantes recriminações e brigas verbais, envolvendo suas respectivas famílias de origem, das quais cada um dos dois fala muito mal na presença dos filhos. Joel foi concebido, porque os dois amam crianças e porque esperavam que com seu nascimento "*tudo voltasse para o lugar*". Na verdade, para David, os meninos são como uma possessão emocional, seu amor é a única coisa que lhe resta, mas ele não tem nenhum respeito por eles, visto que os envolve em sua guerra aberta com Anne. Ela, por sua vez, considera os filhos como um presente de gratidão emocional com seus pais, que odeiam David, pensando que ele foi a sua ruína.

As sessões do casal são dramáticas, até porque ambos têm uma capacidade incrível de se ferir, sem nunca sucumbir aos ataques do outro e sem sair de campo. Vamos imaginar a vida desses dois meninos em um campo de batalha minado, no qual podem explodir de um momento para o outro. Ao mesmo tempo, Anne e David estão felizes de ter encontrado um terapeuta que não tem medo de cair no fogo cruzado de suas armas de ataque e que consegue manter a calma e uma posição equidistante. Trabalhamos com as famílias de origem e como cada um deles tem dívidas a pagar com sua própria história de desenvolvimento. Uma sessão via *Skype* também é realizada com os pais dele, que do outro lado do oceano, imploram ao terapeuta, quase chorando, para ajudar o filho a voltar para Dublin, onde ele tem de tudo, e para deixar aquela mulher "maluca", por quem David diz que ainda está apaixonado. Depois de ganhar sua confiança e de ter tocado a dor de ambos por eventos familiares dolorosos, a terapeuta propõe convidar os dois meninos para uma sessão especial centrada neles, com o compromisso dos pais em fazer uma trégua para a ocasião e não começar as brigas de sempre. A motivação para esse encontro com as crianças é muito alta por parte de ambos os pais, que concordam em comparecer à sessão no sábado, apesar do fato de serem judeus ortodoxos e praticantes e estarem proibidos de usar o carro nesse dia da semana. Então, todos os quatro vêm, caminhando mais de quatro quilômetros.

A primeira observação que chama a atenção é a aparência física e o comportamento dos dois meninos. Eles são lindos (muitas vezes, erroneamente espera-se ver dois "monstros" devido a guerras familiares!), sorridentes e prontos para ajudar o terapeuta, assim como foi anunciado a eles pelos pais. Jonathon tem 11 anos, parece imediatamente o mais ativo e parece o especialista em família, enquanto Joel tem um aspecto mais sonhador e menos assertivo. Começa-se pela escola, na qual ambos são alunos brilhantes e se passa rapidamente para assuntos sobre X-box, Fifa 2016 etc. Tendo um filho da mesma idade de Jonathon, não é difícil para o terapeuta entrar no seu mundo digital, além disso, os dois jogam futebol, e Joel se apresenta vestindo uma camisa do Messi. O terapeuta elogia os pais por terem dois filhos fantásticos, apesar do fato de estarem fortemente envolvidos em seus conflitos, e propõe que todos juntos façam um contrato terapêutico para libertar as crianças de suas brigas, que podem continuar, já que não conseguem deixar para lá, mas sem triangular os filhos.

Jonathon e Joel devem redigir o conteúdo do contrato depois de terem discutido com os pais e terem seus consentimentos. O terapeuta introduz a metáfora dos cartões amarelos e vermelhos, tomando emprestado do futebol, dependendo do tipo de falta que deve ser punida da mais branda à mais grave. Os meninos estão entusiasmados com a ideia dos cartões amarelos e vermelhos e identificam rapidamente três áreas de mau comportamento dos pais que os envolvem diretamente:

brigas, palavrões que dizem um contra o outro e falar negativamente da família de origem um do outro na presença deles.

David e Anne, impressionados com a honestidade e clareza de seus filhos, comprometem-se a respeitar o contrato. Os meninos têm a tarefa de escrever um diário no qual relatarão o conteúdo e as circunstâncias que levaram à violação das regras e devem anotar se for cartão amarelo ou vermelho.

Foi muito instrutivo notar que, após essa sessão com os filhos, as infrações às regras diminuíram significativamente, até uma segunda reunião de avaliação do contrato na presença dos filhos de três meses depois. Os cartões vermelhos, principalmente, quase desapareceram, assim como os amarelos foram diminuindo gradualmente para a satisfação de todos. Agora que limites mais claros entre pais e filhos foram restabelecidos, foi possível trabalhar melhor os problemas subjacentes do casal e curar as feridas ainda abertas com suas respectivas famílias de origem.

Dar nota aos pais

Falando em avaliação, em várias circunstâncias, nós convidamos crianças em idade escolar como nossos consultores, criando um tipo de contexto escolar. Pedimos às crianças que fossem ao quadro e *dessem notas aos pais*, como acontece com elas na escola. Nós explicamos que mesmo a terapia é uma espécie de escola de vida e uma oportunidade especial para os pais serem avaliados pelos filhos. Por outro lado, quem conhece mais os pais do que os próprios filhos? Desde o nascimento, eles são as testemunhas privilegiadas dos acontecimentos familiares, de como os pais lidam com os acontecimentos da vida, incluindo as suas dificuldades, tanto com os filhos quanto com o casal.

É incrível observar com que receio e curiosidade dois adultos esperam ser avaliados pelos próprios filhos, aceitando de boa vontade as críticas e comentários positivos que deles venham. Alguém poderia considerar esse método antieducativo e pouco respeitoso com o papel dos pais, além do mais, impróprio com os filhos, como se tivessem que se apresentar como juízes dos próprios pais. Pelo contrário, acreditamos que os filhos vejam o comportamento dos adultos e formem uma opinião, que respirem o ar de casa e ouçam tudo o que acontece, tanto positivo quanto negativo. Eles não apenas têm seus próprios pensamentos e preocupações em relação à dimensão parental, mas também sobre o que diz respeito à esfera mais íntima do casal.

As crianças avaliam as posições em campo: se os pais dormem juntos e se seguram pelas mãos ou saem à noite, eles sabem que está tudo bem; se, por outro lado, o pai está dormindo no sofá da sala e a mãe dorme no quarto e se evitam até em casa, discutem sempre, como é o caso dos pais de Jonathon e Joel, eles sabem que nem tudo está bem e temem que algo ruim aconteça e talvez se separem.

Dar voz às crianças e permitir que elas se expressem sobre o comportamento dos pais é tão instrutivo para uns quanto para os outros. Além disso, as crianças geralmente têm um senso de justiça genuíno, elas dizem coisas de maneira clara, sem hipocrisia e sem a necessidade de estigmatizar. Quando eles dão as notas no quadro, é sempre uma brincadeira para eles, mas, por meio desse jogo, eles podem transmitir muitas informações úteis aos pais e ao terapeuta. Para uma criança, é sempre possível ir de 4 a um 10 e depois sempre tem o segundo semestre em que você pode compensar, se você se comprometer!

CONVIDAR AS CRIANÇAS MUITO PEQUENAS PARA A SESSÃO

Certamente, não se pode convidar um bebê ou criança pequena de um ou dois anos para uma sessão como conselheiro do terapeuta, mas seguramente a sua presença e seus movimentos ativos podem fornecer muitas informações sobre a qualidade das relações familiares, principalmente quando o casal está em crise desde os primeiros estágios de seu relacionamento ou talvez na delicada passagem da díade conjugal ao se transformarem em três. Na verdade, as solicitações de terapia de casal nessa fase estão em aumento, como se a criança, diante dos desentendimentos ou fragilidade da relação do casal, acabe mais por separar do que por unir.

Quando um bebê ou criança pequena está presente, pode ser percebido como o clima emocional pode mudar em relação aos encontros a dois, muitas vezes, aumentando a vitalidade, trocas de sorrisos e efusões na sala de terapia. Você pode observar a maneira como cada pai o segura nos braços ou se relaciona e como o outro pai participa da ação ou se mantém a distância. Muitos casais não sabem compartilhar, nem emoções, nem filhos pequenos, e isso pode ser visto pela maneira como estão sentados, por como eles se movem e ocupam o espaço terapêutico.

Em alguns casos, uma criança pode assumir a mesma conotação emocional de um pai particularmente frágil, então pode ter uma cara triste que é espelho de um pai deprimido, ou uma menina pode agarrar-se forte à mãe mais para protegê-la do que para uma troca emocional.

Se um pai é distante e pensativo, enquanto por outro lado a mãe brinca carinhosamente com uma menina de 3 anos, pode-se imaginar que o divórcio emocional do casal já ocorreu e que mãe e filha são o "novo casal". Sem dúvida, essas são sugestões visuais que devem ser validadas no processo terapêutico, mas as intuições terapêuticas devem ser sempre utilizadas e verbalizadas. Por exemplo, pode-se perguntar à mãe há quanto tempo esse é casal (indicando a mãe e a filha) que prevalece na família e o que aconteceu com o casal original (esposa e marido). Ou pode-se perguntar ao marido há quanto tempo se sente fora de casa e o que deveria acontecer para que a garotinha venha brincar com ele também e talvez se sentar de boa vontade em seu colo. Pode-se também convidar a menina para fazer um experimento, perguntando se ela pode ir brincar com o pai sem que mamãe se sinta abandonada. Às vezes, algumas crianças se movem durante as sessões como máquinas ininterruptas, como se quisessem focar a atenção de todos em si mesmas, talvez para deixar claro que, se pararem, os outros problemas mais sérios poderiam surgir.

Em todos os casos, a presença de crianças muito pequenas em uma ou mais sessões com os pais, muitas vezes, representa uma lufada de ar fresco e oferece a possibilidade de casais em crise ouvirem sua voz, incluindo a linguagem do corpo e dos olhares, e aprender, por meio deles, a buscar as linhas da esperança e o caminho para a mudança. Às vezes, a ingenuidade amorosa de muitas crianças é severamente testada pelo *sistema de orgulho* dos pais, que optam por se sentir mal em uma condição de entrincheiramento defensivo, em vez de arriscar a exposição no relacionamento. Justamente por esse motivo, muitas vezes, com relutância, devemos admitir que parecem mais imaturos do que seus filhos, mas essa descoberta não é para estigmatizá-los, pelo contrário, é preciso destacá-la para podermos encontrar nela aquela força capaz de restaurar quem é pai e quem é filho. Não parece um problema dizer a um pai em tom de brincadeira: "*Mas você sabe que eu realmente não esperava que você fosse menor do que seu filho? Mas não se preocupe, se você se empenhar, pode atingir os 30 anos em poucas semanas!*".

OS FILHOS ADOLESCENTES COMO CONSULTORES NA TERAPIA DE CASAL

É diferente convocar para as sessões filhos adolescentes, que são menos dispostos a oferecer abertamente sua ajuda aos pais em crise. A linguagem deles é mais ambivalente e enigmática em comparação com a das crianças, mas não, por isso, menos útil para trazer mudanças, se ouvida e interpretada.

A experiência clínica tem nos mostrado o quanto um adolescente pode carregar nos ombros ressentimentos e fracassos conjugais e, então, tornar-se a válvula de escape de tensões e agressividade que, pelo menos em parte, não lhe pertencem, a ponto de se tornarem o braço armado de um cônjuge contra o outro, isso em casos extremos. Muitos ataques verbais entre um pai e um filho adolescente podem ser ativados por uma esposa desconfiada e ressentida que, em vez de enfrentar diretamente seus conflitos de casal, acaba se fazendo substituir por um filho em uma briga aberta com o pai.

Com certeza, os adolescentes são testemunhas privilegiadas do crescimento da família e suas crises de desenvolvimento e podem assumir uma atitude muito crítica e pungente diante de injustiças, prevaricações ou abandonos sofridos por um dos pais por parte do outro, como se o adolescente tivesse que proteger o mais fraco, muitas vezes a mãe, de ataques ou do egoísmo do outro cônjuge. Não raro, quando convocados para a sessão, esses filhos descrevem ter sido por muito tempo guarda-costas do genitor mais frágil, quase querendo equilibrar as linhas de poder na família.

Esse comportamento é ainda mais acentuado na presença de um caso extraconjugal de um dos dois parceiros, com um ou mais filhos aliados ao genitor que sofreu a traição que muitas vezes é difícil de superar. Às vezes, nas sessões, os filhos escancaram os efeitos da infidelidade de um dos cônjuges, sem hesitar, com a consequência de uma possível ruptura familiar, e forçam a uma mudança com uma linguagem decididamente provocativa. Depende de nós terapeutas incentivar a escuta, às vezes desesperada, de um adolescente que, à sua maneira, trabalha para garantir que os pais alcancem uma reconciliação nem sempre fácil e para ajudar o casal a reconquistar uma confiança básica um no outro, sem a qual é difícil reconstruir um relacionamento vital.

Os adolescentes, em particular, ensinaram-nos o quanto é ilusório dividir rigidamente o que pertence ao território do casal e o que, em vez disso, envolve toda a família, porque eles têm marcados, no corpo e nos comportamentos frequentemente agressivos, os efeitos das distorções geracionais causadas pela falta de respeito, confiança e intimidade do casal. Também, nesses casos, teremos de ajudar os casais em dificuldade a restabelecerem fronteiras claras entre as gerações, tanto no que diz respeito aos filhos quanto no que diz respeito às suas respectivas famílias de origem. Por outro lado, é inegável que os adolescentes enredados no jogo do casal, às vezes durante anos, podem construir identidades múltiplas e confusas, com um risco evolutivo considerável.

Na verdade, muitos estados depressivos ou comportamentos violentos e destrutivos na adolescência que chegam à terapia familiar como o problema mais urgente são a ponta do *iceberg* de tensões e fracassos do casal e da grave interferência das famílias de origem nos destinos das novas gerações. É por isso que as chamamos de *terapias de casais camufladas* (Andolfi, Falcucci, Mascellani et al., 2006). Esse fenômeno pode criar um círculo vicioso, no qual o problema do casal alimenta comportamentos e funções distorcidas nos filhos, que, por sua vez, com seus transtornos comportamentais e suas demandas compensatórias, acabam por desgastar ainda mais o já frágil equilíbrio do casal.

Também, é inegável que as crescentes emergências psicopatológicas apresentadas pelos adolescentes de hoje, cada vez mais isolados em casa e emocionalmente frágeis, podem representar um fator de risco adicional para o bom funcionamento do casal, que sente o dever de se dedicar prioritariamente à saúde mental e psicológica de seus filhos, renunciando nutrir a relação de intimidade e os seus espaços como casal.

Pais ausentes e casamentos substitutivos

Martin é o filho mais velho de um casal há muito tempo em crise, que chega à terapia para encontrar uma compreensão e uma intimidade há muito perdidas. Quando chamamos Martin para a sessão como consultor, o menino é como um rio transbordando e descreve a família como quebrada há cerca de doze anos. Ele está agora com 20 anos e afirma que seu pai Ryan sempre esteve ausente, ocupado como engenheiro em um trabalho que o manteve na Arábia Saudita por muitos meses ao longo do ano. A mãe Rosy, apesar de ter se casado com o marido por amor e ter aceitado seu trabalho, que o obrigava a viver tanto tempo no exterior, na verdade, criou seus dois filhos, Martin, o mais velho, e George, 2 anos mais jovem, como *single parent*.

Martin não só se tornou precocemente o adulto da casa, mas também o verdadeiro parceiro da mãe; nesse papel, ele lembra de ter representado, desde muito cedo, o apoio afetivo da mãe, que não somente estava sozinha em casa com duas crianças, mas vinha de uma família com uma longa história de depressão e internação em hospitais psiquiátricos. Mesmo tendo a distância de um continente entre ela e a Suécia, seu país de origem, havia trazido consigo tanta tristeza e tantos sentimentos de culpa por ter abandonado seus entes queridos. Martin relata na sessão que ele não se lembra de um sorriso de sua mãe e que quando criança ele fazia cócegas nela para lhe fazer sorrir!

O casal procura terapia, porque gostaria de encontrar um entendimento conjugal depois de anos de distância física e falta de intimidade. Ela se coloca como a vítima que sacrificou toda a sua vida pelos filhos, ele se sente culpado por não ter percebido a solidão de sua esposa e por ter delegado totalmente o seu papel paterno a Rosy e implicitamente a Martin, que parece muito ambivalente e desconfiado com a ideia de ceder hoje o lugar ao pai como verdadeiro parceiro da mãe. Além disso, é difícil para Ryan recuperar um espaço significativo na casa, embora o que ele quisesse era ser aceito como pai por seus dois filhos.

As duas sessões com os filhos são muito úteis para compreender melhor as dinâmicas familiares e para restaurar alguma ordem. Na verdade, ao longo dos anos, um vínculo muito forte foi criado entre mãe e filho, vínculo que poderíamos definir como sobrevivência afetiva para a mãe e altamente disfuncional para Martin. Ele, empenhado em proteger a mãe, desistiu de continuar os estudos e de se projetar para fora dos muros domésticos; tem um tamanho gigantesco que contrasta com o corpo pequeno de Rosy. Ambos passam muito tempo dentro de casa durante o dia, ela fazendo o trabalho doméstico, ele em seu quarto com o *Playstation*. De guarda-costas de sua mãe, Martin passou a trabalhar como segurança em uma boate.

Para um casamento substitutivo mãe-filho, existem dois divórcios psicológicos, o primeiro de um casal que está muito distante e o segundo de dois filhos divididos e competitivos com funções familiares opostas. Martin está empenhado em proteger a mãe, renunciando a partè de sua vida de adolescente, George é brilhante na universidade e voltado para o exterior no seu grupo de amigos. Entre os dois, existe uma distância sideral e embora sofram por serem tão distantes um do outro, nenhum deles é capaz de dar o primeiro passo para se reaproximar.

As sessões com os jovens são muito úteis, porque, desde tal divórcio entre os filhos, vivido muito mal até pelos pais, será possível, no decorrer da terapia, transformar laços familiares distorcidos e redescobrir a harmonia do casal, com maior divisão de papéis e das funções genitoras. Em uma sessão posterior, o pai irá nos contar ter entendido que seus filhos sofreram muito com sua ausência e que eles queriam finalmente recuperar o tempo perdido.

9. OS AMIGOS COMO CONSULTORES NA TERAPIA DE CASAL

Durante a terapia de casal, pode acontecer que sejam relatadas experiências importantes vividas com amigos em momentos particulares da vida; ou aspectos de convivência de momentos especiais passados com eles durante viagens ou fins de semana passados juntos podem ser descritos. Tudo isso servirá para refletir sobre o valor das relações de amizades na dinâmica do casal e sobre a maior ou menor abertura do casal no que tange à vida social.

É bastante previsível que, para casais harmoniosos e coesos, os amigos sejam um recurso extraordinário de sua rede social e estejam disponíveis em momentos de necessidade. Assim como esses casais poderão compartilhar muitas experiências de vida e crescerem juntos, eles saberão fazer com os amigos, a quem podem pedir apoio e ajuda em todos os momentos.

A esse respeito, poderíamos descrever brevemente a história de um casal que, desesperado, solicitou intervenção terapêutica devido à morte repentina de um filho adolescente em consequência de um acidente doméstico. Na verdade, os cônjuges, junto com seu filho mais novo, literalmente fugiram de casa, com muita bagagem a reboque, imediatamente após aquele trágico evento, pedindo hospitalidade para um casal de amigos, que por mais de um mês os recebeu de braços abertos em sua casa, ajudando-os a superar o primeiro terrível impacto dessa perda repentina. Serão os mesmos amigos que, posteriormente, recomendaram que eles se submetam à terapia para lidar com o luto e restaurar o significado de suas vidas. No decorrer da terapia, portanto, foi muito tocante apreciar a profundidade humana e a generosidade desses amigos por meio das palavras do casal, cheias de reconhecimento e gratidão. Foi muito simples para o terapeuta pedir a presença deles na sessão, de modo a dar mais valor e perspectiva para o "trabalho terapêutico" já realizado por eles próprios na fase mais delicada e dramática que se seguiu à morte do menino. Na presença dos amigos, o casal começará a discutir durante a sessão a volta para casa e sobre a necessidade de reformar os espaços internos de forma adequada às suas novas condições de vida. É interessante notar como o refúgio emocional procurado pelo casal em questão, diante de uma adversidade de tamanho tão grande, não tenha sido nem na família dela, menos ainda na família dele. Os amigos souberam acolher a sua dor de forma amorosa, sem acrescentar o inevitável, mas naquele momento talvez excessivo, das respectivas famílias de origem.

Ao contrário dos casais muito abertos ao externo, há casais muito solitários, emocionalmente fechados fora de casa, totalmente absorvidos pelo trabalho e pelos deveres com os filhos. É sobre casais mais sérios, sem criatividade, desapegados emocionalmente, em que os pesos da responsabilidade e deveres prevaleceram no crescimento de ambos os cônjuges: para eles, não há espaço para brincar e para sentir prazer nas coisas e com base nessas carências básicas que os parceiros escolheram um ao outro. Encontraram-se pela experiência comum de dever e responsabilidade, eles tenderão a se fecharem e a se dedicarem totalmente aos filhos. No mais, as únicas amizades que eles conseguirão fazer serão aquelas mediadas pela escola dos filhos, como se elas também fizessem parte de um dever social. Se esses tipos de casais forem convidados a falar sobre os seus amigos, ficarão surpresos com tal pedido, considerado absolutamente irrelevante para o seu pedido de ajuda, muitas vezes ligado a transtornos psicossomáticos ou ao estado depressivo de um ou do outro cônjuge. Para eles, o mundo exterior existe apenas na medida em que se relaciona com o trabalho ou com a escola dos filhos, e a tarefa do terapeuta será ajudá-los a construir uma rede social de relacionamentos capaz de quebrar o círculo vicioso de deveres domésticos. Para fazer isso, será necessário que cada cônjuge, primeiramente, consiga sair de seu canto de solidão e reconhecer em si e no outro alguma forma de vitalidade.

Conforme descrito acima, em casais altamente conflituosos, em que a confiança mútua parece ser substituída pela culpa e pela crítica constante, será difícil compartilhar uma noite agradável com os amigos e será cansativo manter amizades comuns, devido ao risco de ser exposto a críticas também no contexto das relações sociais e de amizade. Assim, os amigos não serão nunca descritos como "nossos", mas sim como "meus", em oposição a "dele". Quando também respeito recíproco parece ter sido substituído por manifestações de hostilidade aberta, há o perigo de que os amigos acabem tomando partido decisivamente ao lado de um ou de outro membro do casal, um pouco como acontece com os filhos de casais à beira da separação.

Em qualquer caso, permitir que amigos participem da sessão, ou seja, fazê-los presentes no diálogo terapêutico e fazê-los falar, pode servir para ampliar o quadro e avaliar melhor o funcionamento do casal e os recursos individuais de cada um, mesmo em situações de hostilidade aberta.

Descrevemos amplamente a utilidade da linguagem *como se* e da construção de presenças simbólicas positivas na terapia. Então, se pode perguntar a uma hipotética parceira: "*Se sua amiga mais próxima estivesse presente na sessão, como poderia descrever seu estado de espírito atual?*". E para o parceiro: "*Se seu amigo que lhe conhece desde a escola viesse para a sessão, o que poderia me falar positivamente sobre você para ajudá-lo em um momento tão difícil para sua família?*".

Mesmo na ausência de amizades compartilhadas e na presença de apenas "amigos de um", será útil investigar na sessão o valor das amizades para cada um dos dois parceiros em um período tão crítico e doloroso de suas vidas. Os amigos podem ser uma boia de salvação e um apoio emocional extraordinário, muitas vezes, muito mais disponíveis do que pais e um irmão, por causa de todas aquelas dinâmicas familiares de proteção recíproca ou de falta de confiança que impedem de se sentir verdadeiramente acolhidos e compreendidos. Especialmente quando se torna adulto e se passa do papel de filhos da casa para o papel de pais, o medo de mostrar as próprias fragilidades e sofrimentos com relação à sua família de origem vem à tona, principalmente quando o complexo de *intimidação intergeracional* não foi superado (Williamson, 1982). Nesses casos, falhar no projeto de casal e se separar, especialmente quando se tem filhos pequenos, leva a se sentir julgado pelos próprios pais por ter errado em algo importante da vida. Há o medo de não ser acolhido e amparado e, ao invés de uma proximidade emocional, pode-se criar um muro, um distanciamento que não permite encontrar-se no momento de maior necessidade. Ao longo deste livro, é amplamente ilustrado como superar essas barreiras e estimular o diálogo entre as gerações. Todavia, precisamente por causa dessas dificuldades relacionais e das habilidades terapêuticas naturais do sistema de amizade, poderia ser muito útil propor ao casal que convide amigos para a sessão como consultores.

COMO E QUANDO CONVIDAR AMIGOS PARA A SESSÃO

Se é verdade que o sistema de amizade é um recurso extraordinário na vida relacional e no crescimento de muitos casais, impressiona-nos o tão pouco tenha sido escrito na literatura internacional a respeito da convocação de amigos durante a terapia de casal. Russell Haber foi o primeiro a enfatizar a importância dos amigos na terapia familiar em um livro histórico com o título em português: *Por favor, ajude-me com esta família* – Usando consultores como recurso da terapia familiar (Andolfi & Haber, 1994). Fomos inspirados por suas ideias e experiências clínicas para introduzir a rede social em nosso modelo de pensamento, representada principalmente por amigos, como um elemento de avaliação do funcionando como casal e como recurso terapêutico.

Só se ultrapassarmos a ideia dominante de que o casal é a unidade exclusiva de análise e intervenção clínica, poderemos valorizar a procura de outros componentes fundamentais na compreensão das dinâmicas do casal, especialmente em situações de crise e de desagregação familiar. É precisamente a presença de uma crise ou de uma conflitualidade acentuada que nos leva a uma apreciação das estruturas do modelo sistêmico, que eles nos fornecem a base metodológica para ampliar o contexto e ir buscar e solicitar recursos na família extensa, no sistema de amizades, até a rede comunitária mais ampla.

Os amigos como testemunhas privilegiadas em crises e separações de casal

Na presença de uma crise do casal que pode acabar em separação, é difícil contar com amigos em comum. Na descrição do caso a seguir, gostaríamos de destacar a importância da convocação para a sessão de amigos intimamente relacionados a um ou ao outro cônjuge.

Olhar-se sob outra luz

Joanna e Marco são um casal misto, ele é italiano, de origem toscana, ela peruana; eles moram em Roma e têm um filho de 3 anos.

A relação entre os dois, nascida como amor à primeira vista, acabou deteriorando-se muito cedo e tornou-se totalmente hostil depois do nascimento da criança. Joanna afirma que Marco constantemente a desqualifica em suas funções de mãe na frente do bebê, enquanto Marco usa a sua profissão como médico para criticá-la em tudo, alegando que ela é uma mãe pouco afetiva, interessada apenas em seu trabalho social em tempo integral com a comunidade peruana em Roma, o trabalho que, além disso, paga muito pouco. Ela está cansada dessa vida, feita de constantes humilhações, não o ama mais e gostaria de deixá-lo. Marco, apesar de se sentir desanimado com a relação com Joanna, defende a instituição da Família e enumera todos os danos e eventuais doenças da criança que poderiam resultar de um possível trauma pela separação. Na verdade, o que une o casal é um sentimento de profunda solidão; ela deixou o Peru, a família, os amigos, esperando que Marco fosse um sólido apoio emocional para ela, capaz de aliviar seu sentimento de distanciamento de suas origens. E é justamente para compensar esse vazio que Joanna trabalha em tempo integral para a comunidade peruana. Ao ajudar outras pessoas desenraizadas como ela, ela espera se sentir menos sozinha. Obviamente, o conflito aberto e diário entre eles provoca reações negativas no filho, que sofre de eczema e cólicas recorrentes, confirmando, dessa forma, as previsões paternas sobre os transtornos traumáticos da criança. Como então ajudar dois cônjuges que se sentem impotentes e atribuem toda a culpa ao outro?

A família de Joanna está fisicamente distante, a de Marco está ainda mais indisponível. O pai de Marco morreu quando ele e as duas irmãzinhas eram pequenos e, há alguns anos, a mãe também veio a falecer. Ela quem cuidou do crescimento sozinha dos três filhos, conseguindo mandar todos para a universidade e garantindo, a cada um, um futuro de trabalho digno. Quando sua mãe morre, Marco leva um choque, separa-se das irmãs a ponto de se recusar a ir ao funeral.

Essa perda fez o mundo desabar sobre ele, distanciando-o de todos e acabou não o deixando mais sair nem com os amigos. Joanna representara o único vislumbre de sua vitalidade renovada, mas o nascimento do filho e os conflitos conjugais subsequentes o haviam mergulhado de volta em um estado de depressão. Ao longo da terapia, levar-se-á muito tempo para ser capaz de abrir a discussão sobre as recíprocas famílias, para iniciar uma reconciliação familiar no caso de Marco e para construir uma presença positiva, simbólica e mediada pelo *Skype* com a família de Joanna.

Durante as extenuantes sessões de casal, Joanna fala de uma amiga chamada Lina, que saiu de Lima na mesma época, como a única, de acordo com ela, capaz de entendê-la. Marco, por sua vez, fala de vez em quando de um magistrado com quem estudou no ensino médio e em quem confia cegamente, o único a quem confidenciou sua situação de casal, pedindo-lhe também conselhos sobre a possível guarda da criança.

Mesmo que os dois cônjuges não confiem um no outro, o terapeuta parece ter conquistado uma discreta confiança de ambos, talvez também pelo fato de ter conseguido manter uma posição de relativa equidistância de Joanna e Marco, apesar de ela tentar conseguir continuamente a sua compreensão pela sua condição de vítima, sozinha em um país estrangeiro, e ele tentar seduzi-lo, muitas vezes, dirigindo-se a ele como "Caro colega, ...".

Ao declarar abertamente sua dificuldade em ajudá-los, estando em um contexto tão litigioso, o terapeuta oferece-lhes uma sessão extraordinária, uma espécie de consulta especial, convidando seus respectivos amigos, as únicas pessoas em quem confiam e deixando claro que pretende conhecê-los junto com Joanna e Marco. Tudo isso reafirmando que a presença deles será a de duas testemunhas privilegiadas, capazes de fazê-los saber muito mais a fundo os aspectos da personalidade de um e de outro e garantindo-lhes que não entrará por nada na guerra do casal.

A chegada dos amigos à sessão é marcada por um inesperado clima agradável e pela curiosidade de todos em saber como seria o encontro, na remota esperança de que algo pudesse ser desbloqueado. Depois das primeiras gentilezas e apresentações dos recém-chegados, o terapeuta esclarece o significado da consultoria novamente e agradece aos amigos pela disponibilidade e contribuição para a terapia.

Começa-se pelo Peru, então Lina é convidada a falar sobre sua amizade com Joanna. Enquanto Lina fala com grande participação emocional sobre a relação entre elas, pela primeira vez tanto o terapeuta quanto Marco conseguem ver Joanna sob uma luz diferente. Ela não aparece como uma mulher desesperada e solitária, ao contrário, são destacados por Lina aqueles aspectos de uma mulher corajosa que conseguiu deixar afetos familiares, amigos, seu país, para se aventurar em um mundo novo, distante e muito diferente do seu.

Apoiada por sua amiga, Joanna sai de seu papel de vítima e mostra elementos resilientes e vitais nunca expressos antes na sessão. Reivindica a maternidade dela, afirmando que o crescimento do filho é o que lhe é mais importante e que ela nunca conseguiu fazer Marco entender que a sua forma de expressar afeto e cuidado é diferente da sua como pai, que o sufoca com a sua atenção, pensando que só ele sabe o que é certo fazer. Pela primeira vez, é possível apreender na sessão quanto a sua cultura, os seus valores, a sua língua espanhola sejam fundamentais na sua identidade como mulher, e Lina parece uma presença muito positiva nesse sentido, pois consegue compreendê-la mesmo sem palavras. As duas mulheres estão sentadas muito próximas e ao falar sobre seu país ficam muito comovidas.

Na verdade, Marco também se apaixonou por Joanna por causa de sua habilidade para expressar emoções mais livremente; além disso, a família dela era muito mais unida do que a dele, da qual ele se desligou completamente. Somente agora Marco finalmente entende por que Joanna gostaria de falar espanhol com o filho: não para tirá-lo dele, mas para se sentir mais reconhecida.

Quando Alessandro, o magistrado, usa da palavra para descrever alguns aspectos significativos de seu amigo, o clima da sessão é decididamente positivo. Ele começa dizendo que Marco nunca tinha falado com ele sobre Joanna nesses termos e que hoje o que ele está ouvindo é uma surpresa para ele. Joanna havia sido descrita como pouco afetiva e frágil, ligada apenas ao seu trabalho social e ausente para o resto. Esse fato o leva longe, para a época do ensino médio e com situações semelhantes: afirma sem hesitar que quando Marco não se sentia reconhecido e valorizado acabava se isolando e falando mal dos outros. Apesar dessas limitações, ele lhe descreve como uma pessoa obstinada desde a infância e como um médico sério e escrupuloso; ao mesmo tempo, ele comunica afetuosamente que a perda emocional precoce de seu pai havia tornado Marco desconfiado dos outros, fazendo-o compensar a sua fragilidade com um certo ar de superioridade. Alessandro concorda com a terapeuta sobre a utilidade de Marco para reabrir o contato com a sua família, reconciliando-se com suas irmãs, que ele conheceu bem, porque ele também é de origem toscana e eles passavam tempo juntos quando eram crianças.

É interessante notar que, durante a sessão, Marco, tão sensível à crítica, principalmente quando vem de Joanna, parece capaz de aceitar totalmente a descrição que o amigo magistrado faz dele; Joanna também parece capaz de ver Marco sob outra luz e refletir sobre a sua fragilidade por trás daquele seu ar pedante e superior.

A sessão com os amigos será realmente uma virada na terapia e nos permitirá, em seguida, enfrentar os problemas do casal relacionados à parentalidade e àqueles intergeracionais, com recursos e perspectivas, até então, inesperadas.

Os amigos, nesse momento, tornar-se-ão duas presenças positivas no diálogo com o casal e serão repetidamente usados como padrinho madrinha de Marco e Joanna.

Em vários trabalhos, descrevemos extensivamente (Andolfi, Mascellani, Santona, 2011; Andolfi & Mascellani, 2012) a importância de fazer mais visível na terapia a cultura e os valores daqueles que emigraram abandonando família, amigos e memórias de seu país. Isso nos permitirá avaliar ao mesmo tempo sua maior ou menor adaptação ao novo mundo e as formas como se sentiu acolhido no contexto cultural ao qual o parceiro pertence. Como vimos com Joanna, deixar "entrar o Peru na terapia" foi uma forma de descobrir aspectos fundamentais dela e de sua identidade e fazer Marco refletir sobre a necessidade de valorizá-los como um valor extra na relação do casal, ao invés de temê-los como uma ameaça à integridade da família.

A traição: mérito especial aos amigos!

Luigi é um arquiteto brilhante e está casado há dez anos com Cinzia, uma professora do ensino médio. O casal tem duas meninas pequenas e moram em uma grande cidade do Norte para facilitar a carreira profissional dele, embora ambos venham de uma pequena cidade do sul da Itália, em que cresceram em suas respectivas famílias e completaram seus estudos.

O casamento deles é descrito como um casamento de amor, coroado pela chegada de duas lindas garotas, fortemente desejadas por eles.

O pedido de terapia está ligado à recente descoberta de um relacionamento extraconjugal dele com uma colega de seu estúdio profissional, relação que, no momento da terapia, é descrita como interrompida. Esse acontecimento deixou Cinzia em um estado de total angústia, como se o mundo inteiro tivesse desabado sobre ela. Luigi está preso ao sentimento de culpa e não consegue explicar como tudo isso possa ter acontecido. Além disso, o caso extraconjugal toma forma quando Cinzia ainda está amamentando a segunda filha, o que a deixa ainda mais vulnerável e traída.

Os cônjuges vêm para a sessão juntos e se percebe o drama da situação, em que ambos parecem paralisados, ela pela sua dor, pelo ferimento causado, ele pela consternação de ter estragado tudo e por ser a causa de uma possível ruptura familiar.

Serão necessários muitos meses de terapia para começar a ver uma possível reconciliação. Fala-se muito de suas famílias distantes, sobretudo a dela, da qual Cinzia sente muita falta. Falando dos pais afirma: "*Eles morreriam se soubessem o que aconteceu.*" Luigi entendeu os graves danos causados por seu comportamento e se sente ainda mais culpado, porque, segundo ele, ele se viu sucumbir pelos avanços da colega sem entender as consequências, ele que sempre pensou em ser lúcido e racional na vida. Além disso, hoje, apesar de o caso extraconjugal ter acabado, Luigi continua a trabalhar no mesmo estúdio, e Cinzia vive verdadeiros pesadelos, pensando que a ameaça ainda esteja presente.

Tendo sabido da existência de dois amigos muito próximos e confiáveis de cada um dos cônjuges, o terapeuta propõe ao casal que os convide separadamente para ajudá-lo a compreender a melhor forma de proceder na terapia. Ele prefere ter duas sessões separadas, em que cada um dos dois venha com seu próprio amigo, para evitar qualquer forma de constrangimento ou formalidade.

Cinzia tem uma amiga, Giovanna, com quem estudou na universidade; com ela manteve relações mesmo depois de deixar sua cidade natal. Com Giovanna, Cinzia sempre confidenciou tudo, desde a relação com Luigi até com os filhos, as viagens e, recentemente, o relacionamento do marido com a colega de trabalho, incluindo a ideia de deixá-lo.

Luigi joga basquete desde jovem em um nível competitivo, abandonando, então, o esporte para continuar seus estudos. Seu treinador foi uma figura muito importante para ele em sua juventude e, embora um pouco mais velho, ele o via como um guia e um apoio emocional, especialmente após a separação de seus pais.

Ambos os cônjuges parecem muito felizes com a proposta e estão certos de que seus amigos estarão dispostos a ajudá-los, mesmo que seja necessário fazer uma longa viagem de trem.

Aceitar essa proposta é também uma forma concreta de transmitir a ideia de que ambos estão motivados e disponíveis para trabalhar para a solução do problema. Acreditamos que convidar amigos para a sessão seja uma abertura de contexto, um recurso muito positivo durante o curso da terapia. Se a confiança no relacionamento caiu, pelo menos os amigos mais próximos podem ser confiáveis para ver se é possível curar as feridas ainda abertas.

Na sessão com Giovanna, Cinzia está muito mais relaxada e desenvolta e, antes de entrar no difícil assunto do caso extraconjugal de Luigi, as duas amigas falam sobre o desenvolvimento da amizade delas e do quanto foi doloroso para Cinzia deixar a sua família, os seus amigos e as cores de sua terra para seguir a carreira do marido no Norte. A escolha de seguir o marido agora parece ainda mais errada aos olhos de Cinzia, visto que foi lá que aconteceu a traição. Giovanna a aconselha a não tomar decisões radicais e irreversíveis, considerando também o fato de que Luigi sempre se mostrou um pai afetuoso e prestativo e demonstra a sua confiança na terapia, que afirma já ter produzido resultados úteis: o primeiro de tudo que Cinzia e Luigi conversaram nos últimos meses, procurando uma solução juntos.

O encontro com Luigi e seu amigo Bruno, o treinador de basquete, é muito mais rude e masculino. Bruno usa uma linguagem muito colorida, de vestiário, para apontar as consequências da traição cometida por Luigi, que, aliás, durante os anos em que praticou basquete, sempre se mostrou tímido e introvertido, o oposto de quem busca aventuras sexuais. Apesar de Bruno "bater forte", Luigi parece feliz com a lição e diz que fará de tudo para reconquistar Cinzia a custo de mudar sua vida. "*Afinal,*" diz ele, "*ela e as meninas são o que tenho de mais precioso e importante, muito mais do que a minha carreira*". O encontro termina com uma frase de Bruno que assegura ao terapeuta que vai ficar de olho nele de agora em diante; Bruno, então, afirma estar certo de que Luigi será capaz de reconquistar a confiança de Cinzia. "*Ele sofreu tanto com a separação de seus pais que fará de tudo para não fazer sofrer suas filhas*" são as últimas palavras de Bruno ao se despedir.

A terapia continuará por mais alguns meses, com altos e baixos, até a decisão de Luigi de propor a Cinzia o retorno à sua cidade de origem. "*Em todo caso*", diz Luigi, "*morar na mesma cidade será mais fácil para as meninas, mesmo que Cinzia queira uma separação*". Cinzia aceita a proposta de bom grado e com a transferência deles a terapia termina.

Dois anos depois, o terapeuta recebe um e-mail de Cinzia e Luigi no qual comunicam que se sentem mais unidos e fortalecidos após um longo período de dificuldade, durante o qual Cinzia pensou, muitas vezes, em se separar, e Luigi sofreu muito com essa eventualidade. Então, lentamente, Cinzia percebeu que Luigi estava mudando, demonstrando-lhe de muitas maneiras que ela era mais importante do que tudo o mais. "*O meu objetivo*", conclui Luigi, "*era reconquistá-la definitiva e totalmente, tentando surpreendê-la com pequenas coisas ... mas cheias de amor*".

Nem sempre, as histórias de traição terminam assim, mas se considerarmos a traição como um acidente evolutivo, e se dois cônjuges forem capazes de sofrer juntos, de enfrentar as consequências do trauma e se transformarem, é possível que eles se encontrem mais unidos e mais fortes.

Um mérito especial vai para os amigos, que basicamente abriram o caminho para mudança com sua presença e generosidade.

10. AS SESSÕES INDIVIDUAIS NA TERAPIA DE CASAL

Nos anos 80, ao retornar dos Estados Unidos, Andolfi começou a trabalhar com casais sob a influência de Bowen, que pode ser considerado o primeiro terapeuta individual sistêmico (com o seu modelo centrado no indivíduo e com seus processos de diferenciação), e Framo, que dentro da terapia de casal, desenvolveu as famosas sessões com a família de origem de cada parceiro.

A partir da integração desses dois modelos, nasce o primeiro esboço da terapia de casal intergeracional, cujos primeiros resultados foram apresentados pelo próprio Andolfi na histórica Conferência intitulada *O casal em crise*, realizada em Roma em 1987, com posterior publicação de um artigo no livro que virá depois (Andolfi, 1988).

De Bowen, absorveu principalmente o modelo evolutivo de coleta de dados sobre o crescimento individual, por meio do uso dinâmico do genograma familiar, enquanto de Framo, a condução das sessões com a família de origem de cada parceiro.

Assim nasceu a ideia original de *diagnóstico precoce de funcionamento do casal*, que previa, desde cedo, sessões individuais com cada parceiros, bem como sessões com os filhos e com suas respectivas famílias de origem. Tudo isso era planejado nas primeiras cinco ou seis sessões e era considerado como um processo de avaliação propedêutica para a terapia, como o que acontece na área médica, em que, para dar os diagnósticos, são pedidos, dependendo do caso, exames radiológicos, exames de sangue ou urina. Além disso, procedendo dessa forma, era óbvio que a terapia de casais era concebida dentro de uma estrutura familiar, sem mesmo haver a necessidade de explicar muito. Justamente com essa linguagem clínica, esse programa era apresentado ao casal que estava pedindo uma intervenção.

Com o passar dos anos, modificamos principalmente a duração desses encontros, como acabamos de descrever em relação aos encontros estendidos à família de origem e aos filhos, preferindo primeiro construir uma forte motivação no casal e, somente depois, convocar os membros da família para a sessão. Mesmo as reuniões individuais, previstas inicialmente de modo muito preciso, foram se transformando ao longo do tempo em sessões mais pontuais, ligadas ao curso do processo terapêutico ou a momentos particulares de impasse, senão a pedido específico de um ou de ambos os cônjuges.

Talvez a necessidade dessas sessões individuais tenha diminuído com o tempo também, porque, com a experiência, aprendemos que quando observamos ou ativamos o casal, estamos simultaneamente trabalhando com cada um. Além disso, a ideia de ser repositórios de conhecimentos, às vezes, muito profundos sobre os processos de desenvolvimento de um parceiro na ausência do outro não combinava com um modelo de pensamento que, ao longo do tempo, via o terapeuta mais como um construtor de conexões na sessão do que como um repositório de conhecimentos confidenciais ou verdadeiros segredos de família.

Para melhor compreender esse aspecto das informações confidenciais, podemos relatar o caso de uma senhora que, na fase inicial da terapia, convocada para um encontro, começou a falar sobre abusos sexuais sofridos quando criança nas mãos de um operário que estava fazendo alguns trabalhos em sua casa. Ela, evidentemente, sentia-se em um contexto seguro e confiava no terapeuta, que havia conhecido há pouco tempo, visto que ela conseguia falar sobre uma experiência tão dolorosa para ela, mantida enterrada nos anos de seu crescimento em família, mesmo sem ter posteriormente conversado sobre isso com o marido.

Esse segredo, sem dúvida, será útil para compreender as suas preocupações sexuais em relação ao marido no decorrer da terapia - cujas abordagens eram consideradas como verdadeiras agressões – e o sentimento de perplexidade daquele que se sentia rejeitado quando desejava apenas ter relações sexuais com sua parceira. Contudo, justamente seu caráter de sigilo acabava fazendo com que o tema do abuso sexual fosse uma deficiência terapêutica e, provavelmente, levaria a uma visão distorcida do relacionamento do casal. Afinal, o terapeuta conhecia aspectos de foro íntimo da esposa que o marido não conhecia, e isso poderia colocá-lo em uma situação desequilibrada entre os dois.

QUANDO E POR QUE OS VER INDIVIDUALMENTE

Nos últimos anos, as sessões individuais durante nossas terapias de casal diminuíram e perderam seu valor de diagnóstico, mas isso não diminui sua utilidade em determinadas situações e momentos terapêuticos.

Na fase inicial da terapia

Na primeira fase da terapia, pode ser útil oferecer uma sessão individual para cada um dos dois parceiros quando o nível das brigas e de desrespeito entre os cônjuges é muito acentuado e o terapeuta precisa se esforçar demais para facilitar um mínimo acordo na sessão. Nesses casos, pode ser mais útil contornar o obstáculo e, primeiro, construir uma relação de confiança com cada um dos dois parceiros separadamente, explorando aspectos e acontecimentos de desenvolvimento pessoal de cada um, tomando cuidado para não entrar em temas muito quentes relacionados ao conflito de casais. É possível que, ao fazer assim e ao entrar nas histórias de vida de cada um, a animosidade possa ser reduzida durante os encontros conjuntos que virão depois e ser capaz de encontrar pontos de concordância.

Um bom exemplo disso é o caso de Anne e David, descrito em um capítulo anterior sobre a presença dos filhos como consultores, em que se falava de cartões amarelos e vermelhos.

Necessidades urgentes de visibilidade

Anne e David requerem, ambos, uma terapia de casal, mas por razões muito diferentes e com um nível incrível de discussão verbal e de desprezo mútuo, que coloca até o terapeuta em uma posição insustentável, como a de um agente da ordem que precisa separar os dois brigões. No final da primeira sessão, são marcados dois encontros individuais, que ambos aceitam com prazer, talvez com o desejo implícito de falar mal um do outro na sua ausência. Na realidade, é imediatamente esclarecido que, na reunião individual, será proibido falar sobre o casal, pois a sessão terá como foco temas relacionados à vida de cada um antes de se conhecerem. Esse tipo de esclarecimento do terapeuta agora faz parte de nossa experiência comprovada e testada, mesmo que seja sempre surpreendente observar como o contexto de uma reunião individual possa mudar apenas ao estabelecer limites claros sobre o que se pode falar e sobre o que é proibido.

Ambos os cônjuges aparecem como dois adultos que foram feridos e negligenciados quando crianças e reféns de suas respectivas famílias. Anne falará sobre sua infância no Irã e a fuga subsequente da família por motivos políticos, de suas chegada à Austrália como refugiados, após terem perdido todas as suas propriedades. Seus pais, ao darem um novo curso à vida deles, negligenciaram-na completamente em suas necessidades primárias de crescimento, acima de tudo, a sua mãe a envolveu fortemente em seu desespero, usando-a como uma válvula de escape para todos os seus males. Anne será refém de sua mãe por toda a vida, ela não estará livre para tomar as próprias decisões, nem quando ela tiver filhos, forçada a seguir de qualquer maneira os desejos e as vontades da mãe.

David vem de uma família de intelectuais anglo-saxões, na qual o afeto não pode ser demonstrado e sofre de um profundo ciúme com relação ao seu irmão mais velho, que parecia gozar de todas as preferências paternas. Se refugiava nos estudos, mesmo que nunca fosse apreciado por seu pai e pensava na fuga de tudo e de todos, uma fuga que, então, acontecerá por amor ao conhecer Anne na universidade. Os filhos serão seu único resgate afetivo, mas seu amor por eles será muito possessivo e exclusivo, porque não é capaz de compartilhar nada.

Certamente, os encontros individuais representaram uma abertura para a terapia e um sinal de confiança com o terapeuta, mas o caminho para transformar o ódio e o ressentimento em confiança e respeito mútuos será muito longo e complexo.

Sempre na fase inicial da terapia, pode acontecer de o parceiro menos motivado ou do que parece cético sobre a utilidade da terapia de casal queira uma reunião individual para entender o que é ou que é solicitado pelo próprio terapeuta para uma sessão individual. Também, nesse caso, o objetivo do terapeuta será ganhar confiança em relação ao parceiro resistente, evitando entrar em problemas mais calorosos do casal e se mostrando curioso sobre os aspectos mais individuais importantes daquela pessoa.

Por fim, como todos sabemos, o pedido de terapia de casal nem sempre é formulado em conjunto. O pedido pode de fato surgir por meio de uma ou mais reuniões individuais com um paciente que está mal e traz seu mal-estar ou depressão para a sessão. Dentro dessas reuniões, poderá ser sugerida uma terapia de casal, na medida em que ambos os parceiros estejam disponíveis para percorrê-la.

No decorrer do processo terapêutico

A ocorrência de encontros individuais no período mais avançado do processo terapêutico pode ser ainda mais significativa. A experiência clínica e uma flexibilidade relativa em considerar positivamente qualquer exceção às regras do programa nos levou a aceitar qualquer proposta de um ou do outro parceiro de forma serena, mesmo nas situações em que se pode haver a dúvida de ser manipulados.

A professora e o "crianção"

Um caso emblemático e único de seu tipo é o de um casal em que Sara sempre desempenhou o papel de professora e Roberto do "crianção". No decorrer da terapia, diante de uma situação de impasse e, de qualquer modo, de dificuldade do homem em mudar, assistimos, por três vezes consecutivas, a vinda dele sem Sara. Embora tivéssemos dúvidas sobre a utilidade de aceitar esses encontros individuais, no fim, aceitamos e continuamos a terapia de casal como se ambos estivessem presentes. Quando uma pergunta era colocada a Sara, seu marido teria que responder por ela. O mesmo valia para o plano afetivo com Roberto, que teve que se colocar no lugar de Sara e responder sobre isso. No *follow-up* à distância, realizado em conjunto com o casal, será confirmado por ambos que a mudança na terapia se deu justamente em decorrência desses encontros: "*Nunca pensei que ele teria tido a coragem de vir à sessão sem mim!*", dirá Sara, enquanto Roberto vai confirmar isso dizendo: "*Vir sozinho foi um desafio para mim mesmo e com minha tendência natural de ficar na retaguarda. Além disso, pela primeira vez, eu senti que poderia me identificar com os sentimentos de Sara na sua ausência*".

Outras vezes, a reunião individual é requerida para refletir sobre uma situação de impasse e sobre o risco concreto de uma separação conjugal.

O terapeuta engenheiro

Durante uma terapia de casal, surge a dificuldade de Liz, de cultura anglo-saxônica, em continuar a viver com Tony, nem tanto por seus mal-entendidos e críticas mútuas, bem como pelas intrusões pesadas da família de origem do marido em sua vida familiar. Em particular, Liz não suporta que seu marido tenha que reverenciar e se submeter à vontade da idosa mãe, Concetta, que quer, segundo a antiga tradição italiana (acentuada após a migração da família para a Austrália), que todos os domingos a sua família se reúna em sua casa para jantar, verdadeiro ato litúrgico do qual todos devem participar. Além disso, acrescenta-se o fato de que Liz sente que nunca foi aceita no clã familiar do marido, justamente por sua diversidade cultural. Diante de tudo isso, Liz - que cresceu em um ambiente familiar em que todos são livres para seguir seu próprio caminho - avalia o risco de detonar a bomba de separação, apesar de declarar seu amor e profundo vínculo a Tony. Ele enfrenta, durante a terapia, a necessidade de construir um limite entre a família de origem e sua nova família, mas tem dificuldade em dar um passo definitivo, por medo de magoar a mãe e quebrar o mito da união que se arrasta há três gerações.

É nesse ponto que Tony pede um encontro individual para refletir sobre uma situação cada vez mais crítica do casal, acrescentando que talvez o terapeuta pudesse compreendê-lo melhor visto que é italiano. O terapeuta confirma com Liz que ela esteja de acordo e se encontra com Tony.

Tony é um engenheiro da construção civil, e o terapeuta o convida a falar com ele, que é leigo no assunto, deixando-se ouvir como proceder na construção de uma casa, partindo das fundações e continuando com o desenho dos vários andares e quartos em cada andar. Tony, intrigado com o assunto, começa mostrando no quadro um esboço simples do seu trabalho. Assim que o esquema é concluído, o terapeuta convida Tony a aplicar o mesmo processo de engenharia em sua casa (que ele mesmo construiu), a de sua mãe e a de seus irmãos, eles também e suas famílias envolvidos no mito da mãe Concetta. Em especial, o terapeuta se concentra nos limites a serem traçados para que fique claro que a casa de sua família (ele, Liz e dois filhos adolescentes) não se confunda com as outras. Ele o convida a refletir sobre o real desafio que o espera: se deve decidir escolher se considerar um adulto e, portanto, faria sentido ter construído sua casa, ou permanecer criança em casa com a mãe, caso em que Liz poderá criar os filhos sozinha e encontrar um novo lar. O jogo de casas, na sua aparente simplicidade, deve ter chocado Tony, que, no próximo encontro, aparece com Liz, ainda incrédula com o que aconteceu. No domingo anterior, na frente de sua mãe emudecida, Tony comunicou que futuramente irá participar dos jantares em família apenas esporadicamente, porque percebeu que agora sua prioridade é estabelecer limites sólidos para sua família, que de outra forma corre o risco de se despedaçar. Nesse ponto, a terapia pode finalmente voltar-se para o casal.

Na parte final da terapia e no *follow-up*

Nessa fase da terapia, reuniões individuais podem ser agendadas para reforçar as mudanças pessoais particularmente significativas, às vezes, após sessões muito intensas com a própria família de origem, ou para se preparar para uma separação conjugal inevitável, mas desprovida de ódio ou ressentimento. Vamos ver um exemplo.

Meu choro liberado

Durante uma terapia de casal, os filhos adultos de Vittorio são convidados para a sessão como consultores. A presença deles permite que o pai enfrente um problema de casal ainda muito complexo, o relacionado à morte por câncer, após uma longa enfermidade, de sua primeira esposa, cujo fantasma ainda assombra a casa. No entanto, mais de 15 anos se passaram desde que Vittorio e Adelaide se uniram. Apesar de seu vínculo profundo, substituir uma esposa e mãe excepcional não foi fácil e, muitas vezes, os conflitos também são ativados em relação a esse terceiro ainda difícil de se manter distante.

Os filhos vão permitir a mudança, mesmo que Vittorio não quisesse envolvê-los, temendo reabrir feridas profundas para eles. Para sua surpresa, não só os filhos foram capazes de lidar com questões da perda do passado, mas também foram ótimos ao liberar o pai desse pesadelo, o que, consequentemente, permitiu ao casal maior serenidade.

Na esteira do encontro com seus filhos, Vittorio pede uma sessão individual, pois ainda quer refletir sobre o significado profundo daquele encontro. Durante a sessão, Vittorio, que sempre mostrou muita reticência em deixar transparecer suas emoções mais profundas, consegue explodir em um choro libertador preso por tanto tempo e consegue entrar em contato com a parte mais frágil e vital de si mesmo. Talvez, a presença de um terapeuta do sexo masculino e de um contexto dual permitiu que Vittorio refletisse sobre si mesmo, sem ter que se enredar, como sempre, em um trabalho de mediação entre as duas mulheres de sua vida.

Existem várias sessões individuais como o momento final de uma terapia de casal que termina com uma separação, sem ressentimentos e demandas especiais. Nesse caso, as reuniões individuais já são uma forma concreta de romper a unidade do casal e de enfrentar os novos desafios da vida sozinho, mesmo tendo consciência de que os primeiros, os ex-cônjuges, ainda terão que se unir como pais. Porém, são passagens muito delicadas em que cada parceiro se sente mais fragilizado, e a presença acolhedora do terapeuta, que foi testemunha e participante do seu processo de separação, é muito tranquilizadora. Além disso, o terapeuta já pode se declarar disponível para novos encontros com um ou outro parceiro no futuro para apoiá-los em uma fase difícil de mudança.

Em nossa pesquisa sobre *follow-up* à distância em terapia de casais, (Andolfi, Angelo, D'Atena, 2001), muitas vezes, contatamos cada membro do casal individualmente por e-mail ou por telefone, pedindo a ambos para nos contar o que particularmente se lembravam sobre sua terapia, para descrever os momentos mais importantes dos encontros, incluindo as mudanças individuais e as de casal. Mesmo na avaliação à distância, propõe-se novamente uma atenção especial à dinâmica relacional do casal, bem como para as transformações mais primorosas individuais; então, permitimo-nos concluir, mais uma vez, com uma provocação, afirmando que a terapia de casal é a forma mais eficaz de terapia individual.

11. A DIMENSÃO HORIZONTAL DO CASAL

Gostaríamos agora de ilustrar outra parte do nosso trabalho, não menos importante, que é aquela que se realiza na dimensão horizontal de casal e que está focada no relacionamento a dois. É um trabalho que se desenvolve ao longo de todo o percurso do processo terapêutico nas suas várias fases e que vê o cenário formado exclusivamente pelo terapeuta e pelo casal.

Voltando a imaginar ter o cubo de *Rubik* em mãos, a posição dos dois indivíduos sobre o lado do *Nós* é o ponto de referência constante para o terapeuta para avaliar a força interna do casal, aquela energia positiva que permite que eles permaneçam firmes frente a tantas tensões às quais são expostos durante seu ciclo de vida e nutrir os parceiros afetivamente, promovendo o seu crescimento.

Como vimos, por meio do trabalho intergeracional, que ocorre na dimensão vertical do casal, o terapeuta poderá ajudar os parceiros para se reposicionarem dentro das distâncias rígidas do passado que os viam presos em papéis ou funções inadequadas para o presente momento evolutivo. O trabalho terapêutico igualmente relevante na dimensão horizontal será, em vez disso, focado nas habilidades autônomas do casal de nutrir para se fortalecer e crescer com a *força do Nós*.

A FORÇA INTERNA DO CASAL

Nos casais em crise, a *força do Nós* geralmente está muito enfraquecida, deixando que os sentimentos de solidão prevaleçam nos dois parceiros, reforçando as expectativas idealizadas e o abandono da esperança em um nível realista. O *Nós dos casais* que encontramos é muitas vezes um Nós que poderíamos definir desgastado: se não expirou definitivamente, todavia está agonizando, ou em qualquer caso sofrendo e, acima de tudo, precisa ser ajudado a permanecer vivo. De maneiras mais ou menos explícitas, os dois integrantes do casal tentam de todas as maneiras possíveis aliar-se ao terapeuta em um relacionamento dual para sair do impasse pessoal. Nós vimos como, desde o pedido de ajuda, cada parceiro faz várias tentativas, conscientes ou inconscientes, de fazer o terapeuta torcer por ele ou por ela na partida que estão jogando um contra o outro. Especialmente esse aspecto, mas não só esse, levou-nos a experimentar, sempre que possível, uma inovação que introduzimos desde 2004 no Serviço de Psicoterapia de Casais da Academia: a de acompanhar todos os casais em coterapia mista, isto é, na presença de dois terapeutas de sexos diferentes. Rapidamente, aprendemos que propor um Nós terapêutico a serviço do *Nós como casal* produz um conjunto de vantagens não desprezíveis.

Em primeiro lugar, nesse tipo de cenário, é o Nós que tem uma função terapêutica e não o indivíduo (Whitaker, 1984). Os dois terapeutas juntos, desde o estágio inicial da terapia, podem oferecer ao casal um modelo de relacionamento entre adultos de boa-fé, pois trocam os seus sentimentos diante do casal. Eles são livres para compartilhar abertamente seus sentimentos, mesmo os de inutilidade, desespero ou o medo de falhar. Essa forma de união pode gerar angústia no casal, mas, ao mesmo tempo, ajuda-os a confiar na força dos terapeutas juntos.

Em segundo lugar, a coterapia introduz a dúvida e a possibilidade, porque não é possível prever com certeza as respostas emocionais do coterapeuta no momento presente, nem mesmo as suas intervenções no momento posterior. O Nós Terapêutico, portanto, pode ser entendido como o recipiente das tensões decorrentes dessa incerteza, o ponto de referência para ambos os terapeutas se diferenciarem como indivíduos. O Nós terapêutico, nesse sentido, oferece um modelo de relacionamento direto de casal e, ao mesmo tempo, é uma oportunidade para os terapeutas crescerem como pessoas: se o terapeuta cresce, o casal também pode crescer. No casal terapêutico, o Nós é construído ao longo do tempo, mas, ao contrário dos casais, não nasce com base na atração física e na busca pela intimidade. É imprescindível, no entanto, que se caracterize por um sentimento de cumplicidade, confidencialidade e confiança, encarnando uma metáfora para o casal de pacientes, para que essa visibilidade do Nós coterapêutico se torne um modelo para o *Nós* deles.

Finalmente, o Nós entre dois coterapeutas de sexo diferente contém em si as duas funções parentais: a paterna, que tem a função de desafiar e provocar durante a terapia, e o materno, que é a de proteger e tranquilizar. Essas características representam uma ferramenta relacional eficaz no contexto terapêutico: a diferença de gênero pode ser desempenhada por terapeutas em trabalho de equipe nas intervenções de desestruturação e contenção, como se fosse uma partida de tênis em duplas, na qual se um arrisca e sob a rede, o outro guarda o fundo da quadra ou vice-versa, dependendo do tipo de relacionamento homem / mulher vivenciado por cada um dos parceiros durante seu processo de desenvolvimento e dentro do atual relacionamento do casal.

Independentemente do cenário usado, no entanto, o trabalho com o casal na sua dimensão horizontal tem como principal objetivo reativar a *saudável dependência* na relação (Andolfi & Mascellani, 2010) que é potencialmente capaz de reativar o desenvolvimento individual dos parceiros. Como já afirmamos várias vezes, também consideramos a relação do casal, enquanto vínculo afetivo, como uma relação potencialmente evolutiva do ponto de vista individual. É um trabalho contínuo, que se desenvolve ao longo de todo o processo terapêutico, que vê o terapeuta (ou o casal de terapeutas) agir como um terceiro no que diz respeito à relação do casal e que se desenvolve em diferentes frentes.

Restabelecer o respeito

Em primeiro lugar, será necessário ter o cuidado de acolher e conter a frustração decorrente do cotidiano de uma relação disfuncional, deixando emergir as sensações que cada parceiro vivencia durante a sessão diante do comportamento do outro, ampliando seu alcance e apoiando ambos na escuta um do outro por meio de um terceiro. A capacidade do terapeuta para não tomar partido de um ou de outro será indispensável nessas circunstâncias para ser visto pelo casal como mediador e intérprete, capaz de ajudá-los a trazer à tona estados emocionais e, na sessão, os significados de solicitações implícitas. A aceitação das experiências de todos os dois na presença do parceiro confere implicitamente a eles a dignidade de serem ouvidos e, ao fazê-lo, o terapeuta será capaz de ajudar a restaurar o *respeito*, um dos pré-requisitos fundamentais de qualquer tipo de bom relacionamento. Quanto mais dentro das sessões o terapeuta trabalhar para manter um contexto baseado na escuta respeitosa, mais haverá a possibilidade de o casal sentir que é útil e, portanto, desejável reconstituí-lo externamente. A primeira consequência natural será uma diminuição do conflito e um aumento da curiosidade entre os parceiros que, como bem sabemos, em casais altamente conflitantes praticamente desapareceu, deixando o campo para a culpa. Particularmente em um ambiente de coterapia formado por dois terapeutas de sexos diferentes, o que foi a pouco descrito talvez possa ser ainda mais facilmente realizado: esse arranjo oferecerá aos parceiros a oportunidade de se refletirem no casal terapêutico, dentro do qual as duas pessoas irão implementar um modelo relacional capaz de aceitar e enfrentar as diferenças de opinião com respeito mútuo. A nossa experiência comum em coterapia de casais nos ensinou muito a esse respeito.

Ganhar confiança

A relação terapêutica, que se baseia na segurança, introduz, no contexto terapêutico, a possibilidade de os parceiros experimentarem juntos a *confiança*. Como sabemos, junto ao respeito, representam os elementos fundamentais da relação do casal. O terapeuta irá fazer com que a confiança que os integrantes do casal depositam na relação terapêutica possa se expandir dentro de seu relacionamento: fazendo a lição de casa ou realizando prescrições específicas de comportamento. Os parceiros serão acompanhados em uma tentativa temerosa de aumentar as chances de confiar um no outro por meio de exercícios de aprendizagem sobre as reais habilidades do casal e sobre a desestruturação de preconceitos pré-estabelecidos. A capacidade dos parceiros de responder de forma satisfatória será o primeiro pequeno passo no caminho certo, que levará à reconstrução da confiança relacional no casal. Às vezes, é um caminho cheio de obstáculos, porque é totalmente desconhecido, mas mesmo as pequenas percepções que dão a sensação de ser valorizado e aceito pelo outro pelo que se é produzem um sentimento de gratidão e cumplicidade, abrindo as portas da intimidade, verdadeira força motriz do relacionamento romântico.

A conta corrente no vermelho

Gianna é uma jovem trabalhadora autônoma que adora se recompensar fazendo compras toda vez que ela é paga por seu trabalho. Não dá muita atenção aos gastos que faz, muitas vezes excessivos, mas não sabe como anda a sua conta bancária. É Duilio, seu marido, quem mantém a contabilidade da casa e administra as duas contas correntes do casal, a dele e a que está em nome de Gianna, porque, segundo ele, ela não seria capaz disso. O dinheiro e, especialmente, como ele é gasto costumam ser motivo de briga: ela sente que sua liberdade pessoal é prejudicada pelo que ela define como um supercontrole dele, e ele teme diariamente por causa da estabilidade econômica da família, já que muitas vezes acontece de ter que transferir dinheiro de sua conta para a de sua esposa que está em queda livre. Eles são um casal altamente conflituoso, discutem sobre quase tudo, e seu relacionamento se parece muito com o que poderia existir entre uma adolescente transgressora e um pai muito íntegro, encaixados em duas posições antagônicas, nas quais um não confia no outro e vice-versa.

Já nas primeiras sessões, o tema do dinheiro vai estourar como muito problemático. Os terapeutas irão propor o que parece ser a solução mais óbvia, mas que o casal nunca tinha pensado: que Gianna lide diretamente com a gestão de sua conta corrente de forma independente, também no que diz respeito aos débitos, e se acontecer de novo de sua conta ficar no vermelho, terá que pedir ao marido um empréstimo, que deverá ser devidamente reembolsado em uma data estabelecida. No entanto, os terapeutas irão adicionar a essa prescrição uma outra, talvez ainda mais importante: que o casal abra uma terceira conta em que ambos pagarão uma quantia fixa a cada mês para cobrir as despesas domésticas.

À medida que a terapia prossegue, essas prescrições simples são aceitas e realizadas pelo casal e vão revelar-se muito úteis para diminuir o conflito cotidiano, mas, sobretudo, para reabrir aquela porta que parecia nunca ter sido aberta por ambos: o da confiança mútua, em que todos podem e devem pensar por si e, ao mesmo tempo, pelo outro, em uma complementaridade não mais baseada na compensação, mas na reciprocidade.

Redescobrir a intimidade

Por muito tempo, discutiu-se que os terapeutas familiares lidam pouco ou não lidam com os aspectos sexuais do relacionamento conjugal. É necessário admitir que seu trabalho com as famílias, muitas vezes, contribuiu para manter esses aspectos fora do ambiente, dada a presença constante de crianças na sessão. Quando um terapeuta familiar trabalha com o casal, a sexualidade é uma questão importante e não deve ser subestimada, ainda mais porque, como já amplamente descrito, é o espelho de relação (Schnarch, 1997) e o diálogo preferencial da intimidade do casal. Em nosso trabalho sobre a dimensão horizontal do casal, a intimidade e a sexualidade são objetos das prescrições atribuídas desde o início da terapia. Propor aos parceiros que se organizem para aumentar as oportunidades de encontro a dois e restaurar a dimensão lúdica na vida cotidiana, por exemplo, pedindo a ambos que façam algo que surpreenda o outro, permite que você reative os pródromos do relacionamento, aqueles sentimentos iniciais que os fez escolher o parceiro na época. Do ponto de vista estrutural, o casal é, portanto, ajudado a traçar as linhas de fronteira que os distinguem de tudo o que está fora do espaço do *Nós*: a dimensão totalmente privada, que contém em si o verdadeiro poder e vitalidade do casal, é assim revigorada, tornando-se mais resistente a impactos e servindo como propulsor para o desenvolvimento.

A balada

Cettina e Roberto estão casados há menos de três anos e têm um filho de 2 anos. Estão pensando seriamente em se separar, mas aceitam o conselho de uma amiga dela para tentarem a terapia de casal. Eles vêm de outra cidade e levam três horas de trem para chegar ao nosso consultório. Na primeira sessão, parece claro quanto os dois agora se desprezam: ela fala dele como alguém que nunca realmente se casou com ela, e ele diz que ela o prendeu, engravidando sem o seu consentimento. Os dois cônjuges não têm relações sexuais desde que a criança nasceu, embora ocasionalmente ele faça tentativas, a recusa dela mantém a intimidade congelada. A situação parece muito grave, no entanto, os terapeutas acham que não está tudo perdido: se eles estão dispostos a levar três horas de trem para vir até nós, talvez ainda haja esperança!

A terapia começará imediatamente usando metáforas de futebol propostas pelos terapeutas: "*Vocês parecem Roma e Lazio, armados um contra o outro e cada um com sua própria família de torcedores a suas costas*". O filho, convocado nas primeiras sessões, ajudou-nos muito a observar o quanto ele é amado por ambos os pais, que, na verdade, são muito capazes de cuidar dele. Vamos trabalhar na dimensão intergeracional, compartilhando as premissas subjacentes ao pacto de aliança, e o relacionamento terapêutico será consolidado cada vez mais na necessidade, agora evidente, que os dois "times de futebol" vejam seus jogadores melhor para, assim, formar uma terceira equipe: a deles. Para que isso aconteça, ainda assim será necessário que os jogadores tentem treinar em um novo estádio e com novos torcedores. É assim que será proposto aos dois para aproveitarem uma oportunidade que surgiu por acaso: um amigo de Roberto os havia convidado para uma balada em uma cidade vizinha, onde não conheciam ninguém. "Dessa maneira, vocês poderão jogar em um estádio novinho em folha e com novos torcedores! ", afirmarão os terapeutas.

Vai parecer incrível, mas essa receita terá um efeito mágico. Os dois cônjuges, timidamente, concordarão em deixar o filho na casa dos avós e irão à festa. Depois de um constrangimento inicial e com a ajuda de umas bebidas, o contexto estrangeiro os aproximará, eles começarão a dançar e, então, decidirão passar a noite em um hotel.

Na sessão seguinte, a atmosfera será completamente diferente e pouco tempo depois a terapia terminará. No encontro de *follow-up*, que aconteceu depois de cerca de um ano, Cettina e Roberto vão relembrar aquela balada como um dos bons momentos da terapia.

A DIMENSÃO PROFUNDA DO SOFRIMENTO

Se o estágio intermediário da terapia se concentra na dimensão intergeracional do casal com participação ativa na qualidade de consultores filhos, famílias de origem e até outras testemunhas privilegiadas da vida de cada indivíduos ou do próprio casal, a fase final vê o foco do trabalho terapêutico novamente na dimensão horizontal do casal, favorecendo o crescimento individual de cada parceiro.

A expressão *sofrer para não sofrer*, cunhada por Silvia Soccorsi, há muitos anos (Soccorsi et al., 1987), descreve perfeitamente as situações dolorosas em que as pessoas preferem estar, às vezes por anos ou por toda a vida, em vez de enfrentar aquela dor mais profunda que está na origem dos seus problemas. Muitas vezes, os pacientes esperam que o terapeuta cuide de seus sintomas, equivalente às dificuldades de casal que eles encontram hoje, ao invés de se tornarem conscientes e modificarem as distorções básicas que influenciaram a construção da personalidade e das modalidades relacionais de cada um. Eles estão tão ancorados no que para eles é um sofrimento conhecido que eles têm medo de deixá-lo ir, porque, pelo menos, eles podem controlá-lo, enquanto o que está além disso permanece um vazio que eles não sabem como administrar e isso os assusta. É por isso que tantos casais preferem estar mal juntos durante anos em meio a brigas e a conflitos, por medo oculto que a separação possa corresponder à perda total de seus pontos de referência existenciais.

Os encontros que acabaram de acontecer com as figuras mais importantes da vida deles permitiram aos parceiros rever sua história com lentes diferentes, enriquecendo-a com pontos de vista ou distorcendo completamente os significados. Tudo isso abriu um novo espaço para a compreensão do sentido dos eventos, do perdão e da aceitação de um passado que agora é invariável. As recriminações, as acusações que sempre foram dirigidas aos seus familiares ou a intimidação intergeracional, que acabavam representando uma espécie de contenção, não têm mais uma razão de existir e podem se dissolver rapidamente. Essa nova autoconsciência praticamente leva a uma ruptura da simbiose do casal e deixa os dois indivíduos em um uma espécie de nudez psicológica e equilíbrio precário. Quando a pessoa começa a sentir isso, o sofrimento mais agudo começa uma transformação, e as duas pessoas podem abandonar as suas antigas modalidades relacionais para tocar aquela dor milenar, feita de medos, de abandono, de invisibilidade e que pertence à própria história de desenvolvimento, quando o outro parceiro ainda não estava lá (Roustang, 2004).

Ajudar o casal a entrar mais em contato com essa dimensão mais profunda do sofrimento leva a uma nova fase, de depressão individual, que se puder ser compartilhada, permitira-nos a construção de um *Nós como casal* livre de aspectos reciprocamente protetores e indiferenciados. O casal poderá, assim, experimentar um relacionamento adulto baseado no compartilhamento e na reciprocidade.

A tarefa do terapeuta, nesse momento da terapia, é de ajudar e apoiar ambos os parceiros a tocarem seus próprios vazios individuais. A tristeza, até então, enterrada pela raiva, a sensação de perda ou fracasso, uma vez compartilhados um com o outro em um contexto protegido, podem finalmente serem elaborados e aceitos como parte de seu próprio passado. O casal poderá agora dirigir o olhar para um presente diferente, visando à construção de um novo pacto íntimo, a partir de uma visão mais realista do relacionamento, finalmente caracterizado pela mutualidade autêntica e adulta, baseado na confiança, no respeito e na intimidade. Cada um será capaz de redescobrir sua própria subjetividade e se comunicar com o outro com "*Eu sinto ...*" ao invés de "*Você me faz sentir ...*".

A raiva se foi!

Casados há mais de cinco anos, Tania e Davide pedem uma terapia de casal, porque seu relacionamento está se deteriorando cada vez mais. Eles discutem muito sobre cada pequena questão, mesmo de pouca importância, e ambos estão começando a pensar sobre separação. Eles não têm filhos ainda, porque não saberiam se organizar com o trabalho. Ele é um jovem gerente bastante inteligente, muito conceituado na empresa em que trabalha, especialmente por seus funcionários mais próximos, por ser uma pessoa atenta e compreensiva para com eles. Davide, em seu retorno à noite, gostaria de encontrar leveza e de ter vontade de sair para se divertir com sua esposa. Ela, por outro lado, está sempre muito cansada, porque sente que não pode nunca se desviar do trabalho, pois, no seu ambiente profissional, tem vários inimigos que, "*com inveja dos seus resultados*", livrar-se-iam facilmente dela.

A partir das histórias de vida dos dois parceiros, aprenderemos que Davide, o caçula de três filhos, perdeu a mãe devido a um infarto quando tinha cerca de 7 anos e seus irmãos mais velhos cuidaram dele, já que seu pai se casou novamente depois de um curto período e saiu de casa. Sempre grato aos seus irmãos, Davide cresceu sentindo que deveria tranquilizá-los sobre si mesmo, sobre como ele estava bem, relegando sua dor pessoal pela perda em um sótão cuja chave ele jogou fora. A tarefa de desenhar seu genograma em casa para revisá-lo juntos na sessão terá já um primeiro efeito desestabilizador para o sorriso eternamente brincalhão impresso no rosto de Davide, que será confrontado com um gráfico cheio de luto: além do luto de sua mãe, indicará muitos outros, todos de parentes jovens. A sua solidão de criança, junto com a dor profunda que o acompanhava, finalmente, poderá ser identificada. Porém, se a morte é invencível, a solidão pode ser modificada, mudando a direção da vida. Os irmãos de Davide serão testemunhas preciosas na terapia, enriquecendo sua triste história com novos detalhes e dando a toda a fratria a oportunidade de se encontrarem compartilhando uma dor profunda e enterrada por tantos anos e da raiva nunca expressa por terem sido abandonados pelo pai. As lágrimas no rosto de Davide finalmente serão capazes de fluir, libertando-o daquela prisão dourada em que sempre sentiu que deveria viver.

Em vez disso, a história de Tania é completamente diferente: primeira filha de uma mulher de carreira e de um pai violento, ela cresceu lutando por justiça em casa, na qual as mulheres importavam pouco ou nada. As furiosas brigas com o pai, que, muitas vezes, acabavam em violência física, foram o pão de cada dia de sua adolescência, durante a qual Tania começou uma anorexia severa, ainda hoje não completamente curada. O conflito matrimonial entre seus pais, completamente enterrado, nunca foi resolvido até a morte de seu pai. Tania irá contar que, depois dessa perda, o relacionamento com sua mãe piorou ainda mais. Se nunca se sentiu amada por ela antes, após a morte de seu pai, Tania a viu cuidar cada vez mais apenas de sua irmã mais nova, filha carente e dependente.

"*Eu sou aquela que tem que entender, aquele que pode renunciar, porque a minha irmã é mais frágil. Não é justo!*". É o que ela, triste, irá dizer durante as primeiras sessões. A sessão com o que resta da sua família será fundamental na superação da "*síndrome de compensação*", que sempre atormentou Tania. Na presença delas, ela finalmente será capaz de expressar toda a sua raiva por ter sido uma filha invisível, por nunca ter sido defendida pela mãe da surra do pai, gritando, chorando e reclamando. A outra verdade, a de sua mãe Ivana, que vai censurá-la por sempre a ter odiado sem motivo. Será a história da filha dessa senhora e, acima de tudo, a história de seu medo como esposa e como mãe que vai levar as duas mulheres a conseguirem se reconectar. A falta de afeto de Ivana, a distância dela, é a couraça que ela teve que usar para negar a si mesma e esconder de suas filhas o terror diante da violência imprevisível de seu marido, com doença psiquiátrica. Ela só vai perceber agora ter, silenciosamente, pedido à sua filha mais velha para cuidar de toda família e vai se arrepender, reconhecendo por outro lado que "*Tania era a única que sabia lutar*".

Na sessão seguinte, Tania chegará muito diferente. Ela vai contar que ficou chocada com o encontro com sua família e que ficou mal por vários dias. Porém, ela também relatará que, então, percebeu sensações incomuns e refletiu sobre o fato de que era a primeira vez que sua mãe e irmã fizeram algo por ela, demostrando seu amor. Ela também vai nos dizer que, depois dessa sessão, sua mãe ficou alguns dias em sua casa, adiando seu retorno para ficar perto dela, finalmente fazendo o seu papel mãe. Relatamos, em seguida, algumas falas esclarecedoras do diálogo terapêutico:

Terapeuta: Como você está hoje?

Tania: Eu não sei, mas uma coisa eu quero dizer ... alguns dias atrás, um episódio desagradável no escritório que antes teria me enfurecido e estou espantada, porque ... não fiquei zangada! Fiquei realmente surpresa e me perguntei onde a coloquei. A raiva se foi! Então ... talvez, agora ... haja tristeza.

Nas sessões seguintes, o casal chegará à terapia com uma atitude diferente, dolorosa, mas, ao mesmo tempo, mais calma e reflexiva em relação a uma nova realidade, talvez sempre sentida, mas nunca percebida, assim, tão claramente. Os parceiros começarão a olhar para si mesmos e para o outro com novas lentes: se até ontem o que prejudicava Davide era aquela atitude renunciadora dele, frívola e superficial, que desvalorizava a sua excessiva necessidade de se divertir nas horas vagas, nessa fase da terapia, Tania finalmente poderá ler esses traços do marido a partir de um propósito nobre, com o intento de proteger a si mesmo e a sua família da angústia da morte. Aos olhos de Davide, por outro lado, o jeito combativo e ressentido de Tania, primeiramente, percebido como destrutivo de todas as suas tentativas para manter uma atmosfera serena, agora terá um significado completamente diferente, fazendo-o vislumbrar nela aquela terna vulnerabilidade de um "Dom Quixote" desesperado.

Será a partilha desses momentos profundamente íntimos que permitirão a compaixão mútua em uma nova dimensão a dois, em que as qualidades terapêuticas naturais do casal verão os parceiros pararem em um silêncio respeitoso pela sua própria dor e pela dor do outro, até ontem expressas de forma reativa justamente na relação de casal. A aceitação do passado, por meio do perdão para ela e da redescoberta da esperança de não precisar se anestesiar mais para ele, abrirá o caminho para os movimentos de reajuste interno de cada um, que necessitarão certamente de tempo, mas, a partir do qual, não haverá mais necessidade de escapar.

12. A CONCLUSÃO DA TERAPIA

OS TEMPOS DA TERAPIA

O fator tempo de cada terapia está estritamente relacionado à evolução da relação terapêutica: para que o trabalho dê seus frutos, a sincronia entre os tempos do casal e os do terapeuta é fundamental; se seus tempos, ao contrário, estão desconectados, será quase inevitável um *drop out* mais ou menos prematuro. Em essência, o tempo terapêutico segue o ritmo da relação terapêutica e sua evolução natural.

É importante encontrar um equilíbrio entre as necessidades de contenção do casal que estão nas garras da força disruptiva de seus problemas e a necessidade de evitar um reforço da estática, por meio de sessões demasiadamente próximas. Assim, as sessões acontecem, na fase inicial, a cada quinze dias para, então, tornarem-se mensais em um estágio posterior, quando o casal passa a experimentar de forma mais autônoma e com a aquisição de novas habilidades relacionais. O intervalo entre as sessões reflete toda a filosofia da terapia, que visa a promover uma reconstrução histórica dos eventos familiares, para evidenciar a transmissão intergeracional de mitos, processos de imaturidade, cortes emocionais etc., em que os verdadeiros protagonistas são as gerações e as testemunhas privilegiadas destas últimas, que, de vez em quando, serão convocadas para a sessão. Porém, o verdadeiro trabalho terapêutico, quando orientado por prescrições, é feito em casa; durante a sessão, são desenvolvidos os planos de trabalho que dão um caráter operacional em busca de novas estruturas relacionais e profundas transformações pessoais. É incrível ver como é normalizante e propulsor introduzir um projeto terapêutico no qual o casal possa se sentir imediatamente protagonista e impulsionado a buscar suas próprias linhas de compreensão de um determinado problema e suas próprias diretrizes de mudança. Passando de um modelo de terapia reparadora, baseado na modificação comportamental simples, para uma perspectiva de desenvolvimento e crescimento pessoal e de casal, é essencial que o tempo terapêutico entre no tempo de evolução do casal e não vice-versa (Andolfi, Angelo, D'Atena, 2001).

QUANDO TERMINA UMA TERAPIA?

A fase final da terapia de casal, que se inicia com a fase depressiva compartilhada, leva-nos a nos questionar sobre quais são os critérios em que confiamos para considerar a experiência terapêutica concluída. O que se entende por conclusão quando o objetivo principal de nossa intervenção é o de ajudar os casais a voltarem a viver em paz, superando os bloqueios na origem da crise?

Com o jogo de palavras de uma afirmação histórica: "*A terapia termina quando começa!*" (Andolfi & Angelo, 1987), queremos afirmar que os tempos de realização de um processo transformador, seja individual, seja familiar, seja de casal, são sempre muito mais longos do quanto são perceptíveis ou intuitivos dentro do processo terapêutico. Da nossa experiência clínica, aprendemos que o que realmente permite mudar é o que acontece fora dos relacionamentos de dependência, mesmo que profundamente significativo como o terapêutico. Nesse sentido, a tarefa de terapia será, então, mais bem definida como o papel para *desencadear processos transformadores*, em vez de fazer mudanças comportamentais completas. Esses processos transformadores, uma vez iniciados junto com o terapeuta, continuarão a se desenvolver no futuro, independentemente da persistência da relação terapêutica. Será justamente a sensação de não conclusão da terapia e de suspensão da relação terapêutica que permitirá ao casal se reapropriar de seu próprio tempo evolutivo e de sua própria história. Essa consciência dos tempos de mudança quase nunca está presente no momento da proposta do terapeuta para encerrar os encontros, mas estabelecer um prazo para a terapia é a provocação necessária que permite levar o casal a recuperar a capacidade de administrar as suas próprias coisas com autonomia; é o último ato terapêutico real.

Naturalmente, a forma como o encerramento é aceito está intimamente ligada à capacidade dos dois integrantes do casal de encontrarem um sentido de direção para si e para o seu futuro. Nós vimos como, em nosso modelo de intervenção com o casal, a terapia é equivalente a uma viagem empreendida por todas as pessoas envolvidas sem saber o destino real, especialmente depois que as razões por trás do pedido de ajuda mudaram durante a terapia por intermédio da aquisição de uma consciência nova, mais íntima e pessoal por parte de cada um dos dois indivíduos.

A RECONSTRUÇÃO DO *NÓS COMO UM CASAL*

Em relação aos possíveis resultados da terapia, a evolução mais desejável da relação de casal é o que pode ser definido como a *reconstrução do Nós como casal*. Nesse caso, os parceiros descobrem uma nova maneira de ficarem juntos, decidindo "*casar de novo*" a partir do reconhecimento do outro como pessoa íntegra, com suas necessidades e expectativas. Estamos diante de uma capacidade renovada de nos intrigarmos e de brincarmos juntos. A capacidade de brincar, a ironia benevolente para o outro e, acima de tudo, a autoironia são excelentes sinais de bem-estar na vida de um casal. Como todos sabemos, a linguagem não verbal, a do corpo e a do espaço, é um indicador útil de qualidade das relações entre pessoas e, muitas vezes, fornece muito mais do que palavras, como informações que permitem ao terapeuta apreender laços e dinâmicas relacionais mais próximos da realidade emocional vivida por cada parceiro. O contato físico e a proximidade tornam-se, nesse sentido, indicadores relacionais de estar bem. Porém, mesmo nesses casos, em que o terapeuta detecta melhoras no relacionamento já na fase final da terapia, todavia, compartilhada com o casal que primeiro atesta sua presença, a proposta de encerrar a terapia quase nunca é indolor: existe o medo de uma regressão, embora em proporções diferentes em cada parceiro.

O mito do medo

Marta e Giacomo recorreram a nós após um período de crise que já dura alguns anos e, presumivelmente, começou após o nascimento do segundo filho. Stefano e Matteo, de 8 e 5 anos, perturbaram totalmente a rotina deles, impondo ritmos difíceis de conciliar com os estressantes compromissos de trabalho dos dois parceiros. A vida deles tornou-se apenas um conjunto de compromissos a serem cumpridos da manhã até a noite, e o casal não conseguiu mais reservar um tempo mínimo para si mesmo. A sexualidade também sofreu um pouco: "*Só posso dizer que fazemos sexo, mas não fazemos mais amor!*", diz Marta com ar desanimado durante os primeiros encontros. Giacomo, além disso, passa frequentemente suas noites na companhia do computador, e Marta teme uma provável traição.

O casal confiará totalmente na terapia, solicitada por ambos, para ajudá-los a redescobrir aquele clima do passado, em que conseguiam até brincar. O primeiro objetivo dos terapeutas será procurar o valor que os deveres desempenharam nas duas famílias de origem do casal.

Do trabalho de cerca de um ano com eles, muita conscientização eles terão adquiridos, por exemplo, ambos, desde a infância, tiveram que desempenhar funções protetivas em suas respectivas famílias, uma vez que eram os únicos repositórios de segredos nunca revelados. Ele testemunhou o suicídio de uma tia que misteriosamente caiu da janela, e ela a traição por parte de seu pai com sua secretária quando ela, com 4 anos de idade, de repente entrou em seu escritório para cumprimentá-lo. Duas crianças com medo de algo maior do que eles, sobre o qual nunca puderam falar com ninguém, por medo de quebrar o silêncio de seus pais, desde sempre extremamente frágeis. Nessa terapia, a contribuição das famílias de origem em reconstituir as histórias familiares será extremamente eficaz, pois é portadora de novas leituras da antiga realidade. O pai dele vai falar sobre sua infância com comoção, na consciência de ter crescido com medo em uma família que não pôde protegê-lo. Ele vai dizer que seu medo de hoje é talvez só o de não ter sido um bom pai por sua vez, tendo implicitamente pedido à criança que o protegesse de todas as formas de tensão. A mãe dela, por sua vez, falará sobre a separação do marido, sem dúvida sofrida, mas que com o tempo aceitou, e seu medo de que seus filhos tenham desistido de um relacionamento autêntico com o pai. Tudo isso em uma atmosfera de confiança aberta, sorrindo para os paradoxos da vida: aqueles que se encontram percorrendo, sem saber, a estrada que se queria evitar.

A convocação das famílias representará um ponto de inflexão muito importante da terapia, removendo antigos fardos dos ombros dos parceiros, que imediatamente se sentirão mais leves e próximos, livres para escrever um contrato diferente para estabelecer um novo relacionamento.

O suporte terapêutico na fase final da terapia será suficiente, acompanhando os parceiros no encontro com o seu medo de hoje: o de se deixar levar sem aquela proteção que eles bem conhecem, feita de pesos que, durante anos, impediram-nos de decolar, mas que eles lhes davam substância. O novo equilíbrio, ainda que precário, já está no horizonte, e o casal vai aceitar, mesmo com medo, a proposta dos terapeutas para começarem a andar sobre as próprias pernas novamente, dando-se a oportunidade para avaliar a real eficácia de sua própria musculatura.

Ela ainda está entre nós, apesar de tudo!

Voltemos ao caso de Pino e Jenny descrito no quarto capítulo, no qual a traição levada ao longo dos anos por Pino, assim que fora descoberta por Jenny, lançou o casal em uma crise profunda e dolorosa. Como já descrito extensivamente acima, a crise do casal, deflagrada após uma traição, é uma das mais perigosas, seja por causa da ferida narcisista extremamente dolorosa para o parceiro traído, seja por causa do rompimento de todo o pacto de aliança: a confiança, que acaba extremamente em pedaços, nesses casos, parece inexoravelmente irrecuperável. O terapeuta mais cuidadoso dedicará todo o tempo e espaço necessário para a dor e para a culpa, sentimentos que prevalecem, a fim de poder elaborar todas as suas facetas, verdadeiras protagonistas da realidade atual do casal. Ir com muita pressa aos significados comunicacionais da traição no relacionamento não ajudará o parceiro traído a se sentir devidamente reconhecido, impedindo a sua disposição de se envolver. Como um luto, a dor da traição primeiro terá que ser elaborada para finalmente ser aceita. Pouco importa que o parceiro traidor admita suas falhas e peça desculpas. É a imagem de si mesma que deixa Jenny desanimada: ela, que investiu todas as suas energias emocionais em um relacionamento correto durante a sua vida, não consegue encontrar um lugar diferente ao lado dele. Não consegue entender como isso possa ter acontecido justamente com ela que, com seu típico estilo leal e reservado, havia dado plena confiança ao comportamento correto dele, ele que nunca deveria tê-la machucado. De acordo com eles, eram um ménage calmo e extremamente previsível, em que as regras compartilhadas de boa vizinhança governavam o relacionamento. Em alguns momentos de terapia, exclamações como "*Teria sido melhor não saber!* " vão testemunhar como teria sido muito mais fácil para Jenny manter a cabeça enfiada na areia como os avestruzes, do que ouvir um pedido de mudança, embora muito mal apresentado. O terapeuta, aproveitando-se do fato de ela ser uma mulher, muitas vezes, acolhera-a parando em seu silêncio desolador, legitimando a dor que a enchia e deixando Pino de lado, implorando-lhe para lidar com sua culpa enquanto isso. Por outro lado, a maior dificuldade foi de Jenny em confiar na terapia: somente o pleno reconhecimento de suas razões teria feito com que ela aceitasse a mudança de atenção da traição para prosseguir em busca de um significado comum para o que aconteceu e se colocar dentro do relacionamento. Sessão após sessão, relembrando a história evolutiva dos cônjuges, esse sentido ganhará cada vez mais espaço: as implicações a partir das quais nasceu o pacto íntimo do casal serão compartilhadas e aceitas, embora com alguma dificuldade. A tendência de ambos em racionalizar os eventos, evitando se deixar levar pelas emoções subjacentes, confirmava, no entanto, que, também, durante a terapia, eles procuravam, acima de tudo, manter um clima socialmente aceitável. A falta de autoconfiança em ser capaz de se legitimar como seres humanos imperfeitos trouxe tudo para um nível intelectual, no qual as emoções negativas eram rapidamente recompostas por ambos. A terapia assumirá cada vez mais a forma de uma dança, dentro da qual o terapeuta às vezes errará deliberadamente alguns passos, rindo disso. O humor e a leveza, por outro lado, estiveram totalmente ausentes na vida desse casal, desde o início da relação. Definições metafóricas como a "professora" e "o aluno indisciplinado" irão ironicamente entrar na linguagem terapêutica, deixando que, por esse jogo relacional, a aliança terapêutica se fortaleça cada vez mais, até fazer com que o casal aceite, ainda que com dificuldade, trazer seus familiares de origem para a sessão. É nessas sessões que ficará claro para todos os presentes como, em suas posições de filhos, a "compostura relacional", temerosa por ele e silenciosamente pedante dela, sempre representou uma função protetora para ambos os equilíbrios familiares. Haverá duas sessões emocionalmente fortes, nas quais Pino e Jenny poderão verificar o quanto a contribuição deles como filhos parentais foi útil em certos períodos da vida familiar e totalmente inútil em outros; de quanto, principalmente hoje, sua família não precisa mais de tudo isso, mas esteja ansiosa por uma proximidade mais autêntica, porque isso é exatamente o que a sua compostura representa agora, o sintoma de uma necessidade de distância, para não dar espaço para a raiva subjacente de não se sentir visível ou reconhecido. É uma raiva que pode finalmente ser explicitada e, ao mesmo tempo, compreendida pelos pais e irmãos presentes, que encontrarão uma forma de se desculpar por não terem entendido. A mãe da Jenny vai se lembrar dos tempos difíceis de sua filha criança na frente da própria Jenny, que ficará surpresa, enquanto a mãe de Pino admitirá que pediu implicitamente a seu filho para ajudá-la a cuidar de seu marido, emocionalmente muito mais frágil do que ela.

Após essas sessões, o casal aparecerá muito diferente, mais unido e capaz de se comunicar, embora com muita cautela. Poder ser feito um balanço da situação juntos: Pino entendeu a origem de seus erros, entendendo que a leveza terá que buscá-lo em casa e não fora de casa, atuando para promovê-la, mas, acima de tudo, ele irá afirmar que ama sua esposa e que deseja viver com ela, mesmo que eles provavelmente nunca tenham filhos. Há algum tempo, eles adotaram um cachorro, que trouxe carinho e bom humor para dentro de casa. Jenny, apesar de admitir que as coisas estão muito melhores entre eles e que a sexualidade voltou a ser a do início do seu relacionamento, isto é, de muitos anos antes de acontecer a traição, ainda está suscetível a altos e baixos e não consegue fugir da necessidade de verificar continuamente o perfil da ex-amante de seu marido no Facebook. Tem ainda a sensação de não saber toda a verdade e, de vez em quando, cai no papel da professora, com efeitos castradores e humilhantes para ele.

É nesse momento que a terapeuta lançará a provocação como o último ato terapêutico: "*Fizemos tudo o que podíamos! Vocês mesmos admitem que o relacionamento que vocês têm hoje é muito melhor do que nunca foi no passado. Vocês poderiam arquivar o passado, queimando todas as peças de apoio que vocês guardaram. Mas às vezes tudo isso não é o suficiente: talvez vocês tenham que se separar para conseguirem entender realmente o que vocês estão dispostos a perder! Não vou marcar outra sessão. Me liguem se quiserem!*".

Pino e Jenny vão ligar de volta para a terapeuta depois de pouco menos de um mês para acertar o que eles próprios definem como a última consulta, adiantando, já pelo telefone, que as coisas depois daquela sessão tiveram uma virada decisiva e agora estão definitivamente muito melhor. Na reunião agendada, eles contarão que se separaram naquela mesma noite, mas por apenas duas horas, depois das quais eles finalmente tiveram uma briga furiosa, na qual eles derramaram toda a sua raiva, ferindo um ao outro sem qualquer hesitação, para depois se perdoarem e se encontrarem como nunca haviam feito antes.

A SEPARAÇÃO CONSENSUAL

Um segundo resultado possível da terapia de casal é a *separação consensual*, obviamente referindo-se ao nível psicológico e não ao jurídico. São aquelas situações em que a consciência compartilhada da impossibilidade de ficarem juntos coloca os parceiros na condição de serem capazes de se reapropriar, cada um, das partes de si mesmo que investiram no relacionamento, encerrando o relacionamento íntimo e mantendo a relação parental viva e eficaz. Na verdade, este representa um dos maiores paradoxos evolutivos: se separar em um nível e estar junto em outro é uma tarefa muito difícil, porque exige que os cônjuges distingam as duas áreas, sem usar os filhos como armas um contra o outro. É uma tarefa que pode ser realizada de forma eficaz somente se houver uma aceitação profunda da inevitabilidade da separação por parte de ambos. Deve ser dito que as próprias crianças não desistem facilmente da tentação de reunir os dois pais e eles agem como podem para evitar a separação. Devemos admitir que, até hoje, sabemos muito pouco sobre o que a fratura parental significa para uma criança e, certamente, todo terapeuta, enquanto ser humano, vê como o melhor resultado de seu trabalho, a recomposição do conflito. Porém, a sua verdadeira tarefa profissional é trazer à tona a realidade emocional do vínculo do casal que está à sua frente e quando a dimensão do nós está extremamente carente das energias necessárias para se revitalizar na reciprocidade conjugal, para a saúde de toda a família, pode ser mais útil que pessoa se sinta livre para reconstruir algo para si, garantindo, ao mesmo tempo, o compromisso de se reconhecer no vínculo parental. Uma boa separação, nesse sentido, pode ser considerada um objetivo terapêutico alcançado. Veremos melhor mais tarde como a origem de muitos problemas psicológicos, especialmente dos filhos, sejam as fraturas conjugais não resolvidas.

Os jogos terminaram!

Joan, uma estrangeira de 40 anos, que chegou à Itália para esquecer a dor do fim de seu casamento anterior, e Pierluigi, vindo de uma pequena cidade italiana e que emigrou para Roma, onde é sócio fundador de uma conhecida firma de contabilidade, conheceram-se durante uma viagem de barco e se casam em poucos meses. Quase imediatamente, Joan decide tentar ter um filho por meio de reprodução medicamente assistida. Pierluigi concorda de bom grado com ela e, na terceira tentativa, finalmente, nasce Matt. Depois de dois anos, da mesma forma, chega um segundo filho, George, para completar o projeto conjunto do casal. Por muitos anos, Joan se dedica exclusivamente aos filhos, os quais acompanha atentamente nas atividades escolares e esportivas, enquanto Pierluigi passa o tempo todo no trabalho.

Quando os filhos chegam à adolescência, Joan pede uma terapia individual para um mal-estar profundo que ela afirma ter sempre sentido: ela é uma mulher bonita, ex-modelo de alta costura, mas ela sente nunca ter sido desejada por seu marido. A sexualidade muito morna, praticamente ausente, sempre caracterizou a relação conjugal. "*Eu sou bonita, tenho uma posição social excelente, uma família linda, mas me sinto muito mal!*", diz ela no primeiro contato com a terapeuta, que imediatamente propõe que ela faça uma terapia de casal, para a qual Pierluigi concorda em estar presente, de acordo também com a terapeuta. Será justamente a atitude desse homem de nunca saber dizer não e não ser capaz de se definir com autonomia que vai intrigar muito a terapeuta, que vai jogar, desde os primeiros momentos, precisamente nessas características para construir um relacionamento com ele. Atitudes que sempre foram recorrentes em sua vida e que hoje começam a lhe custar um pouco caro.

A terapia de casal começará e se trabalhará juntos por cerca de um ano, descobrindo, assim, que o pacto íntimo entre os parceiros nasceu quase exclusivamente da necessidade compartilhada de constituir família: ela de consertar sua dor de criança após repetidos divórcios na vida de seus pais, e ele para esconder a relação homossexual de vinte anos com seu sócio. Um pacto íntimo que, se com certeza funcionou, tendo esgotado a sua função, de forma alguma, agora que os adolescentes estão no processo para deixar o ambiente para o casal, poderá ser relançado.

A enorme dor dessas duas pessoas em reconhecer que elas têm se automutilado por muito tempo será o fulcro de todo trabalho terapêutico, que levará a uma separação real, pactuada e serena: se já antes eram dois pais atenciosos e responsáveis, hoje talvez possam também ser duas pessoas felizes. Um pai que cuida de sua própria felicidade pesará muito menos sobre os ombros de seus filhos.

A SEPARAÇÃO DESEQUILIBRADA

Um resultado ainda diferente da terapia de casal é aquele que vê a terapia ser concluída com uma *separação desequilibrada*. É o que o terapeuta nunca gostaria que acontecesse, porque também é um resultado prejudicial tanto para adultos quanto para crianças. Pode acontecer que para um dos dois parceiros aumente a consciência de querer se separar, enquanto o outro não se separa, fica sozinho, vivendo uma situação de abandono e não consegue aceitar que o *Nós como casal* já não existe. Um dos dois termina o relacionamento, enquanto o outro não desiste da ideia de estar junto. Na realidade, pode ser que o maior medo deste último não seja o de deixar o casal, mas sim o de ficar sozinho. Nessas situações, as crianças correm risco, principalmente, porque é muito difícil construir um *nós parental* bom o suficiente em um fracasso total do *Nós* do casal. Esse é um caminho que, no plano de terapia de casais, pode provavelmente ser considerado um fracasso, mesmo se em um nível pessoal, um dos dois pode ter se beneficiado em comparação com seu crescimento. No entanto, conforme indicado por algumas pesquisas na avaliação da terapia (Andolfi, Angelo, D'Atena, 2001), também experiências terapêuticas que definimos como insucessos podem iniciar processos transformadores em que as pessoas se recuperam e, também, usam depois de muito tempo do final da terapia.

AVALIAÇÃO À DISTÂNCIA

O paradoxo a *terapia termina quando começa* é a situação em que o casal não precisa mais de um mediador, de um árbitro e traz as suas próprias questões para casa. As mudanças, mesmo que ocorram em um curto espaço de tempo, vão demandar mais tempo para se consolidarem, mas esse processo subsequente pode ser devolvido à capacidade do casal em proceder de forma independente. A terapia pode ser considerada concluída quando o casal, por meio da experiência terapêutica, aprendeu, fez e criou realmente um método de resolver as dificuldades, que permite não apenas que se sinta competente nas questões atuais, mas também em ser capaz de enfrentar as novas crises evolutivas que podem surgir no futuro, tendo aprendido uma nova chave de leitura para dar significado para eventos de vida.

Outro aspecto para o qual a terapia de casal não termina concomitantemente com o último dia de terapia diz respeito à relação terapêutica. Se por um lado, nas primeiras reuniões, durante a construção da aliança, é importante que a atenção do terapeuta esteja voltada para pesquisar e potencializar aqueles elementos que tendem a garantir que as pessoas recuperem os recursos que são úteis para o seu crescimento, por outro lado, deve-se considerar o encerramento da terapia como um processo demorado que permite ao casal e ao terapeuta transformarem seu relacionamento de maneira mais paritária.

De acordo com o que foi afirmado, durante a última sessão de terapia, poderá ser proposta uma reunião em um curto espaço de tempo: "*Nos vemos em seis meses, então há tempo suficiente para que algo aconteça e vocês poderão vir e me contar!*". Dessa forma, é possível ao terapeuta enviar uma mensagem de confiança no intervalo de tempo em que os parceiros vão "trabalhar sozinhos" e, ao mesmo tempo, ter interesse genuíno por eles, propondo de revê-los e tranquilizando-os sobre o sentimento de abandono. A consulta de *follow-up* torna-se, portanto, uma oportunidade que permitirá avaliar como e se o casal aprendeu a usar as mudanças que ocorreram. Deixar um fio de conexão é extremamente tranquilizador para o casal e, também, útil ao terapeuta, pois um pensamento permanece suspenso no sentido último do trabalho realizado em conjunto. É como se fosse uma reunião destinada a consolidar as mudanças que já ocorreram na terapia, que muitas vezes assumem o sentido de um ritual que celebra os momentos importantes da vida, favorecendo uma definição mais clara.

O tema da avaliação após algum tempo do final da terapia é um dos aspectos menos presentes e mais polêmicos nas reflexões e nas práticas do mundo psicoterapêutico. Isso pareceria trazer à luz uma espécie de resistência provavelmente atribuível a uma série de preconceitos relativos à relação com os pacientes. Em primeiro lugar, ao chamar novamente as famílias ou casais a uma grande distância de tempo, poderia ser percebido que eles estão piores do que quando os deixamos e isso poderia nos levar a uma crise no que diz respeito às nossas competências profissionais. Em segundo lugar, uma certa resistência a fazer contato poderia ser pelo receio de que a nossa chamada possa reativar novos pedidos de ajuda ou, pelo contrário, constituir uma oportunidade útil para pacientes criticarem o que fizemos com eles. O preconceito que, no entanto, consideramos mais importante na escolha de não ligar de volta para paciente após algum tempo do término da terapia diz respeito a uma certa forma de conceber o papel profissional, que não contempla a curiosidade de nos informar sobre a vida de nossos pacientes, uma vez encerrada a terapia. Nossa crença agora ficará clara para o leitor de que se um terapeuta é incapaz de trazer a sua pessoa para o seu trabalho, isto é, se ele usa seu profissionalismo como um vestido que ele se esconde e se defende, não presta um bom serviço nem aos pacientes que atende nem a si mesmo. Essa postura não é apenas sobre como estar com eles na terapia, mas também como nos informar sobre seus processos de desenvolvimento ao longo do tempo.

Infelizmente, muitas vezes, a pesquisa sobre os resultados é baseada na verificação de muitas hipóteses de trabalho elaboradas na teoria ou nas universidades por nós profissionais, sobre os nossos pacientes. É como se a competência com relação à avaliação do trabalho terapêutico residisse apenas no terapeuta e se relacionasse exclusivamente ao seu mundo profissional e não também aos usuários como parte ativa desse processo.

Apoiado por uma importante pesquisa sobre a avaliação à distância da terapia conduzida na Academia de Psicoterapia da Família, relatada no livro *A terapia narrada pelas famílias* (Andolfi, Angelo, D'Atena, 2001), em nossa prática clínica, sempre previmos sessões de avaliação a serem realizadas entre três e cinco anos a partir do final da terapia, com as quais revimos nossos antigos pacientes, colocando-nos como observadores e deixando que eles nos contem como suas vidas estão indo, o que eles se lembram da terapia, se e como foi útil para eles, essencialmente o que eles fizeram com isso. Para o terapeuta, essas são sessões extremamente importantes, porque permitem que ele avalie o *coping system* do casal, a modalidade com a qual hoje o casal enfrenta as suas dificuldades, as estratégias organizacionais que possui, não apenas em relação aos problemas para os quais os parceiros chegaram à terapia, mas também em relação às etapas evolutivas subsequentes e aos novos eventos existenciais após o término da experiência terapêutica, por exemplo, a eventual perda dos pais ou a saída de casa dos filhos. Para o terapeuta, essas reuniões são uma oportunidade extraordinária para verificar a eficácia de seu trabalho por meio da voz daqueles que, junto a ele, viveram essa experiência e a partir da qual eles podem ter se beneficiado mais ou menos.

Esses encontros de longa distância costumam ser sessões bastante envolventes, um pouco como encontros entre velhos amigos, em que eles têm momentos emocionais compartilhados de grande intensidade, nos quais os casais relembram os momentos mais importantes e transformadores da experiência terapêutica. Também, parece que essas sessões, apesar de ocorrerem depois de vários anos de intervalo, também, têm um valor terapêutico: casais, ao aceitarem participar de boa vontade, têm a oportunidade de compartilhar com o terapeuta as mudanças feitas com autonomia após o término da terapia. Dessa forma, eles podem extinguir sua dívida de gratidão e, ao mesmo tempo, podem se reapropriar definitivamente de todo o trabalho feito em conjunto, tirando o crachá de *paciente* e fechando o círculo. Por fim, eles têm o prazer de relatar sobre as mudanças deles como uma forma de restituição social, pensando que a experiência que tiveram, uma vez comunicada, também pode ser útil para outros casais que façam um pedido de ajuda.

Não os colocamos mais no meio!

O casal formado por Alessandro e Simona pediu para fazer terapia muitos anos atrás, quando seus filhos eram pequenos, devido às constantes brigas que começaram desde os primeiros anos de casamento. Alessandro estava exausto da interferência persistente da sogra na vida do casal e, se pudesse, teria deixado de vê-la de bom grado. Para Simona, no fundo, o problema era apenas aparentemente diferente: ela nunca tinha se sentido aceita como esposa de Alessandro pela família dele, principalmente pela mãe dele que, segundo ela, demonstrava pouquíssimo interesse também pelos netos.

A metáfora do "canteiro de obras" para definir a casa deles foi introduzida pelos terapeutas desde a primeira sessão para destacar a total falta de limites desse casal com relação às gerações anteriores: era como se as portas e venezianas das janelas nunca tivessem sido instaladas e qualquer um pudesse entrar com bom ou mau tempo!

A terapia durou um ano e meio, com bons resultados. Os parceiros conseguiram desamarrar aqueles laços pessoais que, até então, impediam a construção do espaço íntimo e cúmplice do casal e estavam prontos para recomeçar com bases completamente diferentes. Na última sessão, terminamos, e a prescrição de nós, terapeutas, é que eles plantem no jardim um limoeiro, símbolo do casal nascente, na esperança de que dessem muitos frutos nos próximos anos.

Cerca de três anos após o término da terapia, o casal aceitará nossa proposta de se encontrar novamente para uma sessão de *follow-up* à distância. Será um encontro agradável, em que ambos os parceiros generosamente irão relatar as suas reflexões, reutilizando *slogans* e metáforas como se não tivesse passado todo esse tempo desde nossas reuniões. Abaixo está um breve trecho da sessão, bastante significativo.

Terapeuta: Como vocês estão?

Alessandro: Bem! Todo mundo lida com seus próprios ascendentes! Eu pensei sobre isso ... Vim aqui com um problema, o problema desapareceu, portanto, estou bem! No que me diz respeito, está resolvido!

Terapeuta: Se hoje tivéssemos que fazer um resumo desses três anos após a terapia, o que você nos diria?

Alessandro: Acredito que o fundamental é, para mim e para nós, não ter nos lançado a culpar sogras e outras pessoas, mas deixar que cada um de nós administre a relação com seus ascendentes, buscando apoio dentro do casal em momentos de dificuldade, sem colocar a outra pessoa no meio.

Simona: Sinto que tenho muito mais cumplicidade com Alessandro, mais apoio e um pouco menos de medo de ... minha mãe vem à mente, mas não é bem sobre isso ... fico muito contente que agora isso é um fato que diz respeito a mim, que ele me apoia e não sente necessidade de se colocar entre a relação minha e da minha mãe! E, ao mesmo tempo, me sinto mais distante de sua mãe, menos pressionados pela presença de famílias de origem. Elas existem, são pessoas que ainda criam problemas para mim, mas eu não as coloco mais no meio. Pelo menos, me parece que não. Então me sinto mais serena.

Terapeuta (para Simona): Na sua opinião, o que mudou lá que permitiu mudar algo aqui?

Simona: Bem, tenho pensado muito nisso, também porque aconteceram coisas recentemente. Acho que sou mais realista com minha mãe. Percebi que quando ela estava muito em cima de mim, eu consequentemente a idealizava. Em vez disso, com o fato dela permanecer em seu lugar, posso vê-la como é, e é muito mais fácil para mim entrar numa relação autêntica, que não é necessariamente uma relação positiva, é o que é!

O passado é passado!

Paolo e Sara solicitaram uma terapia para ajudá-los a entender se realmente queriam se casar, embora já tivessem dois filhos de 7 e 2 anos. O medo do compromisso, apesar do forte sentimento que os prendia, manteve especialmente Paolo em uma posição de dúvida e à espera de que algo mudasse magicamente entre eles. Sara, por outro lado, adaptou-se às dúvidas de Paolo como ela sempre se adaptou ao fato de nunca ser vista como uma filha em sua família, pressionada como estava pelas expectativas de que todas as figuras significativas da sua vida sempre colocaram sobre ela.

A terapia durou cerca de um ano e terminou com sucesso. Veremos a seguir o que o casal vai optar por contar sobre a experiência terapêutica após pouco mais de dois anos do último encontro.

Terapeuta: Houve momentos particularmente significativos, em nossa jornada juntos, na opinião de vocês?

Paolo: Para mim, foi certamente o período em que todos estavam presentes ... o presépio todo! Para muitas coisas ... o mesmo arranjo da fotografia. Que momento forte! Porque coisas difíceis surgiram! Meu pai ... minha mãe, que pareciam estar ali, mas não estavam ... a minha irmã Fabiana, desgraça encarnada, aquela que assentia. Foi difícil como um momento. Sem terapia, eu certamente não teria saído disso. Com Francesca (a irmã mais nova), eu nunca mais falei sobre, porque ela não consegue voltar ao assunto explicitamente.

Terapeuta: E você trabalhou muito nisso, dentro de você ...

Paolo: Claro! E ainda trabalho!

Terapeuta: Então, se permitiu retomar as relações com sua irmã sem voltar a pedir uma indenização da "colônia de férias", permita-me usar uma última vez esta metáfora, voltando ao que não aconteceu no passado para pedir algum tipo de pagamento impossível?

Paolo: Sim, concordo. A "colônia de férias" trabalhou na direção desejada: Não a obriguei mais a pagar essa conta, é verdade.

Terapeuta: E para você Sara?

Sara: Para mim, conhecer a sua família (dele) me permitiu vê-lo em uma luz diferente. Sempre tive muita raiva de sua atitude exigente e competitiva em relação a mim, mas, então, percebi que não se tratava de mim, mas de seus relacionamentos naquela família, em que entre os irmãos se travava uma guerra no lugar de outra pessoa. Lá, senti muito carinho por Paolo. E depois, é claro, as reuniões com meus pais, especialmente aquela com meu pai. Antes eu estava com muito medo, pensei que se ele se recusasse a vir, por mim, teria sido mais fácil. Em vez disso, durante a sessão, ele se abriu bastante, acho que a reunião fez bem a ele.

Terapeuta: Por quê?

Sara: Não sei. Certamente fez bem a nós dois, porque descobri algumas coisas aqui.

Terapeuta: Por exemplo?

Sara: Por exemplo, que era a mãe de Verônica (a meia-irmã, filha de seu pai) que não queria que ele me visse, que o distanciava de mim. Eu não sabia disso. Na mesma noite da sessão, quando voltei, me joguei exausta na cama, havia a sensação de não ter mais forças. Eu me lembro que, na noite anterior, eu não havia conseguido dormir, senti nas costas o peso dos meus 40 anos, a ansiedade e a tensão que eu sentia quando chegamos aqui, senti tudo isso ... E aí, depois, eu disse a mim mesma: "Mas o que eu ainda tenho que saber? O passado já passou! É inútil continuar remoendo!". Pode ser que, inconscientemente, eu tivesse decidido seguir em frente. Um pouco como se tivesse colocado um ponto final. Já não me preocupava em saber sobre o passado, eu não estava lá! Essa sempre será a sua versão, a versão da minha avó, a versão da minha mãe ... E depois, quando a minha mãe queria saber, através de mim, se a mãe da Verônica também estava lá, eu respondi que na relação entre mim e Veronica não existia nem ela e nem a mãe da minha irmã. Foi a primeira vez que falei assim com ela!

Terapeuta: E como a mamãe reagiu?

Sara: Bem, ela não reagiu mal. Talvez fosse só eu... talvez até o fato de que agora eu conseguia responder para minha mãe assim era um indicador... eu não sei..., mas não tinha mais sentido o passado, eu só queria ir adiante e basta. Mas o melhor é que, nos dias que se seguiram, finalmente consegui dizer ao meu pai: "Escuta pai, se nos casarmos você vai me levar ao altar? ". Ele riu, como se não esperasse por essa pergunta.

Terapeuta: Por que foi a melhor coisa?

Sara: É que até aquela sessão, para não fazer minha mãe sofrer, eu nunca teria pedido a meu pai que me levasse ao altar. Mas então eu fiz isso e foi muito mais fácil do que jamais pensei! Eu queria meu pai no meu casamento, eu queria a minha mãe, a minha avó, porque era o meu momento! O resto era problema deles, não me dizia mais a respeito!

13. O CASAL NO DIVÓRCIO

O trabalho terapêutico com o casal não pode deixar de abordar uma parte tão importante quanto a relativa ao divórcio, quando esse constitui a realidade já existente que o casal precisa enfrentar e superar da melhor maneira para o bem de todos: cônjuges, filhos e famílias de origem. Embora essas agora sejam experiências difundidas, a separação conjugal e o divórcio abalam sempre profundamente o próprio sentido da vida. O divórcio é aquela tempestade emocional que, se não recebido e tratado com eficácia, pode deixar mortos e feridos espalhados na família mesmo depois de muitos anos, e, como sempre acontece, os problemas emocionais não resolvidos nessa fase irão se repetir como obstáculos nas relações subsequentes.

A ausência da separação psíquica do ex-cônjuge é o fator mais importante entre aqueles capazes de impedir que os laços familiares continuem a se desenvolver com sucesso após o divórcio (Bohannan, 1973; Cigoli et al.,1988; Emery, 2004). O tempo evolutivo cessa, a competição e intromissão frequentemente presentes entre ex-cônjuges são a causa do empobrecimento relacional e da instrumentalização das crianças. Conflitos de lealdade, coalizões e culpa são criados em adultos e crianças (Emery, 2004; Baker, 2007). Em particular, aqueles laços matrimoniais, caracterizados por um *excesso absoluto de casal*, que vêm acompanhados de uma atrofia da autonomia individual e da identidade familiar, uma vez desfeitos, são altamente disfuncionais e levam a uma situação bloqueada de divórcio (Caillé, 1995).

Na realidade, o divórcio não deve ser entendido simplesmente como um acontecimento desconcertante, mas sim como um *processo emocional da família* com tendência flutuante, que se desenrola no tempo familiar e que apresenta picos de tensão que são rastreáveis junto a diferentes circunstâncias: o momento da decisão de separação ou divórcio; quando a decisão é anunciada para familiares e amigos; quando forem discutidos os acordos relativos ao dinheiro, à guarda dos filhos e a visitas do outro progenitor; quando do momento da separação física; quando acontece o divórcio legal; quando surgem problemas de dinheiro ou problemas com os filhos; quando os filhos se formam, casam-se, têm filhos ou ficam doentes; quando os cônjuges se casam novamente, mudam-se, ficam doentes ou morrem. Esses picos de tensão emocional são vistos em todas as famílias de pessoas divorciadas, não necessariamente na ordem listada, e podem ser repetidos várias vezes, por meses ou anos (McGoldrick et al.,1993; Amato, 2010). As emoções que surgem durante esse processo se referem, principalmente, ao processamento do *divórcio emocional* (Bohannan, 1973), ou seja, o processo psíquico de distanciamento do *Self* da união matrimonial. Para que esse processo aconteça, cada parceiro deve ser capaz de retirar as esperanças, os sonhos, os planos e as expectativas que ele havia investido em seu cônjuge e em seu casamento, processando essa perda. Tudo isso envolve enfrentar os sentimentos de medo, de dor, de raiva, de condenação, de culpa e de vergonha. O ciclo de elaboração do luto (Emery, 2004), relacionado ao divórcio, é longo e difícil para muitos casais, também, porque o divórcio pode ser considerado como um *luto ambíguo* (Andolfi & D'Elia, 2007), ou seja, um evento que envolve para os diferentes membros da família uma perda importante, mas não necessariamente definitiva, uma vez que não é irreversível como a morte. Especialmente diante de eventuais problemas que possam surgir nos filhos após a separação, pode acontecer que um ou ambos os cônjuges experimentem um sentimento de profunda culpa que os faria cogitar a possibilidade de voltar atrás apesar do fim do relacionamento conjugal, prolongando, assim, os tempos de processamento emocional para todos.

FATORES DE RISCO E FATORES DE PROTEÇÃO

A pesquisa científica internacional sobre o tema do divórcio produziu vários livros nos últimos quarenta anos. Ela esteve envolvida na identificação dos fatores indicativos de uma maior probabilidade de divórcio no que diz respeito aos aspectos sociodemográficos e econômicos (Amato & James, 2010; Wagner & Weiss, 2006) e as características individuais (Rodrigues et al., 2006) para se chegar a considerar os processos relacionais. Em especial, entre os fatores associados a este último, foi identificado como um preditivo do rompimento conjugal: o baixo nível de comprometimento no que diz respeito à relação e à presença de alternativas ao relacionamento atual; os altos níveis de violência doméstica; a falta de apoio e o alto conflito (Gottman & Levenson, 2000; Hall & Fincham, 2006). Essas características são bastante frequentes nas relações de casal modernas, em que o investimento afetivo-romântico prevalece sobre o compromisso na relação. Nós encontramos isso durante a terapia, especialmente em casais jovens, frequentemente constituídos por duas pessoas com medo de fundir partes de si mesmas para criar um nós que as contenha e contenha a família. O que emerge claramente da nossa experiência é que o subsistema do casal, que, na sociedade de hoje, representa o elemento crucial para o bom funcionamento da família, é, ao mesmo tempo, o elemento de maior fragilidade ao nível da propriedade (Andolfi & Mascellani, 2012).

Nos últimos anos, a pesquisa se concentrou na identificação desses fatores positivos do relacionamento do casal que podem atenuar a extensão dos efeitos potencialmente prejudiciais. Assim, o compromisso, o perdão e a capacidade de sacrifício surgem entre os aspectos benéficos de apoio (Bodenman et al., 2006; Bradbury & Karney, 2004; Fincham et al., 2007; Giuliani et al., 2007). Entre os fatores que são capazes de amortecer o golpe do divórcio, surge o apoio e ajuda da família de origem, juntamente com a presença de uma boa rede de amigos (Frisby et al., 2012; Amato et al., 2011; Greif & Holtz Deal, 2012): uma maneira de dizer que a melhor expectativa de vida sempre está no relacionamento.

O DIVÓRCIO E OS FILHOS

O que acontece com os filhos quando a esperança começa a morrer entre seus pais como casal? Vamos tentar nos colocar no lugar deles.

A separação começa em casa: na melhor das hipóteses, isto é, quando o senso de responsabilidade para com os filhos ainda prevalece nos parceiros, ajuda-os a não discutir na frente deles, os pais se olham nos olhos cada vez menos, preferindo olhar para outro lugar. A energia negativa aumenta e lentamente o conflito subterrâneo ocupa todo o espaço vital da família. E as crianças? Muitas vezes, no nobre intento de protegê-las, elas são, na verdade, esquecidas, não ouvidas. Elas estão assustadas e sozinhas. Quando os pais estão à beira da separação, os filhos vivem com medo de uma catástrofe iminente: nos livros de histórias, o príncipe encantado e o amor por sua princesa prometiam histórias de salvação, mas agora descobrem que é tudo uma grande mentira e que, acima de tudo, não podem contar a ninguém. Medo e decepção, mas também vergonha e culpa, são os sentimentos que experimentam (Emery, 2004; Cummings & Davies, 2010). As crianças gostariam de desaparecer. Ambos estão perdendo os pais, confusos pela raiva e tristeza, oprimidos por seus problemas, na busca da felicidade ou da vingança. Assim, as crianças experimentam uma sensação de impotência: elas, inicialmente, esperam conseguir reunir os pais, logo deparando-se com uma realidade diferente. Eles se perguntam, então, em que erraram; porque a separação dos pais, para os filhos, é sempre um fracasso pessoal. Eles não têm escapatória: se os pais não forem capazes, serão eles a se tornarem adultos de maneira mais rápida, sufocando suas próprias necessidades ou escondendo sua parte solicitante dentro de um sintoma, parando de crescer. Eles serão capazes de se deixarem capturar pelo parceiro "vítima" por funcionar como um objeto consolador e compensatório ou serem usados indiscriminadamente pelos pais um contra o outro, cada um para a própria vingança pessoal.

Os adolescentes, confrontados com o divórcio de seus pais, veem-se tendo que enfrentar dificuldades ainda mais acentuadas. Experiências de incerteza do adolescente em comparação com o que está acontecendo são diferentes daquelas de uma criança. Os meninos logo entendem a gravidade das brigas e têm muitas vezes percepções muito mais claras sobre o estado da relação parental do que os próprios adultos. No entanto, eles não mais atribuem a si próprios a responsabilidade pela separação e não vivem mais a experiência como abandono em sentido estrito.

Se, na infância, a genitorialidade visa a garantir a sensação de segurança e confiança da criança no mundo, essa assume funções muito diferentes com a adolescência: questões relacionadas às mudanças do relacionamento com os pais são fundamentais no processo de crescimento e definição do *Self* dos jovens filhos. A adolescência é o tempo de metamorfose somática, de mudança emocional (Andolfi & Mascellani, 2010), e os meninos começam a olhar para fora da família em busca de outras associações que os ajudem nas primeiras tentativas de emancipação. Para compreender e integrar a mudança no centro das questões do adolescente, o adolescente precisa que a família lhe dê uma imagem de estabilidade e continuidade com o passado, mas, ao mesmo tempo, que seja capaz de valorizar o novo.

A separação dos pais implica uma série de mudanças repentinas e concretas, como a casa, a escola, a disponibilidade econômica, mas, sobretudo, relacional, relativas tanto com a presença diária dos pais quanto com a separação entre a conjugalidade e a paternidade. Pais ocupados na recuperação de sua própria dimensão de estabilidade e serenidade correm o risco de pedir aos adolescentes que não os perturbem mais. O menino pode responder adotando um comportamento adaptativo para evitar sobrecarregar um ou ambos os pais, adiando ou negando a aceitação de novas partes de si mesmo e acarretando o desenvolvimento de uma sintomatologia depressiva. Contudo, também, pode desenvolver comportamentos reativos, manifestando raiva, medo e confusão, que inconscientemente circulam pela casa. Assim, podem surgir comportamentos violentos, autodirecionados ou heterodirecionados, que, na realidade, nada mais são do que o braço armado do conflito do casal.

O divórcio, na realidade, pode estar na origem de vários problemas quanto às consequências para os filhos durante todo o processo evolutivo (Amato, 2000, 2010; Arditti & Prouty, 1999; Laumann-Billings & Emery, 2000; Marquardt, 2005; Wallerstein & Lewis, 2004), especialmente quando é caracterizado pela persistência de um alto nível de conflito entre os ex-parceiros (Lebow, 2015).

Na fase inicial, a dor do parceiro "perdedor" junto à culpa e ao sentimento de fracasso do outro podem fazer com que os pais estejam menos presentes e, ao mesmo tempo, aumentar a necessidade de ouvir os filhos aliados. É assim que um pai ou ambos podem adotar comportamentos superprotetores ou hiperpermissivos, demonstrando para o mundo e para si mesmos sua própria validade parental, em oposição à incapacidade do outro, ou pode haver comportamentos de apropriação dos filhos, por meio de sedução ou chantagem emocional. Pode acontecer que, ao pedido de mais apoio por parte da criança, um ou ambos os pais respondam expressando a mesma necessidade dele e que, dessa forma, seja a criança a apoiar emocionalmente os pais, ou que, a fim de salvar o que resta da família, o pai que mora com a criança intensifique excessivamente os laços com ele, dificultando o seu processo evolutivo. Todas essas atitudes confundem a criança, colocando-a dentro de triangulações negativas, e a possibilidade de se relacionar com os pais em uma dimensão da realidade diminui consideravelmente, tornando o período ainda mais crítico.

O conflito entre os ex-cônjuges imediatamente após a separação física pode prejudicar a função parental e pode ocorrer que um dos pais seja incapaz de aceitar que o outro mantenha seu papel. O genitor que mora junto ao filho tem um papel crucial em favorecer, mas também dificultar o relacionamento do filho com o outro genitor e com a sua história geracional. Isso pode acontecer por vários motivos: quando o cônjuge não é considerado capaz, uma vez que provou não conseguir manter a promessa de casamento; se o pai obstrutor tem grande dificuldade em aceitar o fracasso da união conjugal e interpreta a separação como um abandono, a interrupção do relacionamento do filho com o outro pai seria uma forma de apoiar essa tese. Todas essas situações podem ocorrer mais quando o pai renuncia a planejar um futuro pessoal e se refugia na família de origem (Dell'Antonio, 1992).

A persistência de conflitos intensos entre os pais ao longo do tempo pode causar graves transtornos em crianças de um ponto de vista psicofísico, relacional e comportamental, e é por esse motivo que o alto conflito parental é considerado uma violência psicológica que pode resultar em uma ação real de *mobbing parental* (Najman et al., 1997).

Quando os membros da família consideram os relacionamentos familiares como escolha, fazem-no em detrimento de seu senso de identidade e da riqueza de seu contexto emocional e social. Embora os parceiros tenham decidido não aceitar mais compromissos para manter um vínculo conjugal insatisfatório, eles ainda terão que fazer acertamentos durante o divórcio.

A capacidade dos pais em manter um relacionamento colaborativo e em garantir a continuidade dos cuidados mesmo após o divórcio provou ser o fator mais importante na previsão do bem-estar das crianças, mesmo após a separação (McGoldrick et al.,1993; Ahrons, 2007; Carter, 2011).

Estamos falando sobre a tão conhecida *co-parenting* (McHale, 2007), que se configura como o elemento decisivo capaz de garantir um sentimento de continuidade face à perda que o divórcio representa para os filhos. É, sem dúvida, uma tarefa difícil para muitos parceiros ser capaz de manter distância e, ao mesmo tempo, cooperar diariamente quando os limites de seu relacionamento são ambíguos e flutuantes entre apego confuso e conflito exasperado.

Não basta manter uma colaboração forçada para o bem dos filhos: para que o papel dos pais seja eficaz, é necessária uma cooperação amigável e bem equilibrada entre os pais (Scabini, 1995). Muitas vezes, o envolvimento mútuo de ex-parceiros, com seus aspectos não resolvidos de conflito, é tal que compromete a prática da função parental e da divisão de responsabilidades como pais, uma vez que implica a não fácil aceitação do pertencimento mútuo ao mesmo sistema familiar, com os vínculos e oportunidades que traz consigo. Algumas pesquisas mostram que um importante fator de proteção para os filhos de famílias divorciadas é constituído pelo envolvimento dos avós nas relações do dia a dia, que parecem desempenhar um papel de compensação quando os pais, aniquilados em estado de tensão e distanciamento, dificilmente conseguem estar presentes e serem responsivos às necessidades das crianças (Henderson et al., 2009; King, 2003). Mais do que os filhos de famílias intactas, os filhos dos divorciados deveriam ter acesso à sua história geracional, valorizando a continuidade-confiabilidade do contexto de crescimento, especialmente quando o conflito é fortemente hostil entre os pais (Cigoli, 2017), pois essa possibilidade permite o cumprimento daqueles aspectos de lealdade e justiça que são fundamentais nas relações familiares.

Basicamente, a difícil tarefa dos pais separados é iniciar um processo de transformação do vínculo que, mesmo que maculado por um divórcio, é permanente, porque transcende gerações futuras. É nessa premissa ética que se baseia a necessidade de não quebrar os elos que unem os filhos às gerações de sua família. O passado não pode ser apagado, porque dá sentido ao futuro: e o vínculo familiar deve ser resguardado, ainda que na vigência de cisão conjugal.

Somente se cada parceiro vier a aceitar sua parcela de responsabilidade pelo fracasso do casamento e recuperar o seu pertencimento familiar, poderá dizer que a crise foi enfrentada e superada. Em especial, o objetivo fundamental que os ex-parceiros devem alcançar é a compreensão e a aceitação do fracasso do relacionamento. Relacionamentos rompidos precisam ser reorganizados, os limites redefinidos e o equilíbrio entre novas distâncias devem ser buscados e mantidos.

AS INTERVENÇÕES DE AJUDA NO DIVÓRCIO

O aumento vertiginoso dos casos de desagregação familiar deu origem ao desenvolvimento de uma série de intervenções assistenciais dirigidas ao casal na sua função parental, muitas vezes, de natureza interdisciplinar. A responsabilidade genitorial tornou-se, portanto, o *foco* compartilhado pelos diferentes tipos de tratamento para lidar com o sofrimento dos filhos em famílias divorciadas. Todavia, a família não é simplesmente uma "arquitetura funcional" que deve honrar os seus deveres para o bem das crianças. Olhar para a família apenas no que tange às suas responsabilidades faz perder de vista o valor emocional que sempre teve para cada um de seus membros, incluindo as crianças.

O casamento, entidade que está em queda livre, tornou-se um *assunto particular* na sociedade moderna. Se existe ou não, pouca importa para a sociedade em reconhecer um pai e uma mãe. Muitas vezes, é uma escolha individual com base emocional, e a duração do vínculo é determinada principalmente pela qualidade afetiva da relação do casal, portanto, fica-se juntos por e até que exista amor. Vamos tentar imaginar o que acontece quando o divórcio chega a um casal com filhos que se uniu sob essas premissas. Para o parceiro abandonado, o divórcio será baseado na lógica adultocêntrica do direito adquirido: "*Eu tinha direito a uma afetividade que você tirou de mim, então me sinto violado em meu direito de ser amado!*". O que não podemos esquecer é que o divórcio, por outro lado, continua sendo um *fato social*, que vê o vínculo do casal na base da lógica contratual no que diz respeito ao compromisso assumido para garantir aos filhos os cuidados de que necessitam. Se os pais desejam salvaguardar a privacidade das relações familiares, podem negociar acordos que terão de ser somente aprovados pelo Tribunal.

Quando, por outro lado, eles são envolvidos pelo conflito, a família é levada à mesa do Juiz, e a separação judicial penaliza o íntimo de um processo evolutivo voltado para a mudança. O divórcio litigioso é regido pelas instituições, por intervenção do Tribunal, de advogados, de assistentes sociais etc. Instituições, como nós sabemos, adotam a lógica regulatória, de controle e de diretividade, efetivamente, suspendendo a competência parental natural que deriva do amor que cuida de um filho. O rompimento causado pelo divórcio em si, especialmente nas separações judiciais, é bastante ampliado precisamente desde o envolvimento do judiciário, do qual os parceiros dependem, cada um, para ganhar seu jogo, cada vez mais perdendo de vista a ideia de que, para desempenhar uma função parental eficaz, um precisa do outro com o objetivo de compartilhar o amor pelos filhos.

Vimos como o divórcio não deve ser considerado um evento, mas um lento processo de transformação do vínculo do casal, caracterizado pela recorrência de picos de tensão em muitos momentos de transição nos próximos anos. Em nossa opinião, tudo isso é muito importante para avaliar a real viabilidade e eficácia da intervenção de ajuda a ser proposta a casais em processo de divórcio. O direito colaborativo, a negociação assistida ou a mediação familiar são intervenções técnicas, sem dúvida, muito úteis que, junto aos tratamentos psicoeducacionais, podem acompanhar o casal na primeira fase da separação, quando é necessário chegar a acordos concretos, compartilhando regras e estilos de comportamento. Porém, tudo isso só é possível, se há um nível mínimo de consciência e disponibilidade por parte dos parceiros em ter que negociar, abandonando a lógica do perdedor e do vencedor, para concordar sobre o que perde cada um, a favor da continuidade parental, porque, no divórcio, infelizmente, ninguém ganha! Em casais altamente conflituosos, terrivelmente ressentidos e vingativos, tudo isso dificilmente pode acontecer. Em algumas situações, também, é possível obter resultados bastante satisfatórios, porque, pelo menos, se pode transformar uma separação litigiosa em uma consensual. Contudo, é preciso reconhecer que existem muitas separações consensuais que, mesmo depois de muitos anos, veem os parceiros ainda imobilizados nos papéis de "vítima" e "carrasco", bloqueando, dessa forma, a elaboração psíquica natural do divórcio. Já muitos anos atrás, quando na Itália as separações legalmente consensuais totalizavam 90%, a partir de uma pesquisa subsequente, demonstrou-se que desses 90% até 78% foram dilacerados durante anos por conflitos psicológicos e econômicos muito graves (Dini Martino, 1994).

Superar uma situação de grande conflito, durante o divórcio, requer muito trabalho consigo mesmo e com o papel de pai / mãe: passar pela fase da dor, aceitá-la, processá-la e deixar ir embora o sofrimento, começar a investir em si mesmo e nos próprios recursos são uma jornada cansativa que pode ser enfrentada dentro de um percurso clínico. No entanto, devemos admitir que o pedido de um tratamento terapêutico por um casal divorciado é uma ocorrência bastante rara. A terapia de casal não faz sentido se o casal não existe mais.

Um dado particularmente interessante que emerge de nossa pesquisa sobre a psicopatologia do casal moderno (Andolfi & Mascellani, 2012) diz respeito ao motivo desencadeador da crise do casal. A parentalidade e a passagem do núcleo familiar de dois para três parecem constituir o nó problemático da maioria dos casais, que localizam o início de seus problemas após o nascimento de seu primeiro filho. Outro momento crítico para o casal ocorre em concomitância com a chegada da adolescência dos filhos. Os dados estatísticos italianos sobre os picos de maior ruptura familiar indicam os quinze anos de casamento ou de convivência como o período mais crítico de todos. As tarefas evolutivas do casal, específicas para esse período, referem-se ao fortalecimento do *nós genitorial*, enquanto a adolescência apresenta desafios importantes para os pais: desde o tema educacional, incluindo a escolha da escola e o valor crescente do grupo de pares, a forma diferenciada de se relacionar com os filhos adolescentes que, por um lado, pedem maior liberdade e autonomia, mas, por outro lado, também expressam a necessidade de dependência e cuidado afetivo.

É claro que nem todos os casais em dificuldade procuram um terapeuta para obter ajuda; há muitos que decidem ver, na separação, a solução mais rápida e eficaz para seus problemas. Precisamente nesses casos, porém, a separação corre o risco de ser uma solução paradoxal: se o casal é omitido, porque os cônjuges não puderam desempenhar um papel parental válido, como é possível que, depois da separação, esse mesmo casal consiga, de repente, fazer um salto qualitativo?

É assim que chegam ao Serviço Clínico da Academia muitos pedidos de ajuda de pais divorciados para os filhos, pequenos e grandes, que demonstram comportamentos sintomáticos. Os pedidos são frequentemente solicitados pela Escola, por profissionais dos Serviços Públicos de Saúde Mental ou pela iniciativa privada. Em famílias em que a terapia de casais não chegou, o divórcio muitas vezes levará à necessidade de terapia familiar.

A TERAPIA DE DIVÓRCIO NO MODELO INTERGERACIONAL

Como mencionado nos capítulos anteriores, a *terapia de casais camuflada* (Andolfi, Falcucci, Mascellani et al., 2006) ocorre quando o casal de pais pede ajuda com um problema de um filho. Nesses casos, obviamente, a crise do casal é mantida deliberadamente escondida pelos parceiros que, por motivos diversos, não desejam enfrentar o que não está bem entre eles. Essas são situações dolorosas para todos os membros da família, que vivem em falsa harmonia, trabalhando o melhor que podem para seguir em frente. No entanto, com o tempo, o estresse ao qual as crianças são submetidas, por meio de triangulações tensas, produz neles as sintomatologias mais variadas, desde transtornos psicossomáticos em crianças pequenas, até transtornos de comportamento ou tipo depressivo em adolescentes. O terapeuta familiar aceitará o pedido em sua forma explícita, deixando, por enquanto, o problema do casal e trabalhará com o transtorno do filho por meio do envolvimento do casal em sua função de pais. Por outro lado, essa é a única disponibilidade que o casal pode e vai conceder. Somente no prosseguimento da terapia, quando o sintoma do filho estiver em remissão e a aliança terapêutica com a família consolidada, poderá ser oferecido ao casal trabalhar sobre seus problemas conjugais. A terapia, então, tornar-se-á terapia de casal real e se desenvolverá de acordo com a metodologia amplamente descrita nos capítulos anteriores.

O pedido de ajuda para um filho de casais divorciados

Em casais divorciados, o pedido de ajuda para um problema de um filho tem diferenças consideráveis em comparação com aquele que pode vir de uma família intacta. Em primeiro lugar, o pedido quase nunca vem de ambos os pais, mas de um deles. Para o terapeuta, como sempre, será importante avaliar imediatamente o tipo de pedido: em função de quem aconselhou a terapia ao requerente já se pode ter uma ideia sobre as expectativas que giram em torno do pedido. Em segundo lugar, justamente pelo fato de vir de apenas um dos pais, as expectativas deste último terão um peso considerável, como de fato terá a eventual minimização do problema pelo outro pai: em um casal altamente conflituoso, que agora só se comunica por meio de terceiros, o terapeuta certamente estará envolvido nesse tipo de dinâmica. O risco de se casar com a motivação parcial do pai que ligou, portanto, será muito alto. Antes mesmo de marcar uma consulta, será necessário equilibrar o pedido, pedindo para ser contatado pelo outro progenitor para envolvê-lo desde o primeiro momento. Por outro lado, tudo isso também será necessário para poder entrar em uma situação legalmente lícita: sem o consentimento de ambos os pais não é possível encontrar um menor em terapia na Itália.

Trabalhar em um problema de uma criança ou adolescente, para nós, sempre significa envolver sua família de alguma forma, seja ela intacta ou divorciada. Os transtornos psicossomáticos são cada vez mais frequentes, de atenção ou de comportamento que as crianças e jovens demonstram nos contextos a que pertencem. Acontece que os professores, tendo que enfrentar essas dificuldades em sala de aula, relatam o problema às respectivas famílias. Seguindo esses relatos, geralmente, um processo arriscado começa: o filho problema é separado de sua família, para ser observado individualmente, passa por avaliações especializadas, realizadas por meio da aplicação de inúmeros testes, a fim de produzir um diagnóstico e, portanto, identificar uma psicopatologia. O sofrimento de um filho, que, muitas vezes, é apenas uma dificuldade evolutiva a ser identificada e tratada dentro de seu contexto primário de pertencimento, torna-se, dessa forma, uma doença a ser tratada, frequentemente, com medicamentos. Dessa forma, crianças ou adolescentes tendem a iniciar uma longa carreira como "pacientes", acompanhados ao longo do tempo por diferentes figuras profissionais, dependendo do tipo de sintoma que manifestam.

A nossa abordagem terapêutica com famílias (Andolfi, 2015) é baseada em uma certeza: quando uma criança tem um problema, esse é sempre um problema familiar. Se a criança tem um desconforto, a família sofre isso também. Ela tenta o seu melhor para tornar as coisas melhores, mas se o desconforto persiste, a família que cuida fica desanimada e empobrece, perdendo aos olhos do filho a sua imagem de base segura (Cummings & Davies, 2010). A segunda certeza que emerge do nosso trabalho é que, quando há uma disfunção familiar não resolvida, uma criança frequentemente manifesta um sintoma. Ajudar uma criança sintomática, para nós, não significa intervir sobre ela para resolver os seus problemas, mas ajudar seus pais a recuperarem a sua funcionalidade, fazendo mais uma vez que eles sejam capazes de garantir ao filho o amor, a segurança e a continuidade da confiança nas pessoas que lhe são queridas: a mãe e o pai.

O divórcio é um caso de família completo, e os filhos precisam se sentir seguros e contidos em casa e fora dela, em que correm o risco de perder a *dignidade social* (*ibidem*): basta pensar em como os filhos de pais separados são considerados na escola, na qual são, muitas vezes, vítimas de preconceito ou, às vezes, sentem vergonha pelo comportamento desorganizado ou impróprio de seus pais com os seus professores. Mesmo no divórcio, os filhos querem que seus pais recuperarem a sua competência. Nenhum terapeuta deveria substituir os pais.

Da convocação de ambos os pais para a construção da motivação conjunta

Se em todos os pedidos de terapia relacionados ao transtorno de um filho os aspectos de delegar o problema ao especialista estão sempre presentes, nas situações que envolvem famílias divorciadas, esses são ainda mais consistentes. Estamos convencidos que uma mãe ou pai que está passando por uma situação familiar difícil, como a de um divórcio hostil, suspeitem que os problemas das crianças estejam relacionados à realidade familiar em que vivem, porém, a distância adquirida, por meio da separação física do outro cônjuge, costuma ser uma distância de segurança de um dos dois ou ambos e não pretendem colocá-la em risco por motivo algum. O trabalho terapêutico se apresenta em dificuldade, por assim dizer, porque o primeiro objetivo a ser alcançado será ter acesso à possibilidade de acolher e motivar toda a família biológica a colaborar o máximo possível. Quando estamos diante de uma família desfeita, a disposição de se envolver por parte da família quase nunca está presente, mesmo que o motivo do pedido de ajuda seja bastante preocupante. Se o sintoma de um filho nas famílias intactas produz uma participação natural da família na terapia, em famílias divorciadas, muitas vezes, assume a função de um divisor: cada um dos dois parceiros o imputa implicitamente ao comportamento do outro progenitor, considerado disfuncional e culpado.

Assim, diante da provável insistência por parte de um dos pais de fazer com que nós cuidemos do problema, pois "a família não existe mais", a convocação de ambos os pais, pelo menos para a primeira sessão de consultoria junto aos seus filhos, será a melhor forma de reafirmar, não só a importância da responsabilidade parental, mas também do valor emocional que ambos os pais continuam a representar para seus filhos, apesar do divórcio. Mesmo em casais altamente conflituosos, essa é uma meta geralmente alcançável.

A construção da motivação conjunta será o segundo objetivo terapêutico a ser alcançado para iniciar o processo de filiação familiar. O casal está travado em um conflito, preso entre si, e seus recursos estão bloqueados. Os parceiros não sabem e não querem mais ouvir e falar um com o outro. A atitude benevolente do terapeuta que instrui as pessoas para ajudá-las a promover comportamentos mais funcionais pode não ser suficiente quando o conflito é forte.

Para construir uma motivação conjunta para a terapia, a contribuição de filhos, crianças ou adolescentes, será essencial. Os filhos trazem uma dupla competência para o contexto terapêutico: a natural para a sua idade, composta de brincadeira e criatividade, e aquela que eles construíram em casa, muitas vezes, mais parecida com a de uma "criança-avô", que cuida de seus pais. A partir da análise do sintoma, desde a primeira sessão, o terapeuta vinculará sua competência profissional à natural da criança, a competência lúdica, para trazer à tona a segunda, aquela relacional, muito mais importante para os fins terapêuticos, que a criança construiu durante o tempo de seu crescimento dentro da família. Por meio das brincadeiras, as crianças serão ajudadas a dizer o que nunca podem dizer, em vez de se expressarem exatamente como seus pais esperam delas ou permanecer sofrendo em silêncio. Seus sentimentos, seus medos e sua frustração pelas suas necessidades ganharão voz e visibilidade, e os filhos serão capazes de expressar, finalmente, a opinião deles sobre a situação familiar. A título de exemplo, vamos ver um pequeno trecho da conversa com Camilla, uma filha de 13 anos convocada para uma sessão junto com seus pais recém-divorciados:

Terapeuta: Bem, a sua não é uma família de comercial de margarina ... Quem

você acha que sofre mais?

Camilla: A mãe ... Talvez ele não demonstre ... porque ele sempre sorri.

Terapeuta: Se ele não sorrisse, o que poderia fazer?

Camilla (brava, vira-se para o pai): Você disse que perdeu o amor, mas que

me representa?

Terapeuta: A mãe poderia ter feito a mesma coisa?

Camilla: Não.

Terapeuta: Permaneceu apaixonada?

Camilla: Sim.

Terapeuta: Como pode manter um bom relacionamento com o pai? O que você acha, podemos ajudá-los?

Camilla: Sim.

Terapeuta: Você também? Qual é a sua opinião? Como eles mudaram?

Camilla: Ele tem um pouco de sentimento de culpa, pelo menos espero! Eu daria a ele 10 anos, se comporta como uma criança ...

Terapeuta: Ele não está agindo como um pai?

Camilla: Ele também age como um pai, mas também como uma criança comigo.

Terapeuta: Mas então, qual é o objetivo terapêutico na sua opinião: fazemos a mãe perder o amor ou ...?

Camilla: Bem! Talvez fosse bom ...

Terapeuta: Escuta, outra coisa, como eles podem nos passar a perna? Com o que devemos ter cuidado?

Camilla: Bem ... Ele pode não fazer o que diz aqui. Aqui ... ele tem vergonha e, talvez, aceite o que vocês dizem, depois vá para casa ...

Terapeuta: E a mãe?

Camilla: Hum ... ela, por outro lado, poderia facilmente se iludir de novo!

terapeuta: Mas quantos anos você tem?

Camilla: 13, quase 14.

Terapeuta: Não tem mais idade? Se você disse que o pai tem 10 anos e, em vez disso, ele tem 49 e você tem 4 anos a mais que ele, não tem 53?

O tipo de gerenciamento de conflitos entre os parceiros pode, assim, manifestar-se em toda a sua imaturidade em comparação à necessidade desesperada de genitorialidade dos filhos, que se tornarão, assim, o verdadeiro objetivo terapêutico compartilhado.

Ao promover a escuta ativa dos filhos por parte de cada um dos pais, o conflito no casal pode rapidamente ser redimensionado, abrindo a possibilidade de transformar a sintomatologia do filho, que nada mais é do que a expressão de uma inversão relacional, a partir de uma triangulação negativa (o filho colocado entre dois fogos cruzados) para uma triangulação positiva (o filho como possível abertura de novos canais de comunicação).

O sistema terapêutico, transformado em um contexto criativo e leve, dessa forma, abrirá o caminho para a terapia, na qual a dimensão intergeracional se tornará o verdadeiro protagonista da mudança.

O processo terapêutico com famílias divorciadas.

Após a primeira sessão de consulta, que ocorreu na presença de toda a família biológica, a definição do ambiente de trabalho terapêutico com as famílias divorciadas que procuram ajuda para um filho depende de uma série de fatores que afetam a relevância da relação entre os ex-parceiros.

Em primeiro lugar, o que deve ser avaliado é a etapa de elaboração psíquica do fim do vínculo por ambos. Se a separação ocorreu recentemente e um dos dois parceiros ainda não aceitou o acontecimento como definitivo, é provavelmente mais apropriado definir que o trabalho acontecerá em ambientes separados, formados por um genitor e com os filhos alternadamente. Nesses casos, a percepção de "separação confusa", por pelo menos um dos dois cônjuges, será a mesma para os filhos, que continuarão a alimentar a esperança de reconciliação. A decisão do terapeuta de também separar o ambiente é certamente mais útil para esclarecer a todos os membros da família sobre qual é a realidade familiar. O trabalho alternado na dimensão intergeracional será o *focus* da terapia, que envolverá avós e pessoas importantes para cada uma das duas famílias como recursos preciosos para traçar os limites de confluência de duas histórias na única história à qual os filhos pertencem.

Por outro lado, quando a separação já é definitiva, e os ex-parceiros reorganizaram suas vidas individuais em um nível decididamente concreto e claro, mesmo que o conflito ainda seja muito intenso, um cenário conjunto pode ser proposto, pelo menos inicialmente. É evidente que, para os filhos, ver os dois pais trabalhando juntos para eles pode significar algo considerável. O primeiro de todos é o sentimento de ser amado e importante, mas, acima de tudo, de ainda ter uma família apesar do divórcio. Contudo, ainda mais valiosa é a oportunidade que o ambiente conjunto oferece de trabalhar o processo evolutivo do casal traumatizado pelo divórcio. Os filhos, na qualidade de "mediadores intergeracionais", podem ajudar muito o terapeuta a fazer os cônjuges perceberem alguns nós mais problemáticos presentes nas histórias de desenvolvimento de cada um dos pais. Isso pode desencadear a construção de uma motivação conjunta para a terapia conjugal do divórcio, deixando o campo para uma configuração de casal, na qual ex-parceiros poderão ser ajudados a amarrar novamente os fios quebrados pelo divórcio, compartilhando o significado da escolha de se unir e de se separar em função do próprio processo evolutivo e da história do casal dentro da família. Se tudo isso for possível, evidentemente, o trabalho terapêutico pode ser muito mais profundo e definitivo para a saúde de toda a família. Ser capaz de dar sentido à dor das perdas e dos fracassos da própria vida permitirá aos ex-parceiros aceitar e crescer, adquirindo automaticamente uma consciência mais adulta das tarefas evolutivas que foram chamados para desenvolverem hoje para seus filhos.

Após essa fase, a terapia pode se desenvolver em ambiente alternado, abrindo campo para a fase de consolidação, não menos importante: o trabalho sobre a dimensão intergeracional com as famílias de origem de cada um dos dois parceiros, refletindo a mudança de ambiente, a história da família nuclear poderá acompanhar a divisão de um único pertencimento em dois pertencimentos distintos, mas bem integrados na história do desenvolvimento dos filhos.

Em qualquer caso, podemos dizer que, com famílias divorciadas, a terapia é feita sob medida: ela procede como um terno cortado sob medida no que diz respeito ao ambiente. Sessão por sessão terá que se avaliar a melhor direção a tomar, de acordo com as oportunidades que podem ou não se apresentarem para iniciar um trabalho terapêutico voltado para o crescimento individual dos dois pais. Junto ao casal, com seus filhos e com a ajuda de todos os recursos disponíveis, tanto na dimensão intergeracional quanto na horizontal, o objetivo do terapeuta será o mesmo de sempre: percorrer novamente os processos de desenvolvimento familiar para compartilhar a história do passado de todos, a fim de traçar o fio condutor capaz de dar um sentido pleno ao presente e de relançar o caminho para um futuro melhor.

Eu não desenharia!

A Chiara e o Simone, de 10 e 8 anos, são filhos de Rossella e Daniele, um casal separado de fato, que há cinco anos vive uma separação litigiosa difícil. Há anos, as crianças testemunham violentas discussões entre seus pais sempre que são forçados a se comunicar. Rossella tem um trabalho precário, mora sozinha com os filhos e não pode contar com nenhum tipo de ajuda. Ela praticamente rompeu relações com sua família de origem, com a qual ela tem uma relação extremamente conflituosa. No primeiro telefonema, diz-nos que também está muito assustada com as crises frequentes de raiva que tem mesmo na presença de seus filhos. Ela fez dois tratamentos individuais no passado, mas com resultados ruins.

Daniele mora no exterior para trabalhar e está constantemente em viagens pelo mundo. Ele vê seus filhos quando pode, entre uma viagem e outra, na casa do seus pais, com quem a ex-mulher não tem mais relações.

Rossella pediu terapia familiar por indicação da escola de Simone, porque o filho tem problemas de aprendizagem: ele não acompanha e, acima de tudo, fica por horas trancado em uma tarefa sem nunca a terminar. Após a aplicação de vários testes psicológicos, suspeita-se de um atraso cognitivo.

O pai, convidado pelos terapeutas desde a primeira sessão, recusa o convite, já que ele acredita que não seja útil. Rossella concorda, porque ela não tem nenhuma intenção de encontrar o ex-marido. Daniele nos dá seu consentimento, no entanto, de encontrar os filhos com a mãe, e os terapeutas concordam em começar assim.

"*Eu não desenharia!*", Chiara responde ao pedido dos terapeutas sobre em que lugar gostaria de colocar o pai no genograma. Não quer desenhá-lo, porque não saberia em que lugar o colocar sem machucar a mãe. A lealdade da menina é um bom ponto de partida para os terapeutas revelarem, diante do olhar atento da mãe, as suas dificuldades como filha, mas, sobretudo, a renúncia a uma relação afetiva fundamental. Desenhar o genograma em conjunto, ajuda-nos e os ajuda para que eles pensem como parte de uma família maior do que o pequeno núcleo que temos diante de nós, no qual podemos ir e buscar recursos. É uma família que precisa de combustível continuamente para sustentar a mãe, e, infelizmente, esse combustível só vem das crianças há muito tempo.

Durante os primeiros dez encontros, os terapeutas alternam sessões com a mãe e os filhos, uma sessão individual com a mãe e uma sessão com a irmã dela, que, no entanto, não mora na mesma cidade. Não desistem nunca de ligar para o pai, mandando mensagens para ele, por meio das crianças, para fazê-lo vir. Enquanto isso, a mãe escuta e reflete, e isso será fundamental para os propósitos da terapia.

Na décima primeira sessão, o pai finalmente aparece. Logo que entram e se sentam, seu filho Simone vai até a lousa e escreve em letras grandes "SWEET FREEDOM!" antes de começar a desenhar.

Terapeuta: Bem-vindos! (Para o pai) Ficamos muito felizes em ter você aqui!

Daniele: Eu também ...

Chiara: Nós também estamos muito felizes por finalmente estarmos todos juntos!

Terapeuta: (para as crianças) Que bom que o papai finalmente chegou! Você já disse a ele quantas vezes havíamos feito esse pedido?

Daniele: (rindo) Eles não falam outra coisa!

Terapeuta: (para Simone) Foi cansativo para você falar aqui?

Simone: Não!

Daniele: Não, não, eles disseram que estão bem aqui! Resumindo, perguntei a ele: "Mas o que vocês fazem lá? Vocês acham que é útil? " e eles responderam: "Mas claro, é útil porque vamos lá, falamos dos nossos problemas, e eles nos dão a solução!".

Terapeuta: E você que ideia tinha?

Daniele: Bem, eu, com toda a franqueza, começo com um ceticismo muito forte, porque todo mundo tem seus problemas, eu tenho a cabeça que tenho e, mesmo estando aberto a soluções, tenho que me forçar a essa abertura, porque eu tenho preconceitos sobre muitas coisas. Então, na teoria dos livros, eu sei que tenho que estar aberto, porém tenho que fazer um esforço consciente. Isso não é hostilidade, mas é um problema meu, eu o reconheço!

Terapeuta: Bem, por outro lado, você apoiou esse caminho!

Daniele: Claro!

Terapeuta: (para as crianças) Vocês gostariam de contar ao pai sobre os momentos que foram importantes para vocês?

Chiara: Em primeiro lugar, quando nos conhecemos, conseguimos em apenas um dia estabelecer uma relação entre este lugar e nós. Nós sabemos que quando estamos aqui podemos ficar calmos, podemos contar o que nos acontece, e vocês não estão aqui apenas para ouvir, mas também para nos dar ...

Simone: Conselhos!

Chiara: Respostas, conselhos e isso me ajuda a saber que quando eu venho aqui ainda posso confiar no que vocês dizem!

Terapeuta: Também queremos a ajuda da mãe para dizer o que aconteceu aqui?

Rossella: Bom, na minha opinião, todas as sessões foram importantes, sempre sai alguma coisa ... talvez Simone saiba e queira responder ele mesmo ...

Simone: ah, não!

Rossella: Mas... e os desenhos! Porque são chocantes na minha opinião!

Terapeuta: (apontando para o quadro) Como este, por exemplo. A escrita ..., mas aquela linha vermelha foi você que desenhou Simone?

Rossella: E existem duas estradas, Simone? Ou é só uma?

Simone: Não, não é uma estrada!

Rossella: O que é?

Simone: É um túnel!

Chiara: Ah, ele praticamente fez uma superfície com a gente por cima e esse aqui é o ponto onde estamos e este aqui é o buraco que cavamos ...

Terapeuta: Mas o túnel subterrâneo?

Simone: Sim ... com a pá, a picareta ... essas ferramentas representam ... "Sweet Freedom: o trabalho em equipe para ter uma doce liberdade!".

O chamado simbólico de Simone para a força para cavar, para a energia que essas crianças usam para garantir a continuidade de uma família, é certamente estímulo para a reflexão que não pode passar despercebida aos olhos dos pais. Os filhos, enquanto podem finalmente manifestar o carinho deles pelo pai , fazendo-o sentir o valor que a relação com ele tem para os filhos, também podem expressar seus medos.

Terapeuta: (para as crianças) Vocês estão animados com a presença do pai?

Chiara: Ah sim, quando o papai chega é ...

Simone: Festa!

Chiara: Sim, também é uma festa, porque é um momento bom, porque ele costuma estar longe, então quando ele está aqui sua presença traz alegria, é bom ver que ele ainda está lá!

Rossella: Então, posso dizer minha opinião? Uma vez que não há tantas ocasiões em que estamos todos juntos, talvez a última tenha sido no ano passado que nós dois fomos buscá-los por acaso na escola juntos e ... a primeira coisa que Chiara disse, depois de arregalar os olhos, foi: "Ai meu Deus, chamem a polícia porque agora ...!".

Simone: Eles vão brigar!

Rossella: Resumindo, eles vão se matar!

Daniele: (para a ex-mulher) Mas quem? Eu e você?

Rossella: Claro, referindo-se a nós dois!

Daniele: (para Chiara) Ah, você disse isso?

Chiara: Sim.

Rossella: Então, talvez, eu ... eu que os vejo, na verdade, eles são um pouco

mais ..., acho que eles podem ter medo disso também, aqui!

Daniele: (para a ex-mulher) Não entendo!

Rossella: Não sei, talvez eles tenham medo do fato de que possa acontecer alguma coisa!

Terapeuta: Não sei, eles podem nos contar! (Dirigindo-se às crianças) Se existe esse medo, vocês podem dizer!

Chiara: Bem ... sim, na verdade, também estou com um pouco de medo, porque, por exemplo, nesta situação ... agora eles não estão discutindo ...

Simone: Porque estão em público!

Terapeuta: Você sabe com certeza, porém, que em particular ...

(todos riem)

Chiara: Sim, talvez, quando eles se encontram sozinhos, digamos em um momento mais reservado, eles podem ter alguma discussão na minha opinião!

Os filhos que falam sobre seu pai e sua mãe são os filhos que os veem, que os ouvem e que preveem o seu comportamento. Para muitos adultos, isso geralmente é impensável.

Daniele e Rossella encontram-se em uma situação terrível, já não se falam, a não ser por escrito ou por meio de advogados. Não há dúvidas de que é a relação com a ex-mulher que Daniele tem mais interesse em modificar, porque disso depende a sua qualidade de pai. Ele mora no exterior, longe de seus filhos, e sente que não pode ver e educá-los como ele gostaria sem o apoio e colaboração de sua ex-esposa.

Os terapeutas acolhem suas esperanças e propõem o próximo encontro apenas com os pais. Daniele vai trocar todos os seus compromissos para participar. Será uma sessão muito diferente das outras, de forma pragmática, chegar-se-á a um acordo escrito para ser ratificado pelo Tribunal, transformando a separação em consensual. O pai vai aceitar generosamente as condições econômicas estabelecidas em conjunto, em troca do apoio total de Rossella com relação às crianças, tanto de um ponto de vista educacional quanto sobre as modalidades das visitas. Rossella, entre outras coisas, concordará em deixá-los se juntar ao pai de vez em quando no país em que ele vive. Na mesma noite desse encontro, as crianças poderão, depois de muitos anos, ter o prazer de comer uma pizza todos juntos, com mamãe e papai.

Na verdade, a terapia familiar já poderia ser considerada encerrada a respeito do conflito entre os ex-cônjuges e sua recente colaboração. Até o sintoma de Simone, pelo qual foi solicitada a terapia, desapareceu completamente: a criança não tem mais problemas na escola, pelo contrário, obteve nota máxima em algumas provas, para a completa satisfação das professoras.

Todavia, a instabilidade emocional de Rossella ainda é um problema em aberto. Rossella há muito tempo cortou os laços com sua família de origem. Ela está praticamente sozinha e sem qualquer ajuda com as crianças, que, às vezes, são deixadas sozinhas em casa para ela ir trabalhar. Além disso, Daniele, que mora longe, está seriamente preocupado com as crises de raiva de sua ex-mulher, que ela frequentemente despeja sobre seus filhos. É assim que, na sessão seguinte, os terapeutas agarram uma oportunidade: a família chega na sessão com um ar triste, e Chiara imediatamente nos fala sobre a crise de choro da mãe que aconteceu na noite anterior, após uma briga enfurecida que teve por telefone com a própria mãe: "*Por outro lado, com os pais severos que a mãe teve é difícil para ela! E, também, a mamãe falou que não era uma filha desejada!*", conta Chiara. Assim, com a ajuda das crianças, que estão visivelmente preocupadas e assustadas, os terapeutas conseguem fazer com que Rossella aceite levar os pais para uma sessão de consultoria. Virá somente a mãe, mas será uma sessão fundamental para fazer Rossella superar a "*síndrome da compensação*" que sempre a afligiu, dando-lhe finalmente a possibilidade de entrar em contato com a sua dor mais profunda e aguda. Ela está convencida de ser uma filha indesejada, a mais desprezada pelos pais, aquela que para eles é totalmente incapaz de fazer qualquer coisa boa na vida. Na sessão, gritando e xingando, mais uma vez, expressará todo o seu rancor contra sua mãe. Será a história desta última que fará com que essas duas mulheres se aproximem. Na frente de Rossella e das crianças, Bianca contará que a dureza que lhe foi atribuída pela filha foi, infelizmente, a armadura que ela teve que usar para enfrentar a sensação de expulsão vivida em sua família antes e depois com seu marido, devido às suas escolhas pessoais, incluindo a de ter querido ter esta última filha, Rossella, a todo custo, que chegou por acaso e que ninguém queria que nascesse.

O amor pelos filhos e, em especial por Rossella, foi a boia de salvação da qual Bianca ainda hoje não consegue se separar. Vamos ver um breve trecho da sessão:

Terapeuta (para Bianca): Escute senhora, o que você gostaria hoje dessa relação? Você pode dizer? Porque talvez este seja um momento importante, vocês estão juntas!

Bianca: Eu quero minha família de volta! Gostaria de ter meus filhos de volta, como éramos antes! Éramos felizes! É claro que depois eles cresceram e ... quando chega a idade que eles crescem o suficiente para quererem se afastar, fica difícil lidar com isso sozinha.

Terapeuta: Escute Rossella, por outro lado, o que sente falta dessa mãe, além de ajuda? Dessa mãe aqui, não é de uma mãe ideal!

Rossella (após um longo silêncio): Ser apreciada!

Terapeuta (para Bianca): Antes, eu perguntei a ela se houve algum um momento em que você sentiu que Rossella poderia vencer na vida. O que há de bom nessa garota? Você pode dizer algo específico? Diga a ela! (para Rossella)

Bianca: Ela tem uma força de vontade enorme, um espírito de sacrifício que nunca acaba, um amor pelos filhos que são poucos os que o demonstram assim! não sei mais o que dizer a ela ...

Terapeuta: Você já mencionou três muito importantes! Falou de três coisas que me fizeram pensar muito sobre sua vida. Na minha opinião esta é a filha que se parece mais com você!

Bianca: Com certeza! Certamente! É por isso que lamento que não possamos encontrar este ponto de encontro ... (comovida) e acredite em mim, para mim é muito pesado!

Terapeuta: Imagino. E, portanto, também é difícil fazê-la sentir que cresceu. De alguma forma, sem saber, você a vê ainda pequena. Ou não?

Bianca: Bem, talvez sim, talvez sim ...

Terapeuta: Mas para um filho também pode ser ...

Bianca: Pesado!

Terapeuta: Sim, pesado, porque ele nunca se sente reconhecido como adulto.

Bianca: Sim, nisso eu estava errada ... Achei que ela gostaria de ser mimada, mas obviamente eu estava errada ... Sinto muito.

Qual a melhor forma para não se perder uma filha? Não fazendo-a crescer, negando ou desvalorizando qualquer progresso pessoal, não reconhecendo a sua capacidade de poder viver de forma independente, na necessidade desesperada de parar o tempo.

Na sessão seguinte, Rossella chegará muito mudada. Ela vai nos contar que saiu muito perturbada do encontro com a sua família, que, inicialmente, ficou irritada conosco por não ter entendido o significado dessa reunião. Entretanto, também nos dirá que, depois de alguns dias, os seus sentimentos mudaram e que ela refletiu sobre o fato de sua mãe ter concordado em vir: "*Foi um gesto de imenso amor e eu apreciei muito isso!*". Por fim, ela vai nos contar que Bianca está, desde aquele dia, muito mais presente, ajudando regularmente com os filhos, sendo finalmente uma avó.

O apoio à parentalidade ordenado pelo Tribunal

Nos numerosos casos de separação litigiosa extremamente conflituosas, em que os parceiros entregam a batalha deles nas mãos de advogados, é cada vez mais frequente que, seguindo as Consultorias Técnicas do Departamento (*Consulenze Tecniche di Ufficio – CTU*), o Tribunal emita despachos nos quais convida os cônjuges a realizarem ações de *apoio à parentalidade*. Obviamente, estamos na ótica da prescrição e não do conselho. A sentença do Juiz fica suspensa até o próximo relatório das consultorias técnicas – *CTU* –, que deverão avaliar a efetividade do percurso feito com base no tipo de acordo proposto no interesse do menor.

Gostaríamos de trazer aqui algumas reflexões, em nossa opinião, relevantes, no que diz respeito ao impacto dessa exigência sobre os pais que são chamados ao seu dever, porque, na sequência de uma avaliação psicológica, é comprovada a sua incapacidade de cuidar dos filhos e de lhes dar o que precisam.

Em primeiro lugar, rotulando-a insuficiente, a competência natural de genitorialidade dos dois parceiros é imediatamente reduzida ao mínimo. Em um momento como o da separação conjugal, que, por ambos, envolve ter que lidar com o fracasso de um projeto da vida, os parceiros se deparam com um segundo fracasso, talvez ainda mais doloroso e, acima de tudo, repentino e para o qual não estavam preparados. Obter ajuda de um profissional para amar seus filhos pode soar absurdo e em parte é, se você acha que as pessoas não querem isso, porque são egoístas e irresponsáveis. Seria diferente ajudar duas pessoas, não para se arrependerem, mas para entenderem quais foram as razões pelas quais eles chegaram até aqui, machucando-se e impedindo que eles vivam seu papel de pais da maneira mais natural. Os pais, todos eles, quando não conseguem cuidar de seus filhos, que geralmente amam mais do que qualquer outra pessoa no mundo, não fazem isso porque não querem, mas porque não podem. É até difícil de acreditar que os pais podem se arrependerem, fazendo um exame de consciência diante do inimigo (o ex-parceiro) e colocando racionalmente em prática um comportamento socialmente adequado às expectativas de um especialista, que terá que "promovê-los" ou "reprová-los". Quando existe amor ou quando existiu, a racionalidade pouco importa, todos nós sabemos disso.

Porém, existem outros elementos, igualmente importantes, a serem considerados. A prescrição do juiz, sem dúvida escolhida por bons motivos, também, tornara-se um objeto nas mãos de advogados, que o usarão em sua batalha contra o oponente em um momento em que o cliente está perdido entre o desejo de se envolver para o bem de seus filhos e o instinto natural de negação defensiva em face a um ataque narcisista sofrido. Outros atores presentes na cena são os Consultores da Parte, muitas vezes, psicólogos do desenvolvimento, especializados em psicologia jurídica, que, no entanto, como diz seu papel, é tendenciosa e, muitas vezes, complacente com o cônjuge representado ao ver o interesse da criança ignorado como consequência do comportamento inapropriado do outro cônjuge. Muitas vezes, acontece que, nas relações dos Consultores da Parte, aparecem diagnósticos de personalidade do cônjuge "adversário", que demonstram não ser confiáveis.

Tudo isso aumenta a cisão já existente entre os cônjuges, que involuntariamente entregaram a si mesmo e a suas vidas nas mãos de seus paladinos, tornando-se cada vez mais empobrecidos. Nos autos protocolados no Tribunal, os textos elaborados por advogados, consultores das partes ou assistentes sociais nem sempre são lidos pelos ex-cônjuges, que correm o risco de acabarem diante de declarações escritas que talvez no seu íntimo não aprovariam, mas agora a custódia é total e, no campo de batalha, quase não têm mais voz. Eles só podem torcer por seus defensores.

Várias situações como as que acabamos de descrever chegam ao nosso Serviço Clínico, ao qual os casais são encaminhados por esses profissionais que compartilham de nossas reflexões, porém ainda mais frequentemente por ex-cônjuges que seguiram um caminho terapêutico conosco pelos mesmos motivos e que foi bem-sucedido.

Obviamente, essas não são situações simples, pois as forças dos atores em campo têm grande influência no resultado do trabalho terapêutico. Não é tanto o conflito do casal que tornam as coisas difíceis nesses casos, como a disponibilidade de todos os profissionais envolvidos na transmutação de forças centrífugas em forças centrípetas. Também, caso o casal sinta que deseja contar com o trabalho terapêutico, se os advogados e consultores das partes não colaborarem na direção desejada pelo terapeuta é difícil conseguir uma boa separação consensual.

O que nos impressiona com esse tipo de casal é como, em muitos casos, desde a primeira sessão, até o simples pedido de deixarem as armas atrás da porta, ex-cônjuges podem nos mostrar sua humanidade, falar de si mesmos, rir e chorar juntos. Se estimulados a fazê-lo, eles nos surpreendem e, acima de tudo, surpreendem-se um com o outro ao compartilhar o próprio "diagnóstico relacional" do vínculo deles. Eles estão mutilados e feridos pela guerra que está acontecendo, eles têm uma necessidade extrema de se encontrarem dentro de suas próprias vidas e, se alguém lhes mostra que tem interesse em saber, eles se deixam levar facilmente. Talvez, inconscientemente, eles sintam que suas próprias armas foram as que fizeram com que eles ficassem presos em um beco sem saída. Um contexto que, em vez disso, reconheça seus sentimentos e competência e valorize seu olhar atento para os filhos, trazendo à tona suas dores e seus medos, imediatamente, leva-os a vislumbrar no outro não mais o inimigo a ser destruído, mas o aliado com quem poderão contar para se sentirem pais melhores.

Quando um filho divide

Gianluca e Chiara vivem em duas cidades diferentes, ela em Roma e ele em Turim. O filho deles de 4 anos, Federico, mora com a mãe na casa dos avós, que cuidam dele durante o dia, enquanto sua mãe está no trabalho. Há três anos, os dois decidiram se separar, fazendo um acordo autonomamente tanto do ponto de vista econômico quanto para fazer com que a criança pudesse ver o pai o mais frequentemente possível. É assim que Chiara, dois finais de semana por mês, leva Federico de trem até Turim, deixando-o com o pai para depois levá-lo para Roma domingo à noite. Em um terceiro fim de semana por mês, era o pai quem ia à Roma na casa do filho e Chiara o hospedava na casa de seus pais, na qual havia voltado a morar. Até para as férias de inverno e de verão, os dois parceiros sempre encontram soluções compartilhadas.

Passados cerca de dois anos dessa vida, de repente, Chiara manda uma carta de seu advogado ao ex-marido, pedindo para rever o plano de visitas do filho, iniciando, assim, um processo judicial: além dos advogados, apresentaram-se, também, os consultores das partes. Em particular, em face do recurso do pai, que, por meio de seu advogado, vai contestar a lei sobre guarda compartilhada, pedindo para passar exatamente a metade dos dias do ano com o filho, o consultor de Chiara fará um relatório no qual ele solicita a guarda exclusiva para a mãe, sustentando a tese de que a criança não deve dormir fora de casa, considerando a tenra idade e, principalmente, a partir do momento que o pai "tem traços esquizoides e personalidade paranoica".

Quando eles chegam até nós, pouco mais de um ano se passou desde o início do processo legal, e a guerra se tornou amarga: Gianluca é inflexível na defesa de seus direitos e Chiara de sua liberdade. A indicação é feita por um colega que conhecemos e que se pode confiar, que foi um Consultor Técnico: os pais concordaram diante do consultor em seguir um percurso terapêutico e o juiz incluiu tal decisão em seu decreto após a consultoria técnica. No entanto, devemos primeiro avaliar se e como podemos ajudá-los, já que não estão aqui totalmente por escolha deles.

No primeiro encontro, os dois chegam separadamente. Eles se apresentam fechados, silenciosos e ressentidos um com o outro. Após as primeiras formalidades, a terapeuta imediatamente esclarece que não quer impor nada, mas que esse encontro deve servir para se conhecer e avaliar juntos se existe a vontade de um segundo encontro.

São os olhos tristes da senhora que imediatamente tocam a terapeuta. Enquanto contam sua história de separação, ela se pergunta o que Chiara deveria expiar por ter escolhido passar dois fins de semana por mês sozinha em um hotel, esperando para buscar o filho, e o terceiro hospedando o ex-marido em sua casa por dois anos. Então, o que aconteceu que a fez decidir parar de fazer isso de repente?

Ao mudar completamente o *focus* da sessão do processo judicial em andamento para o período anterior, quando a competência dos pais ainda estava nas mãos do casal, a terapeuta entra na história do dois por meio de perguntas intergeracionais, para formular hipóteses sobre os motivos que levaram ao fim do vínculo e, portanto, à dissolução do pacto de aliança.

Na verdade, o relacionamento entrou em crise logo após o nascimento de Federico. O bebê não foi uma escolha. Chegou por acaso em uma relação vivida à distância, foi, no entanto, aceito por ambos; ele mudou de emprego, mudando-se definitivamente para a casa dela em Roma, que, na época, morava sozinha. Chiara diz que viveu, no período da gravidez e do início da maternidade, um "*período mágico*", no qual ela de repente se viu no centro das atenções de sua família.

Gianluca é um engenheiro, até no sentido metafórico: rígido, programador, controlador, previdente, meticuloso nos detalhes ao ponto do inacreditável. Chiara é vivaz, aberta e impulsiva, às vezes, descuidada. Bastante tímido e reservado, Gianluca mostra pouco os sentimentos e se ofende, fechando-se sobre si mesmo quando algo o machuca. São modalidades relacionais típicas da cultura do norte da Itália, mas talvez devam levar até mais para um corte emocional: sobre a forma de expressar o carinho da família dela, muito mais aberta e envolvente, Gianluca vê exclusivamente intromissão e emaranhamento e não gosta disso. Por outro lado, a sua família é muito diferente.

Assim, o sentimento de distanciamento entre os dois parceiros cobre cada vez mais espaço entre eles: depois de apenas 9 meses de convivência, há uma primeira crise aberta, e os dois se separam por cerca de 1 mês, ao final do qual, eles decidem tentar novamente. Nesse ínterim, Gianluca recebe uma excelente oferta de trabalho em Turim, que ele não queria recusar. Ele, então, propõe a Chiara que todos se mudem para sua cidade, já que o trabalho como profissional liberal de Chiara poderia não ser afetado pela mudança. Todavia, Chiara não tem vontade. A crise recente entre eles não lhe dá segurança, e a reaproximação com a família desde que a criança nasceu é muito importante para ela. Ela, então, opta por ficar em Roma, pedindo a Gianluca que se separem definitivamente. Gianluca, profundamente entristecido e desapontado, volta à Turim, onde vai residir novamente na casa de seus pais, esperando encontrar uma acomodação própria. Não demonstra raiva, como é do seu estilo, mas passa a agir de forma subliminar, incutindo gotas de sentimento de culpa todos os dias em Chiara, que o "seduziu e abandonou". Foi assim que Chiara concordou em deixar a criança encontrar o pai de acordo com um esquema de cabresto para ela por um longo tempo, cerca de dois anos. A pobre diferenciação e limites confusos não permitem que ela tenha vários pertencimentos:

os dela são todos relacionamentos de dependência, tão funcionais o quanto permitem que seja o centro das atenções.

O relacionamento de casal, que provavelmente nunca existiu, é seguido por uma separação confusa.

Porém, o que aconteceu que a fez decidir entrar com uma ação judicial? Certamente, o estresse diário de uma vida assim terá tido seu próprio peso, mas talvez haja outras razões. A insistência contínua por parte de Gianluca, que acaba por intervir na menor decisão que diz respeito à criança, reivindicando os seus direitos todas as vezes, mantém-na de "castigo, no cantinho" e em uma posição subordinada. Além disso, o fato de o próprio Gianluca ter parado de sofrer por ela nesses dois anos transforma essa responsabilidade com o fim do vínculo, que Chiara se culpava, precisando de ressarcimento por ter pagado muito caro por sua escolha. Entretanto, uma vez mais, Chiara não poderá contar consigo mesma para enfrentar o problema e, por conselho de sua melhor amiga, vai dar início aos trâmites judiciais, passando, assim, da custódia de um para o outro, como é o seu estilo.

Vincular-se os olhos tristes de Chiara para reconectá-los à sua história permitirá a terapeuta acolher e mostrar a sua confusão e uma preocupação genuína pela vida de seu filho. Há mais de um ano, Gianluca vem a Roma dois finais de semana por mês, hospedando-se em um hotel com o filho, que tem que renunciar a um ambiente familiar para ele. A postura extremamente rígida de Gianluca, que se expressa na total relutância em entrar em acordo e em pedir um plano de frequentação totalmente paritário - que será inevitavelmente seu filho o primeiro a sofrer - estará, ao contrário, ligado à profunda decepção de ter sido abandonado antes e de não ser reconhecido como um pai confiável agora. Já na primeira sessão, a motivação conjunta para fazer um trabalho juntos, a partir da competência parental que, em vez disso, foi demonstrado que tinham no passado, começa a ser construída.

A terapeuta propõe trabalhar deixando o Direito do lado de fora, trazendo-os de volta à realidade atual, que já não os vê como protagonistas de escolhas que afetam suas vidas e a vida de seu filho.

Ambos aceitam e voltarão para mais três sessões em que poderão se reaproximar, sentindo que querem se entregar àquele vínculo comum que os une ao filho, sempre presente simbolicamente na sala de terapia, por meio de uma cadeirinha branca colocada perto dos pais. Além do mais, é para ele que se está trabalhando.

No final da quarta sessão, os dois irão embora no carro dela, que se oferecerá para acompanhar Gianluca ao hotel depois de comerem uma pizza juntos. O casal, que deveria ter marcado outro encontro, infelizmente não o fará.

O trabalho terapêutico com casais em separação litigiosa aberta sempre acontece por um curto espaço de tempo, entre uma audiência e outra, e as decisões do Tribunal e o trabalho dos profissionais envolvidos têm uma influência muito relevante, que o contexto terapêutico infelizmente não consegue lidar. É assim que, às vezes, acontece que mesmo um bom caminho de reaproximação como esse pode inverter rapidamente o curso. Quando isso acontece, sempre temos a curiosidade de saber o que aconteceu. Assim, algum tempo depois, por ocasião do Natal, a terapeuta escreveu um curto e-mail para Gianluca e Chiara, pedindo-lhes notícias. Depois de alguns dias, recebeu as seguintes respostas:

Olá, doutora,

Obrigado pelo seu interesse.

O processo judicial continua, espero que siga na direção desejada no interesse primordial de Federico.

Retribuo os votos de um Feliz Natal para você e sua família.

Cordialmente,

Chiara Rossi

Boa noite, doutora,

Fiquei muito feliz em receber seu e-mail e ver que você se lembra de nós três.

Em primeiro lugar, mando, embora com alguns dias de atraso, e por isso me desculpo, meus melhores votos de um Feliz Natal. Eu espero que você os receba mesmo assim.

O primeiro grau terminou no final de junho passado, substancialmente com a plena aceitação da proposta da *CTU* pelo Juiz, ou seja, um esquema de visitas que garante a Federico estar comigo 142 dias por ano.

Infelizmente, no entanto, a situação não melhorou desde que você viu, pelo contrário. Poucos dias antes da publicação da sentença, a minha ex-parceira interpôs recurso de apelação, solicitando também a imediata suspensão do dispositivo de primeira instância. Atualmente, o tribunal agendou a primeira audiência de segundo grau para junho próximo, mas ainda não se pronunciou sobre a suspensão.

Acho que não posso dizer mais, porque é objeto de uma dinâmica jurídica em curso, mesmo que ainda não esteja em pleno andamento. Eu não gostaria de causar nenhum dano, embora em absoluta boa-fé.

Além de tudo isso, Federico está bem, e isso é o que importa.

Ele vive com serenidade, pelo menos me parece, a situação de separação dos pais e do plano de visitas foi definido. Quando ele me vê, ele está feliz e sempre vem de boa vontade à Turim. Há alguns meses, comprei uma casa com um quarto extra. Um sacrifício econômico que permitirá que ele tenha seu próprio espaço para brincar e dormir. Mostrei a casa para ele desde o início da reforma para que ele se acostumasse e, de vez em quando, por diversão, deixei que ele me ajudasse a fazer algo enquanto a consertava (parte do trabalho eu mesmo fiz nas horas vagas para limitar despesas). Eu queria que, assim, ele sentisse que era também dele, ou melhor, sentisse que era "nossa" e não "minha". Devo dizer, no entanto, que ele gostou na hora, e isso me deixa feliz.

Desejo a você um ótimo 2019.

Com os melhores cumprimentos.

Gianluca Bianchi

Lendo esses e-mails, lamentamos um pouco: Chiara não conseguiu não ser sugada pelas forças centrífugas do sistema judicial, muito mais fortes do que ela, apesar de Gianluca ter aceitado um compromisso válido no plano de visitas ao filho. Porém, apesar de tudo, podemos concluir dizendo que nosso trabalho talvez não tenha sido uma completa perda de tempo: aquele pai "com traços esquizoides e personalidade paranoica" parece um pai afetuoso.

14. O CASAL NA FAMÍLIA RECONSTITUÍDA

Se o primeiro casamento não deu certo e terminou em divórcio, não é garantido que não valha a pena tentar novamente. Com um pouco de experiência, maior maturidade e consciência, pode-se evitar os erros do passado e voltar a investir em um projeto de casal. Um projeto que, no entanto, certamente, será diferente do primeiro, a partir do momento que nasce das cinzas de outros projetos e, muitas vezes, da existência de filhos de uniões anteriores.

No passado, quando não havia divórcio, a reconstituição familiar geralmente ocorria após a morte de um cônjuge, quando era substituído pelo *padrasto* ou *madrasta*, estereótipos negativos, de sentido ameaçador, que ainda hoje simbolizam, como o desvio da normalidade da composição da família nuclear salvaguardados, os preconceitos de que um dos pais nunca é substituível. Ainda hoje, nesses casos, como vimos na história "*Deborah não existe mais*!", a memória de quem faleceu, juntamente com tudo o que representava para a família, ficará no coração de todos. Quanto dessa lembrança poderá se tornar uma riqueza emocional ou o que irá se cristalizar ao invés em uma ausência dolorosa, um fantasma pairando no futuro da família, vai depender de como o sofrimento pela perda tenha conseguido circular, tenha atravessado e deixado ir pelos diferentes membros da família. A comparação com um morto é sempre muito difícil, principalmente quando ele ainda está presente entre nós.

As famílias reconstituídas de hoje, na maioria dos casos, nascem após a ruptura do divórcio, que foi vivido por um ou ambos os parceiros. Em essência, eles também surgem de um luto: a separação de pelo menos um casal anterior. Ter feito as pazes com o passado, por mais tempestuoso que tenha sido, é sempre crucial para cada pessoa que deseja iniciar uma nova experiência sentimental. O segundo casamento só funcionará se o fim do primeiro for aceito e metabolizado. Se não sobrar nenhum arrependimento, se nenhum remorso ressurgir e se ficar livre dos preconceitos, o que estará para começar será uma história completamente nova, que receberá o máximo de impulso possível. O período entre o fim de um amor e o início de um novo relacionamento deveria servir sempre para fechar todas as contas emocionais pendentes, para se sentir verdadeiramente livres novamente. Como no caso da morte de um cônjuge, na família reconstituída após o divórcio, a ruptura pela separação pode ter sido tratada e superada em sua dor, mas também pode ser arrastada para o novo relacionamento, ocupando-o e condicionando-o fortemente.

O *luto ambíguo* do divórcio é diferente daquele do falecimento de um cônjuge / pai. Se este último divide o tempo exatamente em um antes e em um depois e prevê um processamento de uma vez por todas, o luto do divórcio se repete no curso da vida em concomitância com eventos específicos e sentimentos relativos. Sempre de luto, é verdade, mas, no caso de divórcio, a outra parte do vínculo está viva e se move na vida de afetos compartilhados. A elaboração do divórcio não é uma passagem individual, mas é uma passagem a dois, porque diz respeito ao casal separado em primeiro lugar e como ele elaborou o sofrimento da separação, vai depender disso o tipo de investimento no segundo casamento, bem como da aceitação serena de mudanças que as crianças terão que enfrentar, sentindo-se livres de conflitos vinculantes de lealdade.

O processamento psíquico do divórcio é um dos principais fatores de sucesso ou problematicidade da reorganização de relacionamentos e da funcionalidade parental na nova família (Visher & Visher, 1996).

Mesmo que tenha nascido com a melhor das intenções, as estatísticas revelam que o segundo casamento ou casamentos subsequentes têm mais probabilidade de terminar em divórcio do que o primeiro (van Eeden-Morefield & Pasley, 2008). A maioria dos casais que decidem se casar novamente já têm filhos, isso significa que, junto com a realização dos sonhos românticos, deverão encontrar lugar para todos aqueles aspectos práticos decorrentes da gestão de duas famílias, senão três. Se já a gestão do nosso metafórico cubo de *Rubik* é bastante exigente durante a vida de um casal, vamos imaginar como deve ser gerenciar dois ou três cubos ao mesmo tempo!

O casal, nesse tipo de família, não poderá jogar as mesmas cartas dos outros, mas terá que ser muito hábil em improvisar em uma partida completamente diferente para manter sua estabilidade. O termo improvisar não é acidental, pois a complexidade de cada família reconstituída é sempre muito específica e se manifesta, por um lado, em sua estrutura e história evolutiva e, por outro lado, em um ciclo de vida muito particular, que vê pontos de transição (e, portanto, críticos) muito diferentes daqueles da família tradicional (McGoldrick & Carter, 1982; Vetere, 2017). Estes últimos são momentos críticos que virão a se cruzar, por sua vez, com os momentos de pico de tensão decorrentes da elaboração psíquica de divórcios anteriores que, como vimos, ocorrem ciclicamente em todas as famílias divorciadas.

O casal, nessas famílias, deve ter características de maturidade individual superiores às exigidas por um vínculo de casal em sua primeira experiência, porque dar vida a uma família reconstituída não é espontâneo, mas requer comprometimento e qualidades específicas. Em caso de um relacionamento em que ambos os parceiros já são pais, o novo casal não nascerá com base em um sentimento romântico que ocupará plenamente o espaço do *Nós* que, só posteriormente, de acordo com um tempo funcional de fortalecimento do vínculo, será transformado por dentro, como acontece com os casais que começam uma família tradicional. Fazer pares nesses casos envolve sobreposição contemporânea de várias tarefas evolutivas e bastante complexas: lidar diariamente com uma *história forasteira* (Cigoli, 2017) na qual não teve nenhuma parte e que diz respeito aos ex-cônjuges do outro; consolidar a relação conjugal e compartilhar métodos relacionais e educativos na parentalidade imediatamente presente. A extrema complexidade dessa situação nos mostra como o casal, desde seu nascimento, não é apenas esmagado como um sanduíche entre os deveres de lealdade para com a geração anterior e aqueles de responsabilidade para com os filhos, mas também é bastante comprimido em ambos os lados na dimensão horizontal.

Tudo isso é muito cansativo. A literatura destaca como os tempos de consolidação desse tipo de relacionamento são maiores, de dois a quatro anos (Visher E.B & Visher J.S, 1999; Bray & Kelly, 1998; Papernow, 2015). O que foi aprendido com o erro anterior será muito importante para conseguir se manter o equilíbrio e não cair. Se, na primeira vez, procura-se o príncipe encantado ou a princesa, a segunda vez permitirá que se invista em um relacionamento mais maduro, talvez menos idealizado, mas não por isso menos sólido ou romântico.

A FAMÍLIA RECONSTITUÍDA E AS SUAS CRITICIDADES

Famílias reconstituídas estão crescendo em todos os países ocidentais, sem considerar as famílias que, de fato, permanecem fora das pesquisas estatísticas (Pew Research Center, 2011).

Segundo uma caracterização geral de um *sistema aberto*, anos de pesquisas confirmam a família reconstituída como um sistema frágil em sua estrutura e em sua dinâmica relacional (Francescato, 1994; McGoldrick et al., 1993) e, infelizmente, a ênfase em seus problemas apresentados na literatura fez com que os membros desse tipo de família tivessem que lutar contra o estereótipo de não serem consideradas famílias de verdade (Ganong & Coleman, 1997).

Enquanto a lei protege as relações de parentesco, definindo com precisão seus direitos e deveres, sobre as relações de afinidade decorrentes de segundas uniões de pessoas separadas, no entanto, existem muitas lacunas, e nenhum reconhecimento legal do vínculo está previsto entre novos parceiros e filhos adquiridos. Também não existem regras de direito no que diz respeito aos vínculos entre novos cônjuges de pessoas separadas de dois ex-cônjuges, entre avós biológicos e avós adquiridos, inclusive, tios naturais e tios adquiridos, visto que não há nomenclatura adequada.

A família tradicional é considerada a melhor (Ganong & Coleman, 1997, 2004) pela sua função de criação dos filhos: a família ideal com filhos e dois pais parece possuir poderes mágicos. Os direitos da criança em primeiro lugar. A *stepfamily* não é bem-vista por várias razões: o divórcio anterior sugere que o divorciado é um péssimo pai, pois ele não colocou os direitos das crianças em primeiro lugar; os *enteados* já foram prejudicados pela perda e, portanto, a tarefa parental é mais difícil; sem o vínculo de sangue é ainda mais difícil colocar as necessidades das crianças em primeiro lugar. Por outro lado, na sua representação social, a família é considerada como tal na função de consanguinidade. A partir do uso de diferentes ferramentas (Francescato, 1994; Greco, 2006), parece que, muitas vezes, está presente uma certa hesitação por parte do entrevistado sobre quem considerar um membro de sua família quando as variáveis de afinidade, consanguinidade e convivência estão dissociadas. Isso produz constrangimento, por exemplo, em apresentações.

As reações sociais negativas e a falta de sistemas de apoio para a família e de aceitação social, portanto, ameaçam tanto, que são capazes de deixarem as famílias reconstituídas sem a validação e a aceitação de que precisam para ter sucesso (Visher, 1994).

A ambiguidade dos papéis

Uma das questões críticas mais importantes que a família reconstituída deve enfrentar está representada pelas fortes ambiguidades ligadas à *pluralidade de papéis* que cada membro da família deve cumprir. Um parceiro, por exemplo, pode ser ao mesmo tempo o pai biológico de seu próprio filho e padrasto dos filhos de sua parceira. Idem para o outro parceiro. Ou um filho pode ser filho biológico e enteado ao mesmo tempo, enquanto outro só pode ser filho biológico. Tudo isso, é claro, produz uma forte ambiguidade que pode levar a experimentar sentimentos de grande constrangimento e conflito, afetando negativamente o sistema familiar e aumentando a sua fragilidade, principalmente nos primeiros dias de sua formação (Coleman et al., 2001; Cigoli, 2017).

A delicada relação entre o filho adquirido e o genitor adquirido influencia substancialmente tanto o funcionamento familiar quanto a duração e a estabilidade da relação do novo casal (Ganong & Coleman, 2004).

Em primeiro lugar, devemos considerar os métodos e tempos com os quais a família reconstituída nascem em relação ao anterior ou aos anteriores divórcios. É fácil entender que uma criança pode resistir para aceitar o novo parceiro do genitor quando ele ou ela o responsabiliza pelo rompimento de sua família biológica. Verdade ou não, é fundamental respeitar um determinado intervalo de tempo, evitando acelerar o processo, para permitir que as crianças tenham tempo adequado para se adaptarem à separação de seus pais (Emery, 2004).

Em segundo lugar, a forte exposição das crianças a conflitos de lealdade é, muitas vezes, provocada pelo comportamento daquele pai biológico que mostra hostilidade para com o genitor adquirido do mesmo sexo. Assim, se uma criança sente que se conectar com o novo ou a nova parceira do outro genitor signifique trair seu genitor natural, obviamente, será levado a rejeitar tal vínculo.

A posição mais problemática entre todas, dentro da família reconstruída, é, portanto, a do genitor, em particular quando é uma mulher (Shapiro & Stewart, 2011; Ganong & Coleman, 2017), dadas as grandes expectativas que a nossa cultura deposita na maternidade. A tendência das mulheres de assumir a culpa pelo que está errado e a crença de que, com muito empenho, serão capazes de fazer as coisas funcionarem; isso representa as maiores dificuldades para as mulheres em famílias reconstituídas. A relação mais complexa a ser desenvolvida e mantida é precisamente aquela entre uma "madrasta" e filhas adquiridas, principalmente se forem adolescentes (Schrodt, 2008; Hetherington & Kelly, 2003): a nova parceira está mais exposta a atos de rejeição e à falta de reconhecimento por parte das filhas. Os estereótipos negativos sobre os quais nasce a família reconstituída já foram mencionados: os termos *madrasta* e as *meias-irmãs* nos levam de volta à história da Cinderela, portanto envolvendo assuntos como perda, engano e maus-tratos.

Quanto aos sogros, podem surgir problemas quando eles sentem que é impróprio limitar-se a relação amigável com os filhos do novo cônjuge e que desempenhem imediata e exclusivamente a função normativa típica do papel paterno, sem permitir que a relação se desenvolva naturalmente. Isso acontece especialmente quando os padrastos acabam tendo que, em uma situação de necessidade, substituir um pai biológico ausente ou desinteressado (Ganong & Coleman, 2017).

Uma vez que filhos e genitores adquiridos estão ligados por um afeto comum a uma terceira pessoa, a contribuição do pai biológico é de importância crucial para favorecer ou dificultar o relacionamento entre seu filho e novo ou nova parceira. Em uma família, na qual não existe uma lei que legitima, o espaço do genitor adquirido não pode ser reconhecido pela sensação de segurança que as crianças sentem e que está relacionada à percepção de uma *hierarquia de vínculos* (Cigoli, 2017). Ainda que vacilante e crítica (é o caso dos pais "evanescentes" ou com traços intrusivos e obsessivos), tal hierarquia deve, em qualquer caso, ser confirmada para garantir o enraizamento da personalidade da criança em sua história de vida. O chamado *terceiro genitor* (Oliverio Ferraris, 1999) é sempre um quarto no que diz respeito ao triângulo de origem, que, mesmo capaz de reparar carências e perdas, não substitui as outras, mas pode e deve cooperar na função educativa parental. O comportamento do pai biológico afetará consideravelmente a construção e a manutenção do relacionamento adquirido, não só pela legitimação do novo parceiro, como acabamos de descrever, mas também pela legitimação da própria criança para desfrutar de outra relação significativa, além daquela consigo mesmo.

O genitor adquirido, por sua vez, poderá contribuir para a consolidação de sua relação com os filhos de seu/sua companheiro(a) se souber ingressar na relação pelas pontas dos pés, em posição de *stand by* (Andolfi, 1996; Ganong & Coleman, 2004), comprometendo-se a estabelecer, inicialmente, uma relação amigável e afetuosa e postergando para um momento posterior, quando a relação for mais forte, a possibilidade de cuidar de aspectos normativos típicos da função parental.

O problema das fronteiras em uma estrutura complexa

A estrutura da família reconstituída é complexa: novos membros são adicionados e com eles interrelações novas e velhas. Os filhos têm dois grupos de figuras de autoridade, dois grupos de regras e duas hierarquias diferentes de *status* e prestígio. Após o divórcio, pode acontecer que as tarefas daquele que sai, seja assumido pelo parceiro que fica. A presença de irmãos e meios-irmãos podem afetar a hierarquia de *status* da criança ou do adolescente nos dois núcleos: o caçula de uma família pode ao mesmo tempo ser o filho do meio na outra, na qual talvez não vá usufruir dos mesmos privilégios. O número de pais, avós e irmãos aumenta, assim como todos os parentes.

Depois, há o problema da natureza das relações entre adultos que não convivem. A frequentação de duas casas pelas crianças aumenta a permeabilidade das fronteiras, uma vez que as informações circulam de uma casa para a outra. Como vimos, as crianças podem não querer fazer parte da nova família, quando elas ainda estão trianguladas em um conflito de lealdade com os pais biológicos; se não podem dizer isso, pelo menos elas podem dificultar a vida das outras pessoas.

A totalidade dos indivíduos da família, nuclear e alargada, mais os padrões de organização compõem a estrutura familiar, e todos os diferentes cargos ocupados pelos vários membros devem ser organizados hierarquicamente, conferindo diferentes graus de poder.

Qualquer tentativa de reproduzir a estrutura familiar tradicional será uma tensão defensiva e terá várias consequências negativas. Uma fronteira muito rígida, baseada na lealdade, erguida em torno dos novos membros da família, efetivamente, exclui pais biológicos que não convivem e os filhos do primeiro casamento. Tudo isso é universalmente reconhecido como injusto e irrealista agora. Menos reconhecidos pelas próprias famílias, por outro lado, são os riscos criados por fronteiras internas confusas, na ideia salvadora de que o calor e o afeto devem circular na nova família para todos, sem exceção de ninguém: nesse caso, irá falhar a hierarquia de vínculos necessária para garantir que os pertencimentos de cada membro sejam reconhecidos e respeitados. O fato de que o vínculo genitor-filho nasceu antes do que entre os cônjuges, e muitas vezes muitos anos antes, representa uma dificuldade estrutural de muita importância nas famílias reconstituídas, pois tende a favorecer a instabilidade de limites internos, acentuando a rivalidade entre genitores adquiridos e enteados, como se a relação pertencesse ao mesmo nível hierárquico. Para criar, então, maior confusão, tem-se a maneira como os novos parceiros desempenham o papel sexual dentro da nova família (McGoldrick & Carter, 1982). Velhas ideias estereotipadas sobre a divisão de papéis com base no gênero, se não revisadas adequadamente, correm o risco de criar mais caos e dar origem a problemas e a conflitos. A título de exemplo, vamos ver algumas entre muitas situações potencialmente explosivas que podem surgir.

Se o novo casal pensasse que é a mulher que tem que cuidar dos filhos (dele), como é dever das mães, os filhos facilmente vão se revoltar, assim como a mãe biológica.

No caso em que a relação entre pai e filhos fosse distante ou conflitante e a nova parceira interviesse para proteger ou ajudar o marido, acabaria certamente por ser colocada no meio de conflitos.

Quando se o pai mesmo quisesse cuidar de seus filhos sozinho, mas, por razões de trabalho, não tivesse tempo, a parceira poderia se sentir obrigada a substituí-lo, mas seria rejeitada e repudiada pelos filhos.

Se para remediar o conflito ainda presente no relacionamento com a ex-esposa, o parceiro pedisse à segunda esposa para negociar com a primeira "pelo bem das crianças", poderíamos ver um confronto terrível.

Quando o pai cuida de seus filhos, porque ele é movido por grandes sentimentos de culpa não resolvidos, a nova parceira poderia facilmente entrar em competição com os filhos adquiridos para chamar a atenção do marido

Muitas mudanças em pouco tempo para um casal frágil

Se, no ciclo natural da vida de cada família, os momentos críticos estão ligados à transição de uma fase para outra e prossegue em sequência, deixando aos vários membros o tempo natural de assentamento, na família reconstituída, tudo é diferente. O vínculo do casal é frágil por definição, pois surge a partir de pelo menos uma falha anterior que, embora superada, traz consigo uma certa dose de medo de compensar o mal e cometer os mesmos erros novamente. Em segundo lugar, essa segunda união, especialmente quando acontece entre dois parceiros que têm filhos próprios, terá que lidar com uma série de mudanças muito repentinas que não envolvem apenas o casal, mas todos os laços emocionais que estão ligados a ele. Ao formarem o casal, os parceiros tornam-se imediatamente familiares e terão que responder simultaneamente a importantes necessidades individuais dos diferentes membros da rede familiar, com grande risco de se perderem de vista e perderem suas próprias necessidades. A fragilidade do casal parece ser diretamente proporcional à complexidade estrutural da família (Barbagli, 1990), na qual o envolvimento parental, que precede a conjugal em importância, coloca a identidade do casal em grande risco (Hartin, 1990).

Nessas famílias, as muitas mudanças que ocorrem em um curto espaço de tempo podem ser vivenciadas como perdas, como uma ameaça ao sentido de continuidade necessária para integrar experiências. As implicações emocionais dos vários membros da família se somam, e o casal terá que cuidar disso, querendo ou não.

O caminho da intimidade para o novo casal se apresenta imediatamente como especialmente acidentado, e o segundo casamento, quando ocorre entre duas pessoas que já têm filhos, torna-se um negócio muito exigente. Submetido a problemas sem precedentes e menos institucionalizado, não oferece aos parceiros modelos sociais aos quais recorrer para resolver as tensões, e as soluções devem ser praticamente inventadas.

O OUTRO LADO DA MOEDA: OS RECURSOS

Observar a família reconstituída de acordo com a orientação mais comum da pesquisa, aquela focada nos déficits, pode nos fazer correr o risco de obter o efeito da "profecia autorrealizadora" (Coleman et al., 2000). Portanto, vale a pena refazer o que emergiu da pesquisa em termos positivos; se os recursos forem identificados naturalmente, as expectativas podem ser melhores e mais encorajadoras.

As famílias reconstituídas que funcionam são, sobretudo, aquelas que evitam forçar a estrutura no modelo biológico, que tem expectativas menos idealizadas e, portanto, mais realistas (Visher E.B, Visher J.S, Pasley, 1997; Falke & Larson, 2007; Papernow, 2008) e que reconhecem as várias relações e funções que os novos parceiros precisam manter. Um elemento fundamental é a compreensão de que é preciso dar tempo para se desenvolver um padrão de funcionamento ideal (Hetherington & Kelly, 2003; Papernow, 2008). Quando as expectativas do papel são realistas e os limites são claramente definidos, o consenso de ambos os parceiros sobre o relacionamento ideal com ex-parceiros e o alto grau de contato com eles estão associados aos maiores níveis de satisfação do novo casal (Weston & Macklin, 1990).

Nos últimos anos, várias pesquisas destacaram os fatores que promovem o bem-estar nesse tipo de família, pois permitem aos filhos valorizar o genitor adquirido, reconhecendo-o como fonte de afeto, serenidade e harmonia para toda a família. Entre eles, a experiência de uma relação de casal estável emerge (Ganong et al., 2011). O casal se manifesta como o único verdadeiro pivô em torno do qual todos eles se desenvolvem e permanecem coesas todas as relações familiares em suas mais variadas configurações triangulares. Se o casal aguentar, a família reconstituída irá funcionar.

Quanto à adaptação dos filhos, pesquisas confirmam que os fatores mais significativos para o bem-estar dos adolescentes variam de acordo com o sexo do genitor adquirido: quando é um homem, o melhor preditor é a comunicação com o padrasto, quando, em vez disso, é uma mulher, é a comunicação com o genitor convivente (Collins et al., 1995).

Formas importantes de apoio para adolescentes de famílias reconstituídas com sucesso são amigos da mesma faixa etária, adultos não-parentes (Stinson, 1991) e avós com quem eles geralmente mantêm relacionamentos próximos: eles os veem como modelos e uma fonte de inspiração para eles (Kennedy G.E & Kennedy C.E, 1993). Nas famílias reconstituídas, os avós se tornam um recurso especial.

Entre os fatores que emergem nas famílias reconstituídas com sucesso, fazem emergir, por fim, a identificação dos rituais familiares (Siméon, 1995; Mazzoni, 2002). A nova família nasceu do encontro entre duas histórias, às vezes, dolorosas, dois ambientes, educações e classes sociais consolidadas há vários anos de vivência familiar. Recriar um *sentido para o nós* (ambiente, atmosfera, códigos comuns) leva muito tempo emocional e ainda mais quando as crianças são mais velhas.

Tendo em mente o que emergiu nessas páginas, gostaríamos agora de descrever como que justamente a partir dos *vazios*, dos *muito cheio* e da *confusão dos sentimentos* característicos da família reconstituída, quando as *funções simbólicas do familiar* (Cigoli, 2017) ainda são asseguradas, oportunidades evolutivas podem surgir para todo o sistema, incluindo os filhos. Por exemplo, um sistema aberto como o que está em questão é mais flexível e pode, portanto, ser mais facilmente integrado às mudanças, uma vez que tem menos vínculos que o empurram para a homeostase daqueles que não têm o sistema, às vezes, muito fechado, da família tradicional. Mas vamos revisar com calma um resumo.

Os vazios: a ambiguidade de papéis

Vimos como a falta de legislação e modelos sociais compartilhados pela família reconstituída pode resultar em uma discrepância significativa entre as expectativas e a realidade por parte de todos os membros da família e, em especial, o genitor adquirido, no que diz respeito às funções desempenhadas, sobretudo, no primeiro período de formação da família, o da transição.

Se, particularmente nesse período, a família puder dar-se o tempo necessário para que as várias relações se desenvolvam naturalmente, sem prejuízo do papel parental dos pais biológicos e da solidariedade do novo casal, pode-se supor que os *vazios* decorrentes de ambiguidades de papéis podem representar uma oportunidade para encorajar o desligamento dos adultos dos papéis sexuais tradicionais e, portanto, para integrar a parte intuitiva e cognitiva (Satir, 1999) da própria personalidade, crescendo individualmente e favorecendo uma relação de casal baseada na reciprocidade e igualdade. Além disso, o *vazio* pode abrir espaço para o estabelecimento de relações mais autênticas. Existem, assim, mais oportunidades para que o genitor adquirido possa com o tempo desempenhar um papel complementar ao do pai biológico, dando aos filhos mais afeto, disponibilidade, proteção e conselhos.

Muito cheios: a estrutura familiar complexa

Estamos nos referindo aqui à difícil gestão de todos os componentes membros da família e os vários subsistemas que são criados.

Se, após os prazos de assentamento, ocorrer um delineamento claro e permeável das fronteiras internas e externas e uma aliança parental eficaz entre pais biológicos e adquiridos, pode-se supor que os *muito cheios* de uma estrutura complexa como a da família reconstituída poderão representar diferentes oportunidades para os filhos: ter mais agentes de socialização disponíveis; se sentir pertencente a uma família coesa, embora aberta; ter pais mais experientes; ter mais canais de fluxo de tensão disponíveis; tirar vantagem do fato que um adulto pode compensar as deficiências do outro, quando elas ocorrerem; apreciar as diferenças; ganhar experiência na resolução de conflitos.

A confusão de sentimentos: mudanças não gradativas

Vimos como a quantidade e o tipo de mudanças que ocorrem na fase de transição da família envolvem todos familiares e constituem o maior risco de falha. É imperativo que as crianças não fiquem presas ao medo do que não conseguem aceitar em um nível emocional e de se explicar em um nível racional.

Se todos os adultos se empenham em comunicar aos filhos a sensação de estabilidade e continuidade dos laços familiares indissolúveis, demonstrando compreender seus medos e apoiá-los emocionalmente, mas não de forma invasiva, a *confusão de sentimentos* causada por repentinas mudanças pode constituir uma oportunidade não insignificante para que sejam percebidos efeitos positivos, alguns imediatamente e outros a longo prazo, para as crianças.

Os filhos podem aprender com seus pais um modelo de gestão de crise não voltada apenas para fins adaptativos, mas capaz de propor soluções criativas, porque baseado na intensificação das relações; a partir da superação da crise, podem alcançar um aumento de competência pessoal e social e uma mente mais aberta; finalmente, eles podem crescer psicologicamente, aprendendo a lidar produtivamente com as perdas e mudanças, integrando-as e aceitando-as como parte histórica e formativa da própria existência.

Embora isso tudo seja certamente desejável, deve-se reconhecer que pode não ser simples para um casal embarcar nessa aventura sem ferramentas. Contudo, por outro lado, a família reconstituída nunca é uma modelo de família escolhido pelas pessoas como alternativa ao tradicional. Talvez devêssemos considerar o nascimento da família reconstituída como um *evento desconcertante* da família nuclear. Se for capaz de absorver o golpe, ativando dinamicamente seus próprios recursos, a família reconstituída pode representar um *progresso* e não uma *perda* para a família divorciada. É útil lembrar que a família tradicional infeliz, que está a caminho do divórcio, é uma família que frequentemente atingiu um estágio crítico e que, às vezes, pode se cristalizar sobrepondo-se a relacionamentos eternamente conflitantes e desestabilizadores. Sabemos bem que viver em conflitos é o pior dos males para todos e principalmente para os filhos (Lebow, 2015).

Dor, medo, culpa e tristeza são sentimentos que sempre acompanham o estabelecimento do novo núcleo, envolvendo todos os membros. Também, é verdade que o crescimento psicológico da família e, portanto, de seus componentes pode ser medido na capacidade de resistir à dor, elaborá-la e aprender com ela, permanecendo bem ancorado em suas origens.

INTERVENÇÃO CLÍNICA: CASAL OU FAMÍLIA?

A fragilidade do casal, já inerente à complexa estrutura da nova conformação familiar, tão carregada de necessidades e expectativas por parte de todos os componentes, pode facilmente fazer os parceiros vacilarem diante do desafio de fundir duas famílias anteriores em um único conjunto. Quando o casal não consegue manter sua estabilidade interna, que é tão necessária para o funcionamento familiar, a família sofrerá imediatamente e, facilmente, podem acontecer problemas com os filhos, o que só vai exacerbar nos parceiros os sentimentos ocultos de decepção, invisibilidade e impotência que são o prelúdio de um segundo fracasso. O terreno ficará cada vez mais escorregadio e, muitas vezes, o segundo casamento também poderá se encontrar no meio de uma crise muito arriscada.

Tendo já experimentado uma separação, pelo menos um dos parceiros pode ter menos medo dela e, assim, encontrar a solução para os problemas do casal, colocando em prática um segundo divórcio. Em outras situações, no entanto, o medo de que, até mesmo, essa união se dissolva pode levar o casal a pedir ajuda.

Pensar em fazer terapia de casal nessas situações, sem considerar o contexto particular em que os parceiros se encontram, pode ser muito arriscado. São casais que se formam e crescem em mundos relacionais muito diferentes dos outros, pois estão imbuídos a uma rede de relações triangulares. Teremos, então, que pensar que para ajudar o casal temos que ajudar toda a família e vice-versa. Um não pode ser separado do outro.

Enfrentar os problemas da família reconstituída, referindo-se ao modelo tradicional, "*seria como andar pelas ruas de Nova York usando um mapa de Boston!*", diz Patricia Papernow. A autora publicou textos fundamentais para a compreensão e tratamento clínico de famílias reconstituídas (Papernow, 1984, 1993, 2015) e criou um modelo com bases em fases que descreve o desenvolvimento das famílias reconstituídas ao longo do tempo.

Em especial, Papernow descreve cinco desafios que os membros desse tipo de família, muitas vezes, enfrentam: o papel bloqueado de *insider* dos pais biológicos, constantemente disputado entre o novo parceiro e seus próprios filhos, e o papel bloqueado de *outsider,* desempenhado pelos genitores adquiridos, forçados à posição de espectadores da relação entre seus parceiros com os filhos deles; o sentimento de luto, os conflitos de lealdade e as muitas e repentinas mudanças vividas pelos filhos; o papel dos pais biológicos e daqueles adquiridos na educação dos filhos, que, muitas vezes, vê-os dentro de posições distantes, senão opostas; a construção da própria cultura familiar na presença de pelo menos duas culturas familiares já completamente formadas e consolidadas; a necessidade de criar uma aliança parental entre pelo menos três adultos significativos na vida dos filhos, já que o outro progenitor que não mora junto faz parte da família.

Para cada um desses desafios, Papernow propõe uma intervenção com o casal estruturado em diferentes níveis.

Alguns autores apontam como a criação de limites estáveis, mas permeáveis, em torno do novo casal é o primeiro alvo clínico de se buscar (Ganong & Coleman, 2017; Browning, 2017) se o que se quer é ajudar a família reconstituída, já que a estabilidade do casal é capaz de influenciar a de toda a família. A intervenção clínica é dirigida ao casal, essencialmente, para fazê-lo ser capaz de reencontrar um próprio espaço reconhecível, mesmo que seja invadido pelos pais. O processo terapêutico, todavia, vê entrar os diferentes subsistemas que estão ligados a ele, que serão reforçados, um de cada vez, para, então, concentrar-se na segunda etapa, na promoção da unidade e coesão familiar (Browning, 2002; Browning & Artfelt, 2012).

Existem vários tipos de intervenção clínica desenvolvidos para essas famílias (Browning & Artfelt, 2012; Adler-Baeder et al., 2017; Papernow, 2015), bem como as técnicas e ferramentas disponíveis (Greco, 2006; Papernow, 2015; Vetere, 2017). A maioria dos autores converge sobre a importância de estruturar o processo terapêutico de acordo com diferentes abordagens: desde o psicoeducacional, aquele interpessoal, para chegar ao histórico / geracional, para ser usado estritamente em sequência segundo Papernow (2015) ou, em qualquer caso, para ser usado dependendo da especificidade do caso.

Reabrir a confiança e a esperança com esse tipo de casal significa, inicialmente, acompanhá-los para conhecer, por meio de um percurso psicoeducacional, informações básicas sobre as dinâmicas típicas das famílias reconstituídas, favorecendo um processo de normalização. Isso permitirá que os parceiros dissipem os falsos mitos que cercam a recomposição familiar e, assim, criarem expectativas mais realistas.

As intervenções interpessoais, por outro lado, atuam na comunicação e nos padrões interativos implementados pelos diversos componentes da família. Por meio do uso de técnicas especiais, será possível criar a oportunidade de modelar experiências positivas e de ensinar algumas habilidades especificas.

Por fim, o terceiro nível de ajuda é o mais profundo, voltado à análise da história da família. Quando os desafios da família alargada atingem velhas feridas, a onda de sentimentos pode obscurecer a capacidade de responder adequadamente e as abordagens que acabamos de descrever não serão mais suficientes. A terapia precisará mudar seu *focus*: curar as feridas antigas para reduzir a reatividade emocional e permitir que os membros da família enfrentem seus desafios.

Diante de um pedido de ajuda por parte dessas famílias, a primeira decisão que teremos que tomar para projetar a intervenção é a escolha da perspectiva de ler o problema. Pode-se optar pelo olhar dos pais, dos avós, dos filhos ou de qualquer nova recomposição conjugal. É claro que a escolha de como lidar com essas situações complexas vai depender de como chega o pedido de ajuda, mas também da formação clínica do terapeuta e as ferramentas que estão em suas mãos.

Como terapeutas familiares, acreditamos que com famílias reconstituídas é quase sempre necessário assumir a perspectiva dos filhos, até porque são eles quem mais frequentemente transformam o problema em um sintoma de casal. Por outro lado, as famílias reconstituídas frequentemente procuram a consultoria, trazendo questões relacionadas à parentalidade.

Vejamos agora três casos clínicos, muito diferentes entre si pelo tipo de solicitação e intervenção clínica utilizada. O primeiro é uma consulta com o casal, o segundo é um caso complicado de ruptura da família reconstituída e o terceiro é um complexo processo terapêutico com uma família reconstituída em face a uma solicitação de terapia individual.

Cada um em seu lugar

Luana e Rodolfo, de 40 e 43 anos, são ambos separados e pais. Ela de um menino de 11 anos, Marco, e ele de Claretta, de 12 anos. A separação de Luana aconteceu quando Marco tinha 3 anos, no final de uma relação que Luana define como "esgotada". Seu ex, que conheceu na escola, sempre a traiu, e ela, por medo de ficar sozinha, sempre tolerou as suas idas e vindas. Ela até se casou com ele e, então, uma vez que ela teve Marco, decidiu terminar definitivamente a relação, aliás para alívio do ex-marido. Eles ficaram com boas relações, mesmo que seja ela quem cuida inteiramente do sustento do filho. Marco define seu pai como "o melhor amigo": o chama pelo nome e sai com ele para se divertir sempre que se encontram.

Rodolfo, por outro lado, deixou sua ex-mulher há 3 anos com uma separação consensual. Na verdade, ele já tinha conhecido Luana e, com ela, tinha começado um caso extraconjugal.

Claretta, que ficou morando com sua mãe, visita o papai dois finais de semana por mês e alguns dias durante a semana, conforme previsto pelos acordos de separação. As relações entre Rodolfo e sua ex-esposa são bastante frias e ocasionais, porém a ex-mulher se mostra colaborativa pela filha, permitindo-lhe frequentar a nova família do pai.

Marco acolheu muito bem Rodolfo, que o seduziu desde o início, compartilhando a paixão pelo *Playstation*.

Claretta e Luana se conheceram imediatamente após o início da convivência estável do novo casal e a relação se iniciou de forma amigável, sem forçar a barra por parte de Luana, que se mostrou compreensiva para com a menina, apesar de Claretta ter sempre tido um comportamento cauteloso com ela.

Na casa da Luana e do Rodolfo, todos se chamam pelo nome, adultos e crianças, como se fossem um grupo de amigos que optaram por viverem juntos, porque se amam. Quando está com eles, durante a semana, Claretta dorme no quarto de Marco e assiste TV até tarde com ele, enquanto Luana e Rodolfo se fechavam no quarto deles após o jantar. É Luana quem acompanha ambas as crianças à escola, visto que Rodolfo tem que sair bem cedo pela manhã.

Há algum tempo, a menina dá sinais de impaciência quando está em casa com eles, é despeitada com o Marco, mas, principalmente, Luana descobriu que ela rouba dinheiro de sua bolsa quando ela a deixa sem vigilância. A mãe de Claretta não sabe de nada disso, e o casal não gostaria de contar, pois ela poderia "tomar decisões indesejadas".

Luana e Rodolfo nos pedem uma consultoria de casal, para terem um conselho sobre como lidar com o assunto antes que a situação piore. Ambos estão muito preocupados.

Como começar? Talvez pela boa-fé em que se encontram essas duas boas pessoas, sociáveis e amigáveis, mas sem percepção da imaturidade parental que os une. Eles amam muito seus filhos, que mimam muito, mas sem lhes dar nenhum limite. Chamar a todos pelo seu nome sugere uma ausência total de fronteira geracional, bem como deixar os filhos (pré-adolescentes!) sozinhos à noite enquanto o casal está na sua privacidade. Marco nos parece muito solitário e nos lembra um animador de *resort* turístico mais do que uma criança, tanto em casa quanto com o pai. Quando Claretta deveria estar com seu pai, ela está na verdade com sua nova família, sempre todos juntos, ou com Luana quando ela a leva para a escola. Na geografia da família, tem também a mãe da Claretta, que não tendo relações com Rodolfo, nós não sabemos o quanto ela mantenha a criança ligada a um conflito de lealdade. É provável.

A intervenção será uma consultoria de poucas sessões, nas quais se dará essencialmente uma série de prescrições que o casal se comprometerá a realizar.

Antes de tudo, Rodolfo terá que encontrar tempo e um espaço diferente para estar sozinho com sua filha, fazendo coisas agradáveis juntos, mas também seguindo seu progresso escolar. Possivelmente, ele terá que acompanhá-la à escola e, às vezes, surpreendê-la indo buscá-la. Com a concordância de Luana, será útil para Rodolfo falar com a ex-esposa para obter sua opinião sobre como ela vê o crescimento de sua filha, mostrando seu respeito e desejo de colaborar.

Quanto ao Marco, Luana terá que pedir algo mais a seu filho, já que estuda pouco e mal, mal atingindo só o suficiente. Ela pode convidar alguns de seus colegas de escola para fazer a lição de casa juntos quando ela estiver em casa à tarde e definir horários para a TV ou para o *Playstation*, que podem aumentar em decorrência de boas notas. Uma vez que existe um ótimo relacionamento, ela terá que perguntar ao ex-marido como ele acha que pode estar mais presente como um pai para seu filho.

O casal também deverá encontrar uma maneira de hospedar Claretta em um quarto diferente do de Marco e, acima de tudo, aproveitar a privacidade deles somente quando seus filhos estão dormindo ou não estão em casa.

Última prescrição: que Marco e Claretta se dirijam cada um a seus pais biológicos com os nomes de "mãe" e "pai".

Depois de algum tempo, o casal vai nos dizer que as coisas estão muito melhores em casa: Claretta está mais tranquila e não aconteceu mais nenhum furto; Marco tirou boas notas na escola e eles acham que os ex-cônjuges estão cooperando, assim como os avós dos filhos.

Os parceiros, por sua vez, informaram-nos que até a relação de casal tem melhorado e principalmente na esfera da intimidade e da cumplicidade. A simples reestruturação dos limites internos, anteriormente inexistentes, permitiu, assim, que o espaço dos *Nós* emergisse como um território privado, sólido e legítimo.

Simsalabim bim bim: sorriam!

Marlène e Xavier são ambos originários do Gabão e são dois cônjuges em processo de divórcio.

Para ela, é a segunda separação. Marlène mudou-se para a Itália muito jovem para estudar medicina e aqui ela engravidou de Melissa, que tem hoje 17 anos, de um relacionamento com um colega de universidade. Para terminar os estudos, os dois jovens decidiram enviar a criança para o Gabão, confiando-a à família dela. Na verdade, depois de um curto período, os dois se separaram e Marlène vai cortar totalmente as relações com o pai de sua filha, que não verá mais a criança. Após a formatura, Marlène trará Melissa de volta consigo para se mudar para a França, onde ela iniciará sua especialização, sobrevivendo com pequenos trabalhos. Depois de um curto período, ela encontrará Xavier.

Para Xavier, este é o terceiro divórcio. Dos dois casamentos anteriores teve quatro filhos: do primeiro Laurent, que tem agora 18 anos, e do segundo Esther, de 16 anos e duas gêmeas de 14 anos: Sophie e Isabelle. Xavier também se mudou para a Europa ainda jovem. Na França, ele completou de forma brilhante seus estudos e seguiu carreira em várias cidades na área de economia e finanças. Aqui ele vai se casar duas vezes e, após os divórcios, seus filhos permanecerão vivendo com ele. Mesmo assim, ele manterá uma boa colaboração parental com as suas ex-esposas.

Marlène e Xavier se conheceram há oito anos em Paris e, logo após seis meses, ela ficará grávida e eles decidirão se casar. Assim, Marlène e Melissa se mudarão para a casa de Xavier, onde todos viverão juntos com os quatro filhos dele. De uma só vez, no momento do casamento deles, a família será composta por 7 pessoas: dois adultos, 5 crianças e uma a caminho, Mathilde, que hoje está com 7 anos. Depois de apenas dois anos, uma segunda chegará: Alexia.

Imediatamente após o nascimento da segunda filha, a família se mudará para a Itália por causa do trabalho dele e viverá aqui até um ano atrás, quando Marlène pedirá a separação para Xavier por motivos graves: ela vai acusar o primeiro filho dele, Laurent, de assédio sexual contra Mathilde. Tudo isso, ao que parece, na sequência de uma confidência por parte de sua filha Melissa, que ficaria sabendo sobre isso por meio de Esther, uma das filhas de Xavier. Paralelamente ao pedido de separação, Marlène e Melissa deixarão a casa da família, levando as duas meninas pequenas com elas.

O caso chega até nós por parte do Consultor do Escritório do Tribunal, que, após as visitas domiciliares necessárias de ambos os cônjuges e entrevistas com os filhos, elabora a perícia confiando as duas meninas ao pai, mas, ao mesmo tempo, aconselha o casal a um percurso terapêutico por causa da forte hostilidade entre os parceiros. A senhora, apoiada por seu advogado e seu CTP, pretende recorrer da sentença, pedindo a guarda das filhas.

O primeiro encontro é, portanto, com o casal, que não conversa mais exceto por meios legais.

Como para todos os casais em processo de separação litigiosa, o convite para fazer um tratamento terapêutico terá que ser transformado em um interesse para trabalhar para si e para seus filhos. A sessão será, portanto, dedicada a nos conhecermos e para decidirmos se podemos fazer algo útil juntos.

Os dois parceiros estão tensos e envergonhados, cada um em um extremo do mesmo sofá. O terapeuta não tem nenhuma intenção de falar sobre o processo, menos ainda tocar no tema do abuso sexual: se não cairia em uma armadilha da qual seria muito difícil escapar. Em vez disso, a primeira pergunta será feita a Xavier:

Terapeuta: O que fez você se apaixonar por essa senhora?

Xavier (após um longo silêncio): Eu precisava dela! Eu só entendi depois e sinto muito por isso!

Terapeuta (para Marlène): Você sabia disso?

Marlène: Talvez sim.

Xavier: Eu vinha de um segundo divórcio, que aconteceu há apenas seis meses. Eu não queria, minha esposa tinha outro e escolheu ele. Para mim, foi um trauma e eu estava muito deprimido. Um longo período de depressão... acho que Marlène me deu proteção. Eu precisava de alguém ... como uma mãe, uma confidente. Ela era a única pessoa com quem eu podia falar. Se eu tivesse tido a minha família ali comigo! Eu não tinha amigos. Se eu tivesse tido lucidez! Eu não prestei atenção!

Terapeuta: Para quê?

Xavier: Para a comunicação! Percebi muito rapidamente que diante de qualquer uma das minhas ideias, decisões, sempre encontrei uma porta fechada. Ela não considerava os riscos que eu estava colocando à sua frente. Mas a sua maneira de se comunicar ... Ela gritava, era impulsiva, eu não conhecia esse seu jeito. Eu perdi meu pai quando tinha 10 anos e ele falava muito pouco!

Terapeuta: Você percebeu suas dificuldades (ele)?

Marlène (um pouco surpresa com o clima inesperado): A comunicação era muito difícil. Não que tivéssemos pontos de vista diferentes, mas muitas vezes tive a sensação de não ser ouvida. Ele já tinha uma vida, as suas ideias, regras, planos e não havia lugar para os meus. E quando eu discutia sobre isso, ele não me ouvia.

[...]

Terapeuta: E você? O que esse homem tinha para fazê-la perder a cabeça e decidir cuidar de outros quatro filhos além da sua?

Marlène: Ele estava saindo de um divórcio e queria uma família. Eu queria isso também, mas também queria outras coisas... queria me realizar. Eu queria me especializar, mas não podia, economicamente não conseguia. Além disso, ele era um homem confiável, tinha valores morais e princípios sólidos. Talvez ingenuamente... não tinha me colocado na perspectiva de uma família reconstituída... Ingenuamente pensei: "Nos casamos, temos filhos, são todos nossos! " e às vezes quando você pensa assim, pode ser invasivo sem querer. Às vezes, ele me dizia: "Pare! Esses são meus filhos! "... Eu não via dessa forma, eles eram nossos filhos ...

Terapeuta: Quantos anos você tinha quando vocês se casaram?

Marlène: 35 e então ... Venho de uma família muito numerosa. Minha mãe tinha 10 irmãos e eu 5 irmãs, então a ideia de uma família grande não me assustava!

Terapeuta: E então você o conquistou!

Já a partir dessas primeiras falas, podemos imaginar o que os cônjuges estavam procurando um no outro. Xavier realmente precisava de uma mulher próxima a ele que o ajudasse a criar seus filhos e o devolvesse um pouco de vida. Ele é um homem que tende a ficar deprimido, que sente muito a responsabilidade parental, mas que também tem muitas lacunas a preencher: um pai enigmático e duas ex-mulheres estrangeiras que o abandonaram.

O modo de vida de Marlène, menos cauteloso que o dele, certamente o fascinou e provavelmente lhe deu confiança, já que essa mulher vem do mesmo país que o seu. Porém, Marlène também é uma mulher muito ambiciosa, projetada, sobretudo, para seu o futuro profissional. Acostumada como estava a viver em uma família numerosa (com muitas mulheres!), ela entrou na nova família um pouco como uma das muitas filhas, interessada mais sobre seu futuro pessoal do que sobre o presente de uma família complexa.

Ao final da primeira sessão, o terapeuta propõe atender a família com todos os filhos, em parte com a ideia de obter ajuda deles para encontrar recursos úteis para uma separação consensual, mas também para observar a relação entre os irmãos e particularmente entre Mathilde e Laurent. Devemos começar dizendo que a história do abuso emergiu do relatório da CTU como pretexto e infundado, porém a denúncia da qual os filhos mais velhos certamente têm conhecimento por estarem envolvidos deve ter causado, de toda forma, uma certa inquietação neles.

Marlène não consegue aceitar se encontrar com todos. Ela diz que é muito doloroso para ela. Ele também não entende o motivo desse pedido, já que essa não é mais sua família. Em vez disso, aceita estar presente na próxima sessão com as filhas deles.

O encontro com as meninas será um encontro chave. Se decidirá brincar com papéis e cores para desenhar sua família. Na frente dos pais, sentadas em lados opostos, Mathilde e Alexia vão nomear todos os membros da família, atribuindo sorrisos e tristeza aos muitos rostos. Desenharão a escola da região onde moram com o pai e que todos os irmãos frequentam (exceto Melissa, que não mora mais com eles, mas com a mãe), o uniforme que vestem e a babá que cuida deles. O irmão e irmãs serão desenhados cada um com suas particularidades, desde os saltos de Melissa, até as pulseiras das gêmeas, aos óculos coloridos de Laurent. Os pais assistirão com consideração e ternura. Em um determinado ponto desse belo jogo, iremos um pouco mais fundo:

Terapeuta (para as meninas): Vocês fizeram um belo desenho e colocaram aí todo mundo. Muito bem! Agora vamos fazer uma mágica! Com esta varinha mágica, se vocês tivessem que mudar alguma coisa nesta família, o que vocês gostariam de mudar?

Mathilde: Que a família seja um coração!

Alexia: Tem que dizer a palavra mágica!

Terapeuta: Certo! Então diga a palavra mágica!

Mathilde: Simsalabim bim bim! (Em seguida, desenha um grande coração no papel que inclui todos os personagens.)

Terapeuta: Mas essa família está toda no seu coração? Inteira e para sempre?

Mathilde: Sim.

Terapeuta: Olha, e em 20 anos, quando talvez você se casar, quem você vai convidar para o seu casamento, entre seus familiares? Me diga os nomes!

Mathilde (elenca todos, um por um, incluindo os pais).

Terapeuta (entregando a varinha mágica para Alexia): E você? Se você pudesse mudar algo, o que você faria?

Alexia: Que se toque o arco-íris todos juntos!

Terapeuta: Que lindo desejo! Eu quero fazer outra pergunta então. Se você pudesse fazer outra mágica para mudar algo agora, imediatamente?

Alexia: Que todo mundo fique bem e que mamãe e papai morem juntos para sempre!

Terapeuta: Isso mesmo! É sempre correto falar a verdade! Mas você sabe, às vezes, não é fácil para os adultos fazerem as coisas certas e eles podem errar. Se não é possível para os dois morarem juntos o que eles poderiam fazer?

Alexia: Sorriam!

Terapeuta: Talvez seja um pouco difícil para você, certo? Quando você está com o papai, você pensa na mãe e quando você está com a mãe você pensa no pai, não é?

Alexia: Sim. Você pode ficar mais perto. Quando a mamãe vem me buscar eu a vejo pela janela...

Terapeuta: Ela não vem em casa buscar você?

alexia: Não, não entra! Às vezes, ela poderia vir e ficar junto também. Seria possível fazer muitas coisas!

Terapeuta: Olha Alexia, me diga uma coisa: se Melissa estivesse aqui hoje e pudesse fazer uma mágica, o que você acha que ela gostaria?

Alexia: Ficar sempre conosco! (então, voltando-se para a terapeuta e olhando em seus olhos) Eu me diverti hoje. Eu gostaria que você conhecesse meu irmão e minhas irmãs. Se quiser, digo a eles para virem!

Terapeuta (para o riso de todos): Você é a mais nova, mas é a chefe da família!

A sessão com toda a família será marcada, mas, infelizmente, algumas horas antes da reunião, Marlène vai ligar para a terapeuta dizendo a ela que ela não estará presente e nem Melissa. Ela vai dizer que sente muito, mas que não tem vontade de fazer, pelo menos por enquanto. Porém, ela ficará feliz se o encontro com os meninos e as meninas for feito junto ao pai.

A sessão com Xavier e todos os seus filhos será muito útil para restaurar a harmonia entre irmãos que vivem juntos. Falaremos sobre divórcios anteriores, das diferentes mães, de como foi o passado para os meninos, de como estão hoje e seus planos futuros.

Xavier poderá ver em primeira mão o quanto seus filhos sempre perceberam as suas dificuldades como pai e como eles aceitaram, por ele, chegar a um acordo, às vezes, pagando preços pessoais, pelos quais ele mesmo talvez nunca tivesse percebido totalmente.

A grande ausência Melissa fará um pouco de falta a todos, exceto alguns, mais para Esther, a irmã envolvida na terrível confidência sobre Laurent, que talvez se sinta culpada por ter contribuído para criar um grande mal-entendido. Entretanto, dando tempo ao tempo, sempre poderá ligar para ela diretamente e talvez se encontrarem para um sorvete.

Marlène suspenderá qualquer ação judicial, aceitando de fato a sentença da guarda das meninas ao pai.

Um transatlântico à deriva

Uma senhora liga para marcar uma consulta para uma "*terapia individual sistêmica*". Um pouco surpresa com o tecnicismo desse primeiro pedido, a terapeuta pede alguns esclarecimentos sobre o tipo de problema para o qual a senhora gostaria de ser ajudada. "*Eu tenho um parceiro há 10 anos que tem um filho de 18 anos, com quem infelizmente não tenho uma boa relação. Ele me evita e não consigo me envolver*", diz a senhora. A terapeuta propõe um encontro com seu parceiro, imaginando ter que intervir pelo casal, mas a senhora recusa categoricamente e insiste na terapia individual sistêmica, pois o problema, segundo ela, diz respeito apenas a ela mesma: "*Já faz algum tempo que tenho ataques de pânico e insônia. Eu me sinto estranha como nunca me senti na minha vida. Eu sempre fui forte, mas agora me parece que tudo está desmoronando ... e me sinto insegura!*".

A terapeuta, bastante intrigada com esse pedido singular, concorda em encontrá-la sozinha.

As três primeiras sessões: a situação de Sveva

Sveva tem 50 anos, é uma mulher bonita, culta e refinada. Nascida no sul da Suíça, fala alemão e fala um italiano perfeito. No passado, ela fez um curso de psicanálise por alguns anos.

Aos 23 anos, quando ainda era estudante universitária, conheceu John, um empresário de origem inglesa muito mais velho que ela, apaixona-se e deixa seu país, contra o conselho de sua família, para segui-lo à Roma. Ele é divorciado e tem três filhos adolescentes, Marco, de 18 anos, Laura de 16 e Carlo de 14, que moram com ele em uma bela casa no centro de Roma. Sveva faz o seu melhor pelos filhos de John, desdobrando-se para eles, como uma segunda mãe. Depois de morarem juntos por pouco tempo, John pede que ela se case com ele, os preparativos para o casamento serão suntuosos, mas nenhum membro da família de Sveva vai participar. Do casamento deles, nascerão mais dois filhos, Greta e Peter, que têm agora 23 e 18 anos, respectivamente.

Sveva fala de uma vida feliz, de como ela tão jovem administrou uma família tão grande e linda, como ela conseguiu terminar seus estudos e iniciar uma carreira, seguindo todas as crianças, cuidando das suas amizades e das amizades do casal. Ele visitava seus pais apenas ocasionalmente, especialmente após o nascimento de seus filhos, mas seu casamento nunca será aceito, e seus avós nunca irão até a sua esplêndida casa.

Quando Greta tem cerca de 10 anos e Peter 5, Sveva acidentalmente descobre que seu marido está, há muito tempo, em um relacionamento com a mãe de um colega da escola de sua filha. Para Sveva, a traição é "*um raio no meio de um dia ensolarado, um escândalo, uma humilhação inaceitável*" e sua reação é imediata: ele força John a sair de casa com seus três primeiros filhos e contrata um dos escritórios de advocacia mais importantes da Itália para pedir a separação por culpa. John responde com a mesma moeda, contratando um escritório igualmente famoso. A guerra, então, tem início, usando todas as armas possíveis: perícias e laudos, ficar com a guarda exclusiva dos filhos e ficar com a casa, contratação de detetives particulares, depoimento das crianças no tribunal. O envolvimento de vários mediadores familiares e de psicólogos solicitados por John não surtirá efeito: Sveva é inflexível. Além disso, apenas seis meses após a saída de casa de John, Sveva fica com Stefano, seu atual companheiro e ex-colega, também separado com um filho, e o convida para ir morar na casa de John, onde ela ficou com seus filhos.

A guerra durará dez anos e serão anos terríveis: Greta desenvolverá anorexia severa por volta dos 13 anos, então ela fugirá de casa várias vezes, ficando sumida por meses, e interromperá completamente as relações com seu pai por cerca de três anos. Peter, com a chegada da adolescência, não conseguirá mais ter um desempenho escolar suficiente, ficará cada vez mais agressivo e será expulso várias vezes da escola e, então, definitivamente.

A sentença final do Tribunal irá decretar a guarda dos filhos à mãe também atribuindo-lhe a casa, onde ela já vive há muitos anos junto com Stefano e os meninos.

Atualmente, a guerra de dez anos, apesar da sentença final, ainda está aberta e sangrenta: John e Sveva se desprezam e não têm qualquer tipo de relacionamento direto. Há alguns meses, sua filha Greta foi embora de casa permanentemente para morar com o namorado. As relações entre Greta e seu pai recomeçaram após três anos de fechamento total por parte da menina, mas, com ele e com sua mãe, Greta costuma ficar com raiva. Peter, atualmente no exterior para terminar seus estudos superiores, tem boas relações com ambos os pais.

Os primeiros três filhos de John vivem em locais diferentes no exterior, e Sveva não tem mais relações com eles desde a separação de fato. Greta fala frequentemente com todos os irmãos, enquanto Peter fala ocasionalmente apenas com alguns. Stefano tem boas relações com Peter, ambivalentes com Greta. Sveva e Stefano moram sozinhos na casa de John. John vive sozinho em um apartamento perto do apartamento de sua primeira esposa.

Enquanto Sveva conta sua longa e triste história, a terapeuta escuta e pensa sobre o que fazer. O que claramente emerge da vida de relacionamento dessa mulher é um número considerável de rupturas e de lágrimas dolorosas que a marcaram muito.

Como proceder então? A terapeuta está cada vez mais convencida de que uma terapia individual pode representar a renúncia definitiva da oportunidade de consertar seus relacionamentos fundamentais. Ela decide se dar mais um tempo, para primeiro verificar quais são as preocupações mais profundas dessa mulher, antes de planejar a intervenção.

Nas duas próximas sessões, as reais preocupações de Sveva emergem. A angústia dela está ligada aos filhos: à Greta, pelas frequentes rupturas com ambos os pais, fugas de casa, período anoréxico, acessos repetidos de raiva, desespero e instabilidade; mas também à Peter, por seu fraco desempenho escolar, seguido pelo abandono da escola italiana para se recuperar em uma escola inglesa, "*longe de olhares indiscretos e humilhantes*".

No final da terceira sessão, Sveva apresentará a metáfora do *transatlântico* para definir a grande família da qual ela decidiu cuidar, contra a opinião de seus pais e tinha apenas 23 anos. "*Gostei muito, mas aí tudo quebrou e eu deixei o transatlântico ir!*" Sveva vai dizer.

O genograma de Sveva

A quarta sessão será dedicada ao genograma fotográfico e à história de Sveva, com o objetivo de descobrir como em seu processo de desenvolvimento, ela aprendeu a desempenhar o papel de *timoneiro.*

"Em uma cidadezinha nos Alpes suíços.... Eu fui a primeira filha de uma mãe hipertrófica e de um pai para eu cuidar... ", resume Sveva falando sobre seus pais e onde ela nasceu. Sua mãe, diz ela, nunca amou seu pai, porque seu grande amor da juventude era outro, mas ela se casou com ele de acordo com os desejos de sua família, visto que ele era um homem confiável e tinha uma posição respeitável no pequeno contexto em que viviam. Então, depois do casamento, a mãe de Sveva viveu a vida inteira se dedicando completamente para os três filhos, que funcionavam como uma barreira entre ela e o marido. Sveva, que sempre sentiu o sofrimento e a solidão de seu pai, tornou-se aquela que cuidou dele substituindo sua mãe, amando-o e dando a ele muita satisfação durante seus estudos e carreira, ao contrário de seus irmãos. Com a mãe, no entanto, a relação sempre permaneceu conflitante.

Ainda hoje, apesar de Sveva morar em outra cidade, é ela quem cuida diariamente do pai, que agora está sozinho e muito velho, dando orientações por telefone aos irmãos, que permaneceram vivendo em seu país de origem, de como cuidar dele.

Da história da família, Sveva surge como uma figura central em sua família. Em suma, os desafios individuais que orientaram a sua vida parecem ser: "A família deve fundar-se no amor conjugal e na respeitabilidade social", "A relação de casal deve ser cultivada e protegida" e "As crianças devem ser encorajadas a crescerem rapidamente". Os recursos dessa mulher são inteligência brilhante e uma boa dose de coragem e determinação, enquanto dentro de seus limites surge um muito importante: o encontro impossível com a fragilidade feminina.

Ao final dessa sessão, os objetivos terapêuticos tornam-se cada vez mais claros para a terapeuta: a terapia individual pode não ser suficiente e, acima de tudo, pode não resolver os muitos problemas relacionais abertos da Sveva, que não pode contar com uma parentalidade compartilhada e colaborativa com o pai de seus filhos, desprezado por Sveva e Stefano, a tal ponto de ter dado a ele o apelido de "*toupeira*", usado livremente em casa, mesmo na presença dos filhos de Sveva. Por outro lado, Sveva fugiu de duas tentativas de mediação familiar e não tem intenção de encontrar seu ex-marido. Como fazer?

A aliança terapêutica para uma "proposta indecente"

Da quinta à oitava sessão, o principal objetivo do trabalho com a Sveva será fortalecer e consolidar a aliança terapêutica para permitir que a terapeuta se aproprie do comando da terapia e consiga alterar o *setting.* Forçar a mão para sair da rota imaginada por Sveva pode ser arriscado com uma mulher assim, tão determinada e rígida. No entanto, há uma questão para a qual devemos dar uma resposta: "*Mas hoje o transatlântico está navegando à deriva ou alguém o pilota?*".

O objetivo dessas sessões será precisamente trazer Sveva para cima desse comprimento de onda, ajudando-a a refletir sobre como o leme que ela abandonou no *transatlântico* foi provavelmente herdado por alguns de seus filhos.

Por fim, na oitava sessão, uma importante oportunidade se abrirá para a terapeuta fazer sua proposta "indecente".

Sveva: É minha filha que precisa de ajuda, ela gostaria de fazer sessões individuais com você.

Terapeuta: Diga a ela para ficar em casa por enquanto. Diga também que já estou trabalhando para ela. E, para provar isso, da próxima vez, tem que me trazer seu ex-marido, porque, para ajudá-la, tenho que entrar no transatlântico junto!

A proposta é recebida pela Sveva com grande espanto. Ainda é impensável para ela se sentar na mesma sala com John, mas talvez sem querer ela já percebeu que é aqui que temos que começar de novo, se queremos ajudar os seus filhos. Além disso, a mensagem da terapeuta para Greta terá um grande valor em avaliar o quanto a filha de casa está disponível para nos ajudar: se a terapeuta tiver sua aprovação, o encontro com os pais estará lá e a terapia familiar poderá começar.

Depois de alguns dias, Sveva confirmará a participação de John no próximo encontro.

"*Colocamos as cartas debaixo do sofá!*"

O encontro fatídico acontece na nona sessão. Sveva chega um pouco mais cedo e está muito tensa. John, que chega depois de alguns minutos, traz com ele uma grande sacola cheia de documentos sobre a trágica guerra: perícias, cartas, depoimentos e assim por diante.

A terapeuta conta com a aliança terapêutica consolidada com Sveva para mantê-la paciente, enquanto deixa os primeiros quinze minutos à total disposição de John para discutir como quiser sobre seus motivos em finalmente estar na frente de sua ex-mulher. Pode-se imaginar facilmente que o que John gostaria de receber dela é a restituição de sua casa, já que hoje Sveva mora exclusivamente lá com seu parceiro. É provável que suas expectativas em relação a essa reunião sejam dar a si mesmo a chance de documentar o que aconteceu entre eles na esfera judicial para obter a indenização que ele sente que ainda deve receber.

Logo, em seguida, porém, o terapeuta fará uma proposta: "*Que pena! Hoje, na realidade, vocês têm outra possibilidade: colocar as cartas debaixo do sofá e falar tudo o que vocês nunca disseram um ao outro sobre seus filhos, especialmente sobre sua preocupação por eles durante esses anos. Tenho certeza de que vocês sofreram muito por eles, vocês dois, e talvez vocês tenham desejado compartilhar o pedido de ajuda, mas não foi possível! O que vocês acham, vamos tentar?* ".

O objetivo da terapeuta é fazer com que esses dois pais, que se desprezam como pessoas e não se falam diretamente há quase treze anos, possam finalmente ter um confronto em um contexto diferente.

Será um encontro de mais de duas horas, no qual Sveva e John poderão contar cada um os momentos mais difíceis de sua história como pais. Vários mal-entendidos surgirão gerados por preconceitos mútuos, instrumentalizados pelos muitos profissionais envolvidos, muitos diz-que-me-disse falsos, eventos ocorridos dos quais o outro não tinha conhecimento. Os dois se tornarão quanto menos "monstro" um aos olhos do outro e vice-versa; em alguns momentos, irão se comover e chegarão a sorrir juntos sobre seus filhos. Em suma, o contexto mudará consideravelmente e será uma sessão importante, ao final da qual, a terapeuta fará uma segunda proposta aos ex-cônjuges: para se encontrarem novamente para um segundo encontro para compreendermos juntos, porque eles amaram, uniram-se e se deixaram. O desejo de John de entender mais sobre o fim de seu relacionamento, tão abrupto e definitivamente interrompido por Sveva sem explicação, é aproveitado pela terapeuta, que se moverá para fazê-los voltar uma segunda vez, fazendo uma proposta interessante para John. A relação terapêutica já bem estabelecida com Sveva permitirá que ela desafie a sua paciência. Na verdade, no intervalo entre essa sessão e a próxima, a terapeuta receberá um telefonema de Sveva: "O meu é um esforço titânico! Não sei se conseguirei marcar outra reunião com ele! Eu confio em você, mas me diga que não vai durar muito! [...] eu queria então lhe falar que Greta está muito feliz com o que estamos fazendo e Peter me ligou da Inglaterra dizendo que ouviu que há boas notícias!".

Os meninos, de casa, estão nos ajudando.

Conforme prometido, na sessão seguinte, John será convidado a contar a sua história de vida, de forma a traçar e evidenciar os elementos-chave que os fazem compreender o significado da união deles, do início ao fim.

John nasceu de um breve caso extraconjugal que seu pai, um soldado inglês, ele teve com a filha de dezoito anos de um general italiano durante a guerra. Ele será reconhecido, mas seu pai voltará à Inglaterra para a sua família, deixando por sua própria conta a jovem e o bebê dela. John será informado que seu pai morreu durante a guerra. Assim ele vai crescer na casa do avô, com uma mãe inalcançável, eternamente trancada em seu quarto e "*um pouco maluca*". Por volta dos 20 anos, prestes a se casar com sua primeira esposa, John vai descobrir o engano, vasculhando uma gaveta por acaso, na qual encontrará o endereço de seu pai. Ele vai se apresentar na sua casa, onde vivia com sua família, e ele pedirá a seu pai, pelo menos uma vez, para se sentar na igreja perto de sua mãe no dia do seu casamento, como uma família normal. O pai vai aceitar e depois voltar à Inglaterra. Posteriormente, seus contatos continuarão, mas sempre por iniciativa de John, que será acolhido pela família paterna, mas como hóspede e «*filho gratuito*»: com a morte do pai, ele não será reconhecido entre os herdeiros.

Da história de John, emerge que suas escolhas de vida são basicamente fundadas em algumas de suas convicções mais profundas: "A família é composta pelos filhos", "O feminino é inatingível" e "Somente os filhos nunca me deixarão". Assim, para John, ter muitos filhos era seu objetivo mais importante, porque, além de lhe garantir o apoio emocional, os filhos constituem aquele vínculo "para sempre" que a relação do casal não garante. Por outro lado, ao final do primeiro casamento, os filhos ficaram com o pai.

Se voltarmos à história de Sveva, vemos, em vez disso, como entre os desafios individuais que deram um sentido à sua vida emergem algumas convicções: "É o vínculo conjugal que faz a família e que dá respeitabilidade social", "A relação do casal deve ser cultivada e protegida" e "Os filhos devem ser encorajados a terem autonomia precoce ".

Se para John é a paternidade que lhe garante visibilidade e segurança, para Sveva, é o papel da esposa que coloca o casal em primeiro lugar e que pode, finalmente, dar a ela aquele reconhecimento nunca recebido de sua mãe, algo que ainda a faz sofrer. Qualquer traição para John nunca colocaria sua família em risco, enquanto para Sveva representou uma humilhação intolerável para sua autoestima e a catástrofe de seu projeto de vida.

O clima de toda a sessão é calmo e reflexivo, os ex-cônjuges começam a se ouvir realmente, a tocar seus vazios internos e a perceber cada um as suas contribuições para o final do vínculo.

No final dessa sessão, a terapeuta irá convidar os ex-cônjuges a voltarem, mas dessa vez como pais de Greta, convidada a participar do próximo encontro.

O timoneiro

A sessão com Greta e os pais, juntos no mesmo sofá, terá um valor especial para a filha, a qual finalmente poderá trazer a sua experiência de "observadora", especialmente "durante a guerra". Greta falará sobre a sua anorexia, sobre a sua solidão extrema, sobre o seu desejo de morrer, sobre a sua preocupação constante com seu irmão mais novo e suas várias tentativas de protegê-lo do terremoto que em torno deles derrubava as paredes da casa.

A repentina quebra de certezas e, sobretudo, aquele clima de imprevisibilidade em que os filhos viveram por muito tempo, fez Greta crescer rapidamente, ela utilizou todos os seus recursos para navegar na tempestade sem afundar. No geral, ela teve sucesso, mas o preço que ela teve que pagar é o de sabotar o seu projeto de vida: interrompeu os estudos e, até hoje, não construiu nada para si mesma, não teve energia. Fala cinco idiomas, é extremamente inteligente, sensível, tem senso prático, mas, por dentro, está desesperada.

Os pais, sentados, lado a lado, ouvem e refletem.

Sveva e John concordam em voltar sozinhos nas próximas duas sessões. A aliança parental começa a se fortalecer e a atenção deles agora converge para o presente dos filhos e para o futuro que juntos podem ajudar a construir para eles. Eles falam sobre seus filhos de maneira mais construtiva e concordam sobre como proceder.

No final da última reunião, Sveva dirá: "*Estou procurando uma casa para alugar para mim e meu parceiro*".

Enquanto isso, em casa...

Peter informa a seus pais que está em dúvida se deve retornar à Itália, pois está muito bem na escola de inglês. Evidentemente, a escola residencial anglo-saxônica, com paredes grossas e regras rígidas, deu a Peter aquela sensação de segurança que ele precisava para retomar sua vida como um menino brilhante que é. Seu desempenho escolar melhorou rapidamente e os elogios por parte dos professores não demoram a chegar.

Sveva e John, que agora se falam regularmente, apoiam-se mutuamente ao aconselharem Peter a ficar na Inglaterra até terminar seus estudos, se é o que ele deseja. Peter, ao telefone com a mãe, deixa escapar: "*Esta é a primeira vez sinto que tenho dois pais!*". Ele, então, decide ficar e anuncia que em breve estará na Itália para as férias.

Tendo recebido essas notícias, a terapeuta convida Peter para a próxima sessão junto com toda a família.

Quatro histórias para uma história

A décima quarta sessão finalmente verá toda a família biológica junta. Os pais de cada lado do sofá, Peter entre eles e Greta em uma poltrona ao lado da terapeuta. É justamente Greta que vai tomar a palavra para ajudar seu irmão a confiar no contexto. Na verdade, será fácil para Peter expor a sua verdade também. Será uma sessão importante: quatro histórias confrontadas para construir uma para todos. Semelhanças e diferenças com os pais serão encontradas, lentamente, desfazendo muitos pequenos nós.

No entanto, uma filha que ainda está muito centralizada e controladora irá emergir desse encontro. O *timoneiro* está claro para todos agora, é justamente ela: a única da família a ter sempre mantido um relacionamento com todos os irmãos, a única que ainda tenta desesperadamente manter a rota de um *transatlântico* à deriva. A posição dela é bastante enraizada, da qual ela ainda não pode se libertar, e ambos os pais percebem que a filha precisa de ajuda.

É nesse ponto que a terapeuta percebe que pode iniciar uma nova fase do processo terapêutico, que terá sessões alternadas de Greta com a mãe e Greta com o pai. Peter vai voltar à Inglaterra e não poderá participar de nossas reuniões por algum tempo.

O medo de Greta

No intervalo até a próxima sessão, já marcada com Greta e sua mãe, Greta vai telefonar para a terapeuta pedindo um "*encontro extraordinário para vir sozinha*". Se esse pedido representasse a dificuldade de um timoneiro em deixar o leme, o comportamento dessa garota não seria tão estranho. No entanto, no encontro individual, Greta trará outra coisa e talvez seja pela primeira vez na vida. Greta iniciou várias terapias individuais ao longo do tempo, enviada pela mãe ou pelo pai, mas a verdade é que ela nunca se envolveu verdadeiramente, abandonando o jogo já nas primeiras sessões.

Na reunião individual, dessa vez, ela começará assim: "*Estou com tanto medo, porque a esperança voltou! Tem certeza do que está fazendo? Porque eu não aguentaria mais uma decepção*".

Certeza do resultado, sabemos, nunca temos. Porém, o que colocamos de nós mesmos no nosso trabalho, tanto em termos pessoais quanto profissionais, é o único investimento real da nossa parte. No geral, quando o nosso é um investimento conspícuo feito de sincera curiosidade, respeito e carinho pela família, esta o sente e, no momento de arriscar, se fizermos nós, a família vai nos seguir.

O trabalho trigeracional e a conclusão da segunda fase da terapia

O trabalho alternado com Greta e os pais acontecerá nas seis sessões seguintes e permitirá reconectar e consolidar o vínculo da menina com cada um dos pais em sua história trigeracional.

Nas sessões com a mãe, vamos trabalhar a relação conflituosa que caracteriza o ramo feminino trigeracional. Eles serão confrontados, as duas adolescências, a de Greta e a de sua mãe, tão semelhantes em muitos aspectos: Sveva também teve que crescer muito cedo e preencher um papel adulto que não era dela. Com um corte emocional, ela arquivou tudo isso, desistindo para sempre de entrar em contato com a sua fragilidade. A fragilidade de Greta, que a menina continuamente coloca diante de si por meio de seus vários males, para Sveva, é sempre como um tapa que a força de repente a olhar para dentro e entrar em contato novamente com aquele vazio tão doloroso para ela. Daí a distância de segurança de que Sveva precisa, mas que mantém Greta com medo constante de perdê-la. Vamos falar sobre a infância de Greta, quando com sua mãe, a menina falava alemão e como essa intimidade delas foi abruptamente interrompida com a chegada de Stefano em sua casa. Em sua necessidade de cultivar e proteger o relacionamento do casal, infelizmente Sveva, sem saber, colocou em segundo lugar as necessidades de seus filhos, em especial as da filha que, como fora para ela, poderia se salvar crescendo rapidamente.

Só hoje Sveva entende e parou para refletir. Greta, por outro lado, finalmente consegue ver a fragilidade de sua mãe e sente ternura para com ela e menos necessidade de compensação. Serão sessões intensas e profundas, nas quais mãe e filha encontrarão um fio condutor que as une como mulheres.

Nas sessões com o pai, serão abordados os temas do medo e da raiva de Greta que sempre caracterizaram o relacionamento deles. O medo de que, se ela se aproximar demais dele, seja oprimida pelas necessidades paternas, e a raiva pela invisibilidade experimentada como filha. Haverá momentos emocionalmente muito fortes em que Greta tocará picos de desespero e o pai seus próprios limites.

Greta: Pai, eu não quero tranquilizá-lo!

John: Mas eu não sei te ajudar!

Contudo, então, haverá momentos de intensa tristeza, em que pai e filha descobrirão que ambos passaram a maior parte de suas vidas procurando por um pai perdido. São momentos de profunda reaproximação.

John: Talvez eu tenha pedido demais aos meus filhos ...

Greta: Pai, vamos abaixar os nossos muros!

O trabalho sobre a dimensão trigeracional será concluído com duas últimas sessões nas quais todos os quatro participarão: Sveva, John, Peter e Greta.

Em resumo, essa fase do trabalho terá várias implicações positivas na vida de todos os componentes: a redefinição dos limites geracionais e das fronteiras entre um vínculo parental forte e colaborativo e um vínculo matrimonial definitivamente concluído permitiram que Peter e Greta recuperem a posse de seus papéis de filhos. Sveva e John viajarão para a Inglaterra juntos para visitar Peter na ocasião de um prêmio especial dado a ele pela escola, fazendo uma agradável surpresa. Porém, vai acontecer até outra coisa: Sveva vai participar, em algumas ocasiões, de reuniões da família na qual os filhos de John também estarão presentes, reconectando um relacionamento direto com eles e removendo definitivamente Greta daquela posição vinculativa do *timoneiro*.

Laços que mudam ... na casa de Sveva

Enquanto o processo terapêutico com a família de John e Sveva está sendo concluído positivamente e a terapeuta está considerando passar para terceira e última fase, aquela com o ramo da família reconstituída de Sveva e Stefano, a terapeuta recebe um telefonema de Sveva, que a informa que agora tudo está indo muito bem com seus filhos e com seu ex-cônjuge e ela está muito feliz com os resultados alcançados. No entanto, as coisas com Stefano estão mudando um pouco: "*Talvez, ele não entenda o que estou fazendo*", afirma ela.

A terapeuta há muito esperava que chegasse uma reação da casa de Sveva, em que havia alguém que observava grandes mudanças nos relacionamentos significativos de sua parceira sem se sentir fazendo parte disso. Na verdade, várias vezes a terapeuta teria querido envolver Stefano, porém, ela queria esperar o momento em que esse homem finalmente reagisse, reivindicando seu lugar no quebra-cabeça. Pelas primeiras considerações de Sveva, Stefano apareceu, na verdade, como um homem que foi convidado para se juntar à sua família rapidamente, mas na qual ele ocupou o mínimo espaço possível, como se fosse um convidado. Como convidado, parece ter se comportado todos esses anos: a sua escova de dentes nunca procurou um lugar próximo ao dos outros e sua mala estava sempre visível em um canto da casa. Stefano tem uma história idêntica à de Sveva: ele tem uma separação litigiosa que está aberta há anos; com a ex-esposa não tem relações exceto por meio de advogados e seu filho de 18 anos está no centro de um pesado conflito de lealdade.

Agora é hora de conhecê-lo melhor e entender qual seja a contribuição que trouxe para essa família. Além disso, a terapeuta não se esqueceu de que o primeiro pedido de ajuda de Sveva dizia a respeito dos problemas que existiam justamente com o filho de Stefano.

Em primeiro lugar, haverá dois encontros: o primeiro apenas com Stefano e Sveva e o segundo com Stefano, Sveva, Greta e Peter.

A intenção da terapeuta nesse primeiro encontro será de receber Stefano não como um convidado, mas como alguém que, por direito, reivindica um lugar na família, mesmo que apenas como o parceiro de Sveva. Na prática, será um encontro de legitimação, no qual o comportamento paradoxal de espera de Stefano ao longo da terapia será bem-vindo como um símbolo de sua característica pessoal, que sempre lhe permitiu ficar com um pé fora da porta, pronto para ir embora se as coisas não derem certo e nunca deu a ele a chance de construir um saudável sentimento de pertencimento ao casal e à família reconstituída. É evidente que o relacionamento com Sveva está envolvido em tudo isso, mas falaremos sobre isso mais tarde.

Stefano viveu muito tempo com os filhos de Sveva, especialmente quando a relação com o pai era vacilante ou ausente. A proposta da terapeuta de se reencontrar junto com os meninos será bem recebida por Stefano, que, pela primeira vez, sentirá que faz parte dos adultos envolvidos. O encontro com todos, porém, vai equilibrar as posições dos dois lados da família reconstituída complexa no mesmo nível.

No encontro com os meninos e o casal, o outro pedaço da história de Sveva e seus filhos será colocado no centro das atenções, aquele vivido depois chegada de Stefano em casa. A terapeuta convidará todos os presentes a se expressarem sobre o seguinte tema: "Fácil e difícil: as histórias em comparação".

Greta e Peter reconheceram as coisas positivas que Stefano representou para eles em sua vida diária e em seu crescimento. Porém, Stefano é um homem doce e duro ao mesmo tempo, e seu comportamento, às vezes, muito rígido costumava ser confuso para os meninos, que infelizmente não encontraram o apoio da mãe, "escondida atrás de Stefano".

Sveva nunca se diferenciou em seu papel como mãe biológica, achatando-se em uma solidariedade parental em substituição à biológica, aliás imposta aos filhos. Além das características pessoais de Stefano, que conspirou com o comportamento de Sveva, um genitor adquirido nunca pode ser legitimado em suas funções regulatórias se não for apoiado por uma aliança parental que respeite a hierarquia dos laços. Além disso, o desprezo por John expresso cotidianamente pelo casal sempre fez com que os filhos tivessem que esconder seu carinho pelo pai, mantendo um conflito de lealdade ativo por anos. De sua parte, Stefano, que também vive uma situação de ruptura definitiva com sua ex-mulher, dificilmente poderia ter agido de outra forma.

Da sessão, irá emergir como Stefano desempenhou uma função de apoio aos filhos no relacionamento com a mãe, mediando entre rigidez e necessidades por um lado e reforçando o vínculo do casal por outro lado, na tentativa de ressarcir uma figura paterna desprezada e prejudicial. Isso não pode ser aceito pelos filhos, que, certamente, ao longo dos anos, dificultaram a vida de Stefano.

Após essas reuniões, que ocorreram no final de julho, a terapeuta irá propor a Stefano e Sveva para continuar em um percurso de casal que, a essa altura, será finalmente aceito por ambos e a primeira consulta será marcada para setembro.

Antes de começar...

Há dois dias do encontro com a família reconstituída, a terapeuta receberá um telefonema do Stefano: "*Nesse meio tempo, gostaria de encontrá-la com meu filho! É possível?*", ele dirá ao telefone.

Apesar de nossos muitos anos de experiência clínica, é sempre surpreendente como os pacientes conseguem nos surpreender. Stefano, por muito tempo, certamente hostil à terapeuta, aquela estranha que estava perturbando tão rapidamente os relacionamentos significativos que carregava, está agora em uma posição diferente. As mudanças na vida dos filhos de Sveva e na relação com os pais biológicos, ainda que temidos, evidentemente, intrigavam Stefano, que agora gostaria de tentar melhorar a relação com o seu filho.

O encontro acontecerá e será frutífero. Novas curiosidades florescerão entre pai e filho e abrirão o caminho para um diálogo diferente e mais franco, menos constrangido pelo medo de se ferir que caracteriza ambos.

A terapia de casal: da coalizão à aliança

Sveva hoje está muito mudada e entendeu que queimar o seu passado foi um erro, porque é um prelúdio para outros fracassos. As suas expectativas com relação à terapia de casal hoje são as de fazer com que Stefano aceite quem ela se tornou. Stefano, por sua vez, está em uma posição de retraimento, ofendido ao perceber que não é mais tratado como um "convidado de honra", aquele a quem deve ser oferecido o lugar na poltrona. Por outro lado, foi assim que ele entrou na vida de Sveva.

A história de amor deles nasceu a partir de uma colaboração consolidada na área profissional. Sveva e Stefano estavam passando por grandes decepções conjugais e os dois começaram ao mesmo tempo as separações litigiosas. A aliança deles de muitos anos foi um importante suporte emocional nesse período difícil para ambos e deu à luz a união sentimental ao se tornar uma espécie de *coalizão* que veio a formar a identidade do novo casal. Juntos, eles eram cada vez mais fortes quanto mais eles tinham um inimigo contra o qual lutar.

Nesse pacto de "você e eu contra todos", os muros da casa deles consistiam em muros erguidos com as casas anteriores, que deveriam permanecer firmes, sob pena da dissolução do casal. "*Os compartimentos estanques salvam vidas*", dirá Stefano durante a terapia.

Vai surgir como Sveva e Stefano nunca construíram nada que identificasse a sua história de amor, independentemente das histórias anteriores: Stefano se estabeleceu na casa do ex-marido de Sveva, alimentando o conflito entre os dois ex-cônjuges, Sveva removeu qualquer vestígio de sua vida anterior, a partir das fotos dos filhos em casa, ao falar em alemão com a filha, fazendo terra arrasada do passado e exigindo que o filho de Stefano ficasse longe dela. Em suma, para manter a identidade do casal, os dois foram arrancando qualquer outro vínculo afetivo, obrigando-se a controlá-los juntos, mas a vivê-los cada um como podia para não trair o parceiro.

A história dos dois, na verdade, revela uma crise que começou muitos anos antes do percurso terapêutico que aconteceu com a família biológica de Sveva. É verdade que o *timoneiro* largou o transatlântico, mas para assumir o leme de outro navio, o qual ele começou a seguir novamente sua rota com um *passageiro* a bordo. Como passageiro, Stefano entrou no casal com apenas um pé. Sem nunca querer tomar posse de um navio todo para eles, ele nunca deu a Sveva a segurança que ela precisava: que se ela se distraísse de cuidar do relacionamento do casal, ele não iria embora.

Após um curto período de lua de mel em que os dois "*estiveram juntos na proa como se estivessem no Titanic*", os diversos problemas que se agravaram aos seus filhos absorveram Sveva, jogando uma culpa paralisante sobre ela. Sveva sofre, há anos, de cistite muito dolorosa que a impede de ter relações sexuais. O lindo casal se tornou ao longo do tempo um uniforme que Sveva não pode e não quer dispensar, mas que o enreda e a imobiliza.

Nessas dez sessões, veremos a variação da temperatura da terapia mudar enormemente. Stefano é inflexível em sua posição de renúncia, culpando a crise de relacionamento no comportamento de Sveva, que não pretende dar a ele a visibilidade necessária. Stefano é um homem superior a tudo, que nada pede para si, se os outros não o querem dar.

Inicialmente, justamente a posição de Stefano que estará no centro do trabalho terapêutico, que se concentrará em transformar a sua agressão passiva em uma genuína raiva ativa. Após a terceira sessão de casal, Stefano irá embora, saindo de casa e interrompendo a terapia.

Sveva irá informar a terapeuta, que só poderá dizer a ele outra coisa senão que essa é uma etapa crucial para eles se quiserem começar de novo. Sveva também dirá que sua porta permanece aberta para conversar sobre isso, se quiserem.

Stefano e Sveva retornarão.

Terapeuta: O que aconteceu que fez você decidir ir embora?

Stefano: O que posso dizer é que percebi que abdiquei da minha pessoa durante doze anos e que agora quero colocar este cavalheiro de volta em seu lugar.

Terapeuta: Quando foi a primeira vez em sua vida que você abdicou?

Stefano: Eu diria quase sempre. Tenho tendência de me entregar nas mãos e nos pés de outra pessoa ...

Terapeuta: Por que você está aqui hoje?

Stefano: Estou aqui hoje e só hoje, porque acho que é preciso dizer as coisas, mas é melhor falar em um contexto protegido.

Terapeuta: Posso perguntar o que você está perdendo?

Stefano: Oh, eu perco muito! Eu perco tudo que foi a minha vida nesses últimos doze anos. Eu amo muito a Sveva, mas certas coisas para mim foram demais!

Terapeuta: Então você está aqui hoje para terminar. Durante esse tempo, você pensou que a história de vocês definitivamente acabou. Não há uma chance?

Stefano: Não. Infelizmente, sou assim: a certa altura, as coisas acabam e estão acabadas!

Terapeuta: E como você está?

Stefano: Nada bem! Mas é necessário aceitar as coisas, certo?

Terapeuta: Vocês têm uma história de muitos anos. Está totalmente desfazendo-se dela ou se fosse diferente ...

Stefano: Com Sveva, estou aberto a qualquer relacionamento, mas não ao de casal, porque entre mim e ela não é possível. Foi mal configurado desde o início. Minha culpa. Ou seja, dei carta branca a ela...

Terapeuta: Hoje você diz: "Eu amo muito Sveva", então está dando um chute em um bom pedaço de sua vida!

Stefano: Sim.

Terapeuta: Não acho que isso seja indolor.

Stefano: Não.

Terapêuta: Veja, você está convencido de que funcionou na sua vida terminar. Como o futuro será para você?

Stefano: Ah, não sei! A única coisa que acredito nesse momento é que, para mim, é necessário juntar coisas que não estavam juntas antes.

Terapeuta: Quais? Estou interessada no que você que juntar novamente.

Stefano: Bom ... juntando, por exemplo, a relação com meu filho, porque sempre foi inibida!

[...]

Terapeuta: Então, faz muito tempo que você sente uma crise entre vocês ...

Stefano: Há seis anos. Desde então, sinto um profundo desconforto, porque Sveva ergueu a parede com meu filho.

Terapeuta: Você disse anteriormente que agora deseja voltar ao relacionamento com seu filho, mas não seria incompatível com um relacionamento de casal assumir o relacionamento com o seu filho! Você hoje disse a Sveva: "Eu te deixo, porque é você quem me impõe metade e eu quero ser inteiro". O problema é que você agora está decidindo viver a outra metade! Para se permitir ser pai de seu filho, está desistindo do casal!

Stefano: Sim, mas as duas coisas não ficam juntos!

Terapeuta: As duas coisas podem andar juntas se vocês mudarem o pacto: de um pacto de coalizão para um pacto de aliança!

A terapia de casal continuará por mais seis sessões, nos quais trabalharemos a dimensão intergeracional dos parceiros e, ao mesmo tempo, a dimensão horizontal do casal por meio de tarefas e prescrições.

No final do trabalho, o equilíbrio estará completamente diferente. Os limites rígidos de outrora terão se transformado, tornando-se mais permeáveis e finalmente permitindo que Stefano e Sveva vivessem seu relacionamento e, ao mesmo tempo, seus relacionamentos com seus filhos biológicos e com seus filhos adquiridos em um clima de cumplicidade e solidariedade e respeitando a hierarquia de vínculos.

Imediatamente após o término da terapia, Stefano terá que se mudar por causa do trabalho para outra cidade, na qual terá uma casa própria, que se tornará o verdadeiro ninho do casal; Sveva irá para lá aos finais de semana e sempre que puder. Juntos, eles irão mobiliar a casa e ali encontrarão lugar para muitas lembranças e objetos simbólicos de sua união.

Sveva também vai ter uma casa própria na cidade em que trabalha e na qual sua filha mora.

Com essa longa história, podemos ver como o profundo mal-estar que levou Sveva a solicitar ajuda individual não era nada mais do que a ponta do iceberg gigantesco, que incluía a vida amorosa de todos os membros de uma família complexa reconstituída. Quando os segundos casamentos são formados em bases instáveis, todos os relacionamentos envolvidos são fortemente afetados por isso.

Não é comum que adultos de uma família reconstituída peçam ajuda para o novo casal, pelo menos em nossa experiência. Muitas vezes, eles preferem tentar se virar para seguir em frente ou encontrar mais uma vez, na separação, a solução para seus problemas, deixando em campo uma coleção de falhas dolorosas. Quando não procuram ajuda pelos filhos, os sentimentos de perda e de culpa dos adultos, muitas vezes, traduzem-se em sintomas individuais e, talvez, só então encontrarão a força para pedir terapia para si mesmo.

Se o terapeuta não acolhe o pedido à medida que chega, mas se permite dar um passo de cada vez, agindo como um *construtor de nexos*, as chances de dar origem a mudanças radicais nas diferentes relações significativas envolvidas aumentam consideravelmente. Construir nexos com a família é uma grande oportunidade de experiência comum, o que consente que a terapia entre e se torne parte da história familiar e deixe os consultórios profissionais para entrar nas casas. Uma terapia que entra em casa é uma terapia que vai prosseguir certamente.

ELENCO DOS CASOS CLÍNICOS

Um episódio especial

Uma falsa partida

Uma adoção malsucedida

A garota com a mala e o eremita

Um pedido estranho

Eu não quero me intrometer!

Uma voz no silêncio

Uma mãe para dois

Minha vida, a minha alegria!

Tenha cuidado, assim você vai perdê-lo!

Diga você isso a ele, por favor!

O patinete na rodovia

Um cavalheiro/cavaleiro perfeito

Heróis e malfeitores, vergonha e salvação

Duas versões para uma história

Uma árvore secou em silêncio

O limão espremido e a santa mulher

Um maldito mal-entendido

Um buraco no estômago

Deborah se foi!

Cartões amarelos e vermelhos: história de um casal impossível

Pais ausentes e casamentos substitutivos

Olhar-se sob outra luz

A traição: mérito especial aos amigos!

Necessidades urgentes de visibilidade

A professora e o "criançăo"

O terapeuta engenheiro

Meu choro liberado

A conta corrente no vermelho

A balada

A raiva se foi!

O mito do medo

Ela ainda está entre nós, apesar de tudo!

Os jogos terminaram!

Não os colocamos mais no meio!

O passado é passado!

Eu não desenharia!

Quando um filho se divide

Cada um em seu lugar

Simsalabim bim bim: sorriam!

Um transatlântico à deriva.

GLOSSÁRIO

ALIANÇA TERAPÊUTICA: relação terapêutica de confiança, baseada na participação atenta de todos os participantes - incluindo o terapeuta. É uma premissa necessária para que todo tipo de terapia possa decolar.

AUTOENGANO: sentimento de traição a si mesmo, muitas vezes, disfarçado em situações relacionais não autênticas.

AUTORIDADE PESSOAL: realização individual que não permite compromissos entre gerações, mas produz igualdade entre elas. O filho deve atingir uma autoridade implícita para perceber plenamente seu próprio ser adulto, assumindo-se suas responsabilidades no presente com coragem e confiança e superando a dependência emocional dos pais.

CASAL EM CONFLITO: casal desequilibrado formado por um parceiro que vivenciou um corte emocional precoce, enquanto o outro parceiro ainda mantém um relacionamento forte de dependência emocional da família de origem. Nesse casal, não há nenhuma harmonia e há contrastes e desacordos em muitos níveis.

CASAL DESEQUILIBRADO: casal em que o vínculo é comprometido por um conjunto de distorções relacionais, portanto não está suficientemente equipado para cumprir as tarefas de desenvolvimento. O equilíbrio entre pertencimento e separação está comprometido e as fronteiras geracionais são confusas.

CASAL HARMÔNICO: casal formado por dois parceiros com nível satisfatório de individualização das respectivas famílias de origem, capazes de compartilhar experiências de vida e se respeitar mutuamente em uma relação estável e íntima.

CASAL INSTÁVEL: casal desequilibrado formado por dois parceiros muito inseguros, tiveram experiências semelhantes de abandono ou distanciamento em suas próprias famílias origem. As necessidades afetivas e de cuidado dão origem a uma relação instrumental que não conduz a uma verdadeira intimidade a dois, mas a um pedido constante e premente de presença e proximidade afetiva.

CASAL SANDUÍCHE: metáfora para um casal esmagado por pedidos e por fardos que vêm da geração anterior, a dos idosos, e da geração seguinte, a dos filhos.

CASAMENTO PRUDENTE: união baseada na aquisição de *status* social com pouco compromisso internalizado emocionalmente. Nesses casamentos, prevalece a lógica do direito individual em comparação com a partilha de riscos.

CICLO DE VIDA DA FAMÍLIA: processo evolutivo de um grupo com uma história comum, dividido em fases de desenvolvimento e eventos críticos na evolução das gerações.

CIRCUITO DE PROTEÇÃO MÚTUA: modalidade relacional de proteção excessiva e autocensura em tornar explícito o que alguém pensa ou sente, a fim de não ameaçar o outro ou prejudicar o relacionamento.

COALIZÕES: modalidades relacionais distorcidas que veem a aliança entre duas pessoas, causando danos a um terceiro, geralmente um pai com um filho contra o parceiro.

COPARENTALIDADE: a capacidade dos pais de manter uma relação de colaboração e de garantir a continuidade dos cuidados com os filhos, mesmo após o divórcio.

***COPING SYSTEM*:** estratégias operacionais de um grupo implantadas para ativar os recursos necessários à superação de eventos estressantes.

CORTE EMOCIONAL: situação emocional em que se produz uma interrupção abrupta da relação pais-filhos, sem um processo gradual de separação.

DÍADE DOMINANTE: núcleo fundamental no qual as relações familiares se articulam na família. Em culturas mais tradicionais, a díade dominante é pais / filhos; em países com forte desenvolvimento industrial, a díade marido / mulher predomina.

DIFERENCIAÇÃO DO *SELF*: processo que visa a promover a emancipação e a aquisição de uma posição do EU por meio de uma transformação progressiva da dependência intergeracional.

DISTORÇÕES RELACIONAIS: relações entre membros da família ligados a papéis rígidos e não funcionais para a identificação de indivíduos e que são caracterizadas por fronteiras pouco claras entre as gerações.

DIVÓRCIO EMOCIONAL: processo psíquico de afastamento do *Self* (esperanças, sonhos e projetos) da união matrimonial.

EMBLEMAS MÍMICOS: gestos e comportamentos simbólicos que os parceiros encontram imediatamente no outro, porque estão vinculados a modelos relacionais do passado, ao mito da família, matriz fundadora de nossa identidade.

ENTRELAÇAMENTO INCONSCIENTE: modelo psicanalítico, na relação de casal cada parceiro está envolvido em uma dinâmica de identificação projetiva de relações objetais internas recíprocas.

ENTRELAÇAMENTO INÉDITO: união de casal a partir da síntese entre as diferenças profundas que cada parceiro traz para o encontro com o outro, diferenças de gênero, histórias diferentes, necessidades e deficiências diferentes.

FALSO *SELF*: processo de desenvolvimento em que a criança se confunde com as necessidades mais profundamente enraizadas dos seus *caregiver* e, ao negar a existência de partes de si mesma, ela as molda para a aceitação do outro (Winnicott).

FAMÍLIA EQUILIBRADA: sistema familiar em que as relações entre os membros são fluidas, os limites são claros e nenhum de seus membros deve desempenhar funções não apropriadas ao desenvolvimento e à geração. Há um bom equilíbrio entre pertencimento e separação, o que favorece uma identificação positiva de seus componentes.

FASE PARENTAL: fase do ciclo de vida de transição do casal para a família com a chegada dos filhos. A transição envolve a construção de um relacionamento responsável e de entendimento entre os parceiros na criação da prole, crescendo juntos por meio de um terceiro.

GENOGRAMA: representação gráfica da estrutura familiar ao longo de pelo menos três gerações que permite visualizar eventos emocionais e momentos da família ao longo de sua história.

IDENTIDADE DO CASAL: processo em que os parceiros constituem uma identidade de conjunto. Cada um deles terá que enfrentar tarefas evolutivas específicas: por uma perspectiva vertical como filhos, diferenciando-se da família de origem e, horizontalmente, como indivíduos pertencentes à mesma geração, superando a autorreferencialidade.

INTIMIDAÇÃO INTERGERACIONAL: sentimento de inadequação para seus pais, o que acaba impedindo uma desvinculação emocional capaz de garantir seu próprio crescimento e afirmação pessoal.

INVERSÃO GERACIONAL: assumir papéis que não são adequados ao momento evolutivo, o que leva a uma inversão dos planos geracionais.

LEALDADE FAMILIAR: determinantes motivacionais que expressam o sentimento individual de forte pertencimento aos valores transmitidos ao longo das gerações.

LIMITES FAMILIARES: metáfora que visa a indicar o grau de individuação e, portanto, o grau de autonomia alcançado por um único sujeito ou por determinado subsistema familiar em relação ao outro ou ao grupo familiar em relação ao contexto social.

MANDATO FAMILIAR: processo de delegação que, de geração em geração, perpetua o pedido de satisfação das necessidades originárias da família.

MEDIADORES INTERGERACIONAIS: habilidade natural dos filhos em fazer com que diferentes gerações se comuniquem. Por esse motivo, a convocação dos filhos é especialmente eficaz na terapia de casal.

MÉTODO INVARIANTE: método estratégico e paradoxal para combater a simbiose de casal e desbloquear situações de impasse. Prevê a convocação de famílias de origem de cada parceiro na ausência do outro, em uma fase inicial do tratamento (Canevaro).

MITO FAMILIAR: grade de leitura da realidade em que coexistem elementos reais e elementos fantasiosos, em parte herdados da família de origem e em parte construídos pela família atual.

MOLDE DE NECESSIDADE: a forma específica que assume em cada pessoa a não satisfação de necessidades particulares em relação às figuras familiares mais significativas. Ele garante que a solicitação sempre permaneça atual e busque continuamente uma resposta em formas compensatórias de relacionamento.

MOTIVAÇÃO CONJUNTA: motivação de todos os presentes na sessão para participar da experiência terapêutica com comprometimento.

NINHO CHEIO: uma condição frequente principalmente devido à crise econômica e à crise de emprego que contribui para a saída tardia dos filhos da família de origem.

NINHO VAZIO: fase em que os filhos, ao chegarem à idade adulta, saem de casa, deixando sozinho o casal de pais.

NÓS COMO CASAL: identidade de casal que veio a se formar por meio da consolidação do vínculo emocional e cognitivo entre os dois parceiros, seu senso de confiança mútua e cumplicidade.

ÓRFÃOS PSICOSSOCIAIS: condição em que os indivíduos se comportam como órfãos, mesmo que os pais ainda estejam vivos, pois eles são percebidos no decorrer do desenvolvimento como indisponíveis para satisfazer suas solicitações. A consequência é que o indivíduo está constantemente em busca de confirmação e segurança.

PACTO CONJUGAL: entrelaçamento complexo que estabelece e organiza a relação do casal e que inclui tanto o componente ético quanto o emocional (Scabini & Cigoli, 2000).

PACTO DE ALIANÇA: pacto fiduciário que se forma quando dois parceiros decidem consolidar o vínculo sentimental, compartilhando um projeto de vida juntos, não necessariamente o ritual do casamento. Inclui dois componentes: um consciente e socialmente reconhecível e um inconsciente de matriz psicológica que contém a maior parte do investimento emocional.

PACTO FIDUCIÁRIO: planejamento do casal que os dois parceiros construíram juntos ao longo do tempo.

PACTO ÍNTIMO: entrelaçamento profundo e inconsciente com na base da escolha mútua entre dois parceiros constituídos pelo conjunto de necessidades, desejos e medos relacionados com histórias passadas mútuas que os integrantes do casal esperam lidar no seu relacionamento.

PACTO OFICIAL: este é o aspecto reconhecível da comunidade social da união do casal. Caracteriza o projeto de vida em comum nos seus valores concretos, manifesta-se com a promessa de lealdade e se preocupa com as obrigações mútuas por parte dos parceiros que, no ritual do casamento, são testemunhados publicamente.

PARENTIFICAÇÃO: situação afetiva de inversão geracional que leva a uma adultização precoce de um filho.

PERTENCIMENTO: sentimento de forte enraizamento no corpo e nas raízes familiares, base sobre o qual se constrói o processo de individuação.

POSIÇÃO DO EU: condição de diferenciação do *Self* que envolve assumir responsabilidades autônomas dentro de sua própria família.

PERGUNTAS HIPOTÉTICAS: perguntas que visam a ampliar os planos da realidade da família, incitando-a a pensar indiretamente e figurativamente, a sair da lógica formal da linguagem.

PERGUNTAS INTERGERACIONAIS: ferramenta do terapeuta para a introdução do movimento com os "saltos no tempo" que conectam eventos passados a relacionamentos atuais e fantasias sobre o futuro. Elas facilitam o acesso ao histórico de desenvolvimento de todos.

RELACIONAMENTO DE MÁ-FÉ: modalidade de relacionamento em que o significado, a definição e, portanto, as regras da relação são mantidas e ao mesmo tempo prejudicados pela má-fé de uma ou ambas as partes no relacionamento.

ROTEIRO FAMILIAR: expectativas compartilhadas por membros da família sobre o caminho papéis devem ser representados.

***SELF* IDEALIZADO / *SELF* DESPREZADO:** conceitos-chave da teoria de Horney, com os quais duas dimensões extremas do *Self* são descritas, as quais, falhando em construir em um nível de realidade, podem oscilar entre uma posição fortemente ideal e uma de desprezo total.

SEPARAÇÃO DA FAMÍLIA DE ORIGEM: um processo que inclui todas as mudanças que levam cada um dos membros da família a desenvolver uma identidade mais definida com um ampliamento dos espaços de autonomia e uma redefinição do conteúdo de laços relacionais e expectativas mútuas.

SEPARAÇÃO DESEQUILIBRADA DO CASAL: condição em que apenas um dos dois parceiros amadurece a consciência de querer se separar, enquanto o outro vivencia essa decisão como uma situação de abandono, incapaz de aceitar que o *Nós como casal* já não existe mais.

SÍNDROME DE COMPENSAÇÃO: metáfora que indica a tendência de um indivíduo em despejar na vida adulta e nas relações o fardo da dor resultante das deficiências e das necessidades não atendidas nas relações primárias na família de origem. Esse sentimento de dívida emocional promove uma busca contínua por pagamento que não será satisfeito.

SISTEMA DE ORGULHO: conjunto de fatores que se combinam para constituir aquele modo de distanciamento do *Self* e dos outros, baseado em uma posição exagerada e arrogante avaliação de seus próprios méritos.

TERAPIA DE CASAL CAMUFLADA: situação em que o filho, por meio de seu problema, leva os pais à terapia de modo a permitir que enfrentem as suas dificuldades.

TERCEIRO PLANETA: metáfora com a qual queremos indicar o sistema terapêutico como produto do encontro entre a família e o terapeuta. Ele representa o espaço em que se desenvolve o novo sistema que vem acompanhando já há um tempo o ritmo das sessões e a evolução do processo terapêutico.

TRÍADE PERVERSA: configuração relacional distorcida que vê a criança unida a um dos pais contra o outro de forma latente ou explícita (Haley).

TRIÂNGULO PRIMÁRIO: a tríade formada por pais e filho como uma unidade de estudo das relações humanas.

BIBLIOGRAFIA

Adler-Baeder, F., Robertson, A., Schramm, D. (2017). *"I programmi educativi per le coppie ricostituite. Una cornice concettuale che tenga conto del contesto socio-economico"*. In Accordini, M., Browning, S. (a cura di), Ricomporre famiglia. Tra ferite e risorse. FrancoAngeli, Milano.

Ahrons, C.R. (2007). *"Family ties after divorce: Long term implications for children"*. In Family Process, 46, 1, pp. 53-65.

Amato, P.R. (2000). *"The consequences of divorce for adults and children"*. In Journal of Marriage and Family, 62, 4, pp. 1269-1287.

Amato, P.R. (2010). *"Research on divorce: Continuing trends and new developments"*. In Journal of Marriage and Family, 72, 3, pp. 650-666.

Amato, P.R., James, S. (2010).*"Divorce in Europe and the United States: Commonalities and differences across nations."* In Family Science, 1, 1, pp. 2-13.

Amato, P.R., Kane, J.N., James, S. (2011). *"Reconsidering the good divorce"*. In Family Relations, 60, 5, pp. 511-524.

Andolfi, M. (1977). *La terapia con la famiglia*. Astrolabio, Roma.

Andolfi, M., Angelo, C. (1987). *Tempo e mito nella psicoterapia familiare*. Bollati Boringhieri, Torino.

Andolfi, M. (1988).*"La terapia di coppia come processo trasformativo"*. In Andolfi, M., Angelo, C., Saccu, C. (a cura di), La coppia in crisi. Raffaello Cortina, Milano.

Andolfi, M. (1994).*"The child as Consultant"*. Tr. it. in Andolfi, M., Haber, R., La consulenza in terapia familiare. Raffaello Cortina, Milano 1995.

Andolfi, M., Haber, R. (1994) (a cura di). *La consulenza in terapia familiare.* Tr. it. Raffaello Cortina, Milano 1995.

Andolfi, M. (1996). *"Maschile e femminile nella psicoterapia con la famiglia".* In Andolfi, M., Angelo, C., De Nichilo, M. (a cura di), Sentimenti e sistemi. Raffaello Cortina, Milano.

Andolfi, M., Angelo, C., DE Nichilo, M. (1996) (a cura di). *Sentimenti e sistemi.* Raffaello Cortina, Milano.

Andolfi, M. (1999) (a cura di). *La crisi della coppia.* Raffaello Cortina, Milano.

Andolfi, M., Angelo, C., D'Atena, P. (2001). *La terapia narrata dalle famiglie.* Raffaello Cortina, Milano.

Andolfi, M. (2003). *Manuale di psicologia relazionale.* A.P.F., Roma.

Andolfi, M., Cigoli, V. (2003) (a cura di). *La famiglia di origine.* FrancoAngeli, Milano.

Andolfi, M., Falcucci, M., Mascellani, A., Santona, A., Sciamplicotti, F. (2006) (a cura di). *La terapia di coppia in una prospettiva trigenerazionale.* A.P.F., Roma.

Andolfi, M., D'Elia, A. (2007) (a cura di). *Le perdite e le risorse della famiglia.* Raffaello Cortina, Milano.

Andolfi, M., Mascellani, A. (2010). *Storie di adolescenza.* Raffaello Cortina, Milano.

Andolfi, M., Falcucci, M., Mascellani, A., Santona, A., Sciamplicotti, F. (2007) (a cura di). *Il bambino come risorsa nella terapia familiare.* A.P.F., Roma.

Andolfi, M., Mascellani, A., Santona, A. (2011). *Il ciclo vitale della coppia mista.* Un'altalena tra culture. FrancoAngeli, Milano.

Andolfi, M., Mascellani, A. (2012). *"La psicopatologia della coppia contemporanea".* In Donati, P. (a cura di), La relazione di coppia oggi. Erickson, Trento.

Andolfi, M.(2015), *La terapia familiare multigenerazionale.* Raffaello Cortina, Milano.

Angelo, C. (1999). "*La scelta del partner*". In Andolfi, M. (a cura di), La crisi di coppia. Raffaello Cortina, Milano.

Arditti, J.A., Prouty, A.M. (1999). "*Change, disengagement and renewal: Relationship dynamics between young adults and their fathers after divorce*". In Journal of Marital and Family Therapy, 25, 1, pp. 61-81.

Baker, A.J.L. (2007). *Figli divisi. Storie di manipolazione emotiva dei genitori nei confronti dei figli.* Tr. it. Giunti Editori, Firenze 2010.

Barbagli, M. (1990). *Provando e riprovando.* Il Mulino, Bologna.

Bartholomey, K., Horowitz, L. (1991). *"Attachment styles among young adults".* In Journal of Personality and Social Psychology, 61, 2, pp. 226-244.

Baucom, D.H., Epstein, N.B. (1990). *Cognitive-behavioral Marital Therapy.* Brunner-Mazel, New York.

Baucom, D.H., Epstein, N.B., Kirby, J.S. (2015). *"Cognitive-Behavioral Couple Therapy".* In Gurman, A.S., Lebow, J.L., Snyder, D.K. (2015), Clinical Handbook of Couple Therapy. The Guilford Press, New York.

Beck, A.T. (1967). *La depressione.* Tr. it. Boringhieri, Torino 1978.

Bertrando, P., ToffanettI, D. (2000). *Storia della terapia familiare. Le persone, le idee.* Raffaello Cortina, Milano.

Bodenmann, G., Charvoz, L., Bradbury, T.N., Bertoni, A., Iafrate, R., Giuliani, C., Banse, R., Behling, J. (2006). *"Attractors and barriers to divorce: A retrospective study in three European countries".* In Journal of Divorce and Remarriage, 45, pp. 1-23.

Bohannan, P. (1973). *"The six stations of divorce".* In Lasswell, M.E., Lasswell, T.E. (a cura di), Love Marriage and Family: A Developmental Approach. Scott & C., Illinois.

Boszormenyi-Nagy, I., Framo, J. (1967). *Psicoterapia intensiva della famiglia.* Tr. it. Bollati Boringhieri, Torino 1997. Boszormenyi--Nagy, I., Spark, G. (1973), Invisible Loyalties. Harper & Row, New York.

Bowen, M. (1979). *Dalla famiglia all'individuo.* La differenziazione del sé nel sistema familiare. Tr. it. Astrolabio, Roma 1979.

Bowlby, J. (1979). *Costruzione e rottura dei legami affettivi.* Tr. it. Raffaello Cortina, Milano 1982.

Bradbury, T.N., Karney, B.R. (2004). *"Understanding and altering the longitudinal course of marriage".* In Journal of Marriage and Family, 66, 4, pp. 862-879.

Bray, J., Kelly, J. (1998). *Stepfamilies: Love, Marriage and Parenting in the First Decade.* Broadway Books, New York.

Browning, S. (2002). *"Il trattamento terapeutico per l'aiuto alle famiglie ricostituite. Alternative alla terapia familiare tradizionale".* In Mazzoni, S. (a cura di), Nuove configurazioni familiari. Le famiglie ricomposte. Giuffré, Milano, pp. 265-289.

Browning, S. (2017). "Le vulnerabilità della famiglia ricomposta. Interventi clinici". In Accordini, M., Browning, S. (a cura di), Ricomporre famiglia. Tra ferite e risorse. FrancoAngeli, Milano.

Browning, S., Artfelt, E. (2012). *Stepfamily Therapy: A 10 Step Clinical Approach.* American Psychological Association, Washington dc.

Byng-Hall, J. (1995). *Le trame della famiglia. Attaccamento sicuro e cambiamento sistematico.* Tr. it. Raffaello Cortina, Milano 1998.

Caillé, P. (1995). *"Les situations bloquées du divorce. Une approche systémique".* In Thérapie familiale, 16, 4, pp. 351-366.

Canevaro, A. (1994). *"Terapia familiare trigenerazionale".* In Onnis, L., Galluzzo, W. (a cura di), La terapia relazionale e i suoi contesti. nis, Roma.

Canevaro, A. (1999). *"Nec sine te nec tecum vivere possum".* In Andolfi, M. (a cura di), La coppia in crisi. Raffaello Cortina, Milano.

Canevaro, A. (2009). *Quando volano i cormorani.* Terapia individuale sistemica con il coinvolgimento dei familiari significativi. Borla, Roma.

Carter, D.K. (2011). *Coordinazione genitoriale.* Una guida pratica per i professionisti del diritto di famiglia. Tr. it. FrancoAngeli, Milano 2014.

Centro Di Ateneo Studi e Ricerche Sulla Famiglia (2017). *La generatività nei legami familiari e sociali.* Scritti in onore di Eugenia Scabini. Vita e Pensiero, Milano.

Cigoli, V., Galimberti, C., Mombelli, M. (1988). *Il legame disperante.* Il divorzio come dramma di genitori e figli. Raffaello Cortina, Milano.

Cigoli, V. (2017). *Clinica del divorzio e della famiglia ricostruita.* Il Mulino, Bologna.

Coleman, M., Ganong, L., Fine, M.A. (2000). *"Reinvestigating remarriage: Another decade of progress".* In Journal of Marriage and Family, 62, 5, pp. 1288- 1307.

Coleman, M., Ganong, L., Weaver, S. (2001). *"Maintenance and enhancement in remarried families".* In Harvey, J., Wenzel, A. (a cura di), Close Romantic Relationships: Maintenance and Enhancement. Erlbaum, Hillsdale nj.

Collins, W.E., Newman, B.M., Mckenry, P.C. (1995). *"Intrapsychic and interpersonal factors related to adolescent psychological well-being in stepmother and stepfather families".* In Journal of Family Psychology, 9, 4, pp. 433-445.

Cummings, E.M., Davies, P.T. (2010). *Il conflitto coniugale e i figli.* Tr. it. Borla, Roma 2013.

Cusinato, M. (1992). *Misteriosa, non magica, la nostra intimità.* Ed. Centro della Famiglia, Treviso.

Dattilio, F.M. (2010). *Cognitive-Behavioral Therapy with Couples and Families: A Comprehensive Guide for Clinicians.* The Guilford Press, New York.

Dell'Antonio, A. (1992). *Elementi di psicodinamica delle relazioni familiari.* Kappa, Roma.

Dicks, H.V. (1967). *Marital Tension.* Karnac, London uk.

Dini Martino, A. (1994). *"I divorziati risposati in Italia".* In Famiglia Oggi, 3, pp. 45-68.

Emery, R.R. (2004). *La verità sui figli e il divorzio.* Gestire le emozioni per crescere insieme. Tr. it. FrancoAngeli, Milano 2008.

Fairbairn, W.R.D. (1954). *Studi psicoanalitici sulla personalità.* Tr. it. Bollati Boringhieri, Torino 1992.

Falke, S., Larson, J. (2007). *"Premarital predictors of remarital quality: Implications for clinicians".* In Contemporary Family Therapy, 29, pp. 9-23.

Feeney, j.a., Noller, p., Ward, c. (1998). *"Marital satisfaction and spousal interaction".* In Sternberg, R.J., Hojjat, M. (a cura di), Satisfaction in Close Relationships. The Guilford Press, New York-London.

Fincham, F.D., Stanley, S.M., Beach, S.R.H. (2007). *"Transformative processes in marriage: an analysis of emerging trends".* In Journal of Marriage and Family, 69, 2, pp. 275-293.

Fivaz-Depeursinge, E., Corboz-Warnery, J. (1999). *Il triangolo primario.* Tr. it. Raffaello Cortina, Milano 2000.

Framo, J.L. (1981). *"The integration of marital therapy with sessions with family of origin".* In Gurman, A.S., Kniskern, D.P. (a cura di), Handbook of Family Therapy. Brunner-Mazel, New York.

Framo, J.L. (1992). *Terapia intergenerazionale.* Il lavoro con le famiglie di origine. Tr. it. Raffaello Cortina, Milano 1996.

Francescato, D. (1994). *Figli sereni di amori smarriti: ragazzi e adulti dopo la separazione.* Mondadori, Milano.

Frisby, B., Booth-Butterfield, M., Dillow, M., Martin, M., Weber, K. (2012). *"Face and resilience in divorce: The impact on emotions, stress, and post-divorce relationships".* In Journal of Social and Personal Relationships, 29, pp. 715-735.

Ganong, L., Coleman, M. (1997). *"How society views stepfamilies".* In Marriage and Family Review, 26, pp. 85-106.

Ganong, L., Coleman, M. (2004). *Stepfamilies Relationships: Development, Dynamics and Interventions.* Kluwer/Plenum, New York.

Ganong, L., Coleman, M.. (2017). *"Alla scoperta delle famiglie ricomposte".* In Accordini, M., Browning, S. (a cura di), Ricomporre famiglia. Tra ferite e risorse. FrancoAngeli, Milano.

Ganong, L., Coleman, M., Jamison, T. (2011). *"Patterns of stepchild-stepparent relationship development".* In Journal of Marriage and Family, 73,

2, pp. 396-413. Garfield, R. (2015). *Breaking the male code: unlocking the power of friendship. Penguin* Random House, New York.

giuliani, C., BertonI, A., IafratE, R. (2007). *"La fine del legame e i suoi motivi: una ricerca su soggetti separati"*. In Giornale Italiano di Psicologia, 4, pp. 909-931.

Gottman, J. (1994). *Why Marriages Succeed or Fail.* Simon & Schuster, New York.

Gottman, J.M., Gottman, J.S. (2015a). *"Gottman Method Couple Therapy"*. In Gurman, A.S., Lebow, J.L., Snyder, D.K. (2015), Clinical Handbook of Couple Therapy. The Guilford Press, New York.

Gottman, J., Gottman, J.S. (2015b). *Dieci principi per una terapia di coppia efficace.* Tr. it. Raffaello Cortina, Milano 2017.

Gottman, J.M., Levenson, R.W. (2000). *"The timing of divorce: Predicting when a couple will divorce over a 14-year period"*. In Journal of Marriage and Family, 62, 3, pp. 737-745.

Gottman, J.M., Silver, N. (1999). *The Seven Principles for Making Marriage Work.* Crown Publisher, New York.

Gray, P. (2012). *"In relationships, respect may be even more crucial than love"*. In Psychology Today - https://www.psychologytoday.com.

Greco, O. (2006). *Il lavoro clinico con le famiglie complesse.* Il test "La doppia luna" nella ricerca e la terapia. Franco Angeli, Milano.

Greif, G., Holtz Deal, K. (2012). *"The impact of divorce on friendships with couples and individuals"*. In Journal of Divorce and Remarriage, 53, pp. 421- 435.

Guerin, P.J., Pendgast, E.G. (1976). *"Evaluation of family system and genogram"*. In Guerin, P.J. (a cura di), Family Therapy: Theory and Practice. Gardner Press, New York.

Gurman, A.S., Lebow, J.L., Snyder, D.K. (2015). *Clinical Handbook of Couple Therapy.* The Guilford Press, New York.

Johnson, S.M. (2004). *The Practice of Emotionally Focused Couple Therapy: Creating Connections.* Brunner-Routledge, New York.

Johnson, S.M. (2015). *"Emotionally Focused Couple Therapy"*. In Gurman, A.S., Lebow, J.L., Snyder, D.K. (2015), Clinical Handbook of Couple Therapy. The Guilford Press, New York.

Johnson, S.M., Whiffen, V.E. (2003). *Attachment Processes in Couple and Family Therapy*. The Guilford Press, New York.

Haley, J. (1969). *"Verso una teoria dei sistemi patologici"*. Tr. it. in Zuc, G., Boszormenyi-Nagy, R. (a cura di), La famiglia, patologia e terapia. Armando, Roma 1970.

Haley, J. (1980). *Il distacco dalla famiglia*. Tr. it. Astrolabio, Roma 1983.

Hall, J.H., Fincham, F.D. (2006). *"Relationship dissolution after infidelity"*. In Fine, M., Harvey, J. (a cura di), Handbook of Divorce and Relationship Dissolution. Erlbaum, Hillsdale.

Hartin, W.W. (1990). *"Remarriage: Some issues for clients and therapists"*. In Australian and New Zealand Journal of Family Therapy, 11, 1, pp. 36-42.

Hawkins, A.J., Harris, S.M., Galovan, A.M., Allen, S.E. (2017). *"What are they thinking? A national-sample study of stability and change in divorce ideation"*. In Family Process, 56, 4, pp. 852-868.

Henderson, C.E., Hayslip, B., Sanders, L.M., Loudon, L. (2009).*"Grandmother-grandchild relationship quality predicts psychological adjustment among youth from divorced families"*. In Journal of Family Issues, 30, pp. 1245-1264.

Hetherington, E.M., Kelly, J. (2003). *For Better or for Worse: Divorce Reconsidered*. Norton, New York.

Hinde, R.A. (1995). *"A suggested structure for a science of relationships"*. In Personal Relationships, 2, pp. 1-15.

Hoffman, L. (1981). *I principi di terapia della famiglia*.Tr. it. Astrolabio, Roma 1984.

Horney, K. (1950). *Nevrosi e sviluppo della personalità*. La lotta per l'autorealizzazione. Tr. it. Astrolabio, Roma 1981.

Keeney, B.P. (1983). *What is an Epistemology of Family Therapy?*. Brunner-Mazel, New York.

Kelley, H.H., Berscheid, E., Christensen, A., Harvey, J.H., Huston, T.L., Levinger, G., Mcclintock, E., Peplau, L.A., Peterson, D.L. (1983). *Close Relationship.* Freeman, New York.

Kennedy, G.E., Kennedy, C.E. (1993). *"Grandparents: A special resource for children in stepfamilies".* Special Issue: "The stepfamily puzzle: Intergenerational influences". In Journal of Divorce and Remarriage, 19, 3-4, pp. 45-68.

King, V. (2003). *"The legacy of a grandparent's divorce: Consequences for ties between grandparents and grandchildren".* In Journal of Marriage and Family, 65, 1, pp. 70-83.

Laumann-Billings, L., Emery, R.E. (2000). *"Distress among young adults from divorced families".* In Journal of Family Psychology, 14, pp. 671-687.

Lebow, J.L. (2015). *"Separation and divorce issues in couple therapy".* In Gurman, A.S.

Lebow, J.L., Snyder, D.K. (2015). *Clinical Handbook of Couple Therapy.* The Guilford Press, New York.

Marquardt, E. (2005). *Between Two Words: The Inner Lives of Children of Divorce.* Crown Publishers, New York.

Mazzoni, S. (2002). *Nuove costellazioni familiari.* Le famiglie ricomposte. Giuffrè, Milano.

MCGoldrick, M., Carter, E.A. (1982). *"Il ciclo vitale della famiglia".* Tr. it. in Walsh, F. (a cura di), Stili di funzionamento familiare. FrancoAngeli, Milano 1986.

MCGoldrick, M., Gerson, R. (1985). *Genograms in Family Assessment.* Norton, New York.

MCGoldrick, M., Heiman, M., Carter, B. (1993). *"I mutamenti nel ciclo vitale della famiglia. Una prospettiva sulla normalità".* Tr. it. in Walsh, F. (a cura di), Ciclo vitale e dinamiche familiari. FrancoAngeli, Milano 1995.

Mchale, J.P. (2007). *La sfida della cogenitorialità.* Tr. it. Raffaello Cortina, Milano 2009.

MCKenzie, K.R., Nowlan, K.M., Doss, B.D., Christensen, A. (2016). *"Integrative Behavioral Couple Therapy: Theoretical background, empirical research, and dissemination".* In Family Process, 55, pp. 408-422.

Mikulincer, M. (1995). *"Attachment style and the mental representation of the Self"*. In Journal of Personality and Social Psychology, 69, pp. 1203-1215.

Minuchin, S. (1974). *Famiglie e terapia della famiglia*. Tr. it. Astrolabio, Roma 1976.

Minuchin, S. (1999). *"Dov'è la famiglia nella terapia familiare narrativa?"*. In Terapia familiare, 60. pp. 5-17.

Montagano, S., Pazzagli, A. (1989). *Il genogramma*. Teatro di alchimie familiari. FrancoAngeli, Milano.

Moss, B.F., Schwebel, A.I. (1993). *"Marriage and romantic relationship. Defining intimacy in romantic relationships"*. In Family Relations, 42, pp. 31-37.

Najman, J.M., Behrens, B.C., Andersen, M., Bor, W., O'Callaghan, M., Williams, G.M. (1997). *"Impact of family type and family quality on child behavior problems: A longitudinal study"*. In Journal of the American Academy of Child & Adolescent Psychiatry, 36, 10, pp. 1357-1365.

Oliverio Ferraris, A. (1999). *Il terzo genitore*. Vivere con i figli degli altri. Raffaello Cortina, Milano.

Papernow, P.L. (1984). *"The stepfamily cycle: An experiential model of stepfamily development"*. In Family Relations, 33, 3, pp. 355-363.

Papernow, P.L. (1993). *Becoming a Stepfamily*. Patterns of Development in Remarried Families. Taylor & Francis, New York.

Papernow, P.L. (2008). *"A clinician's view of stepfamily architecture"*. In Pryor, J. (a cura di), The International Handbook of Stepfamilies: Policy and Practice in Legal, Research, and Clinical Environments. John Wiley & Sons, New York.

Papernow, P.L. (2015). *"Therapy with couples in stepfamilies"*. In Gurman, A.S., Lebow, J.L., Snyder, D.K. (2015), Clinical Handbook of Couple Therapy. The Guilford Press, New York.

Pew Research Center (2011). *A Portrait of Stepfamilies*. Washington dc. Retrieved January 7, 2015 - https://www.pewsocialtrends.org/2011/01/13/a-portrait-of-stepfamilies/.

Pincus, L., Dare, C. (1978). *"Il contratto segreto del matrimonio"*. Tr. it. in Cigoli, V. (a cura di), Terapia familiare. L'orientamento psicoanalitico. FrancoAngeli, Milano 1983.

Rodrigues, A., Hall, J., Fincham, F. (2006). *"What predicts divorce and relationship dissolution?"*. In Fine, M., Harvey, J. (a cura di), Handbook of Divorce and Relationship Dissolution. Erlbaum, Mahwah nj.

Roustang, F. (2004). *"Che fare delle proprie sofferenze?"*. In Terapia familiare, 76, pp. 5-18.

Ruszczynsky, S., Fisher, J. (1995). *Intrusiveness and Intimacy in the Couple*. Karnac, London.

Santona, A., Zavattini, G.C. (2007). *La relazione di coppia*. Borla, Roma.

Satir, V. (1999). *"Il cambiamento nella coppia"*. In Andolfi, M. (a cura di), La crisi della coppia. Raffaello Cortina, Milano.

Scabini, E. (1985). *L'organizzazione della famiglia tra crisi e sviluppo*. FrancoAngeli, Milano.

Scabini, E. (1995). *Psicologia sociale della famiglia*. Bollati Boringhieri, Torino.

Scabini, E., Cigoli, V. (2000). *Il famigliare*. Raffaello Cortina, Milano.

Schnarch, D.M. (1991). *Constructing the Sexual Crucible*. Norton, New York.

Schnarch, D.M. (1997). *Passionate Marriage: Love, Sex and Intimacy in Emotionally Committed Relationships*. Norton, New York.

Schnarch, D.M. (1999). *"La passione nel matrimonio"*. In Andolfi, M. (a cura di), La crisi della coppia. Raffaello Cortina, Milano.

Schrodt, P. (2008). *"Sex differences in stepchildren's reports of stepfamily functioning"*. In Communication Reports, 21, 1, pp. 46-58.

Selvini Palazzoli, M., Cirillo, S., Sorrentino, A.M. (1988). *I giochi psicotici nella famiglia*. Raffaello Cortina, Milano.

Siméon, M. (1995). *"Du divorce à la famille recomposée: Approche systémique des transitions familiales"*. In Thérapie Familiale, 16, 2, pp. 213-225.

Soccorsi, S., Lombardi, F., Paglia, P.R. (1987). *"Capturing death: Families of children recovering from oncological diseases"*. In Family System Medicine, 5, 2, pp. 191-205.

Shapiro, D.N., Stewart, A.J. (2011). *"Parenting stress, perceived child acceptance, and depression in step mothers and biological mothers"*. In Family Relations, 60, pp. 533-544.

Sharff, D.E., Sharff, J. (1987). *Object Relations Family Therapy*. Jason Aroson, New York.

Sharff, D.E., Sharff, J. (2003). *Psychoanalytic Couple Therapy: Foundations of Theory and Practice*. Karnac, London uk. Shaver, P.R., Mikulincer, M. (2002), "Attachment and related psychodynamic". In Attachment and Human Development, 4, 2, pp. 133-161.

Sternberg, R.J. (2004). *"A triangular theory of love"*. In Reis, H.T., Rusbult, C.E., Close Relationships. Psychology Press, New York.

Sternberg, R.J., Barnes, M.L. (1988) (a cura di). *La psicologia dell'amore*. Tr. it. Bompiani, Milano 1998.

Stinson, K.M. (1991). *Adolescents, Family and Friends, Social Support after Parents' Divorce or Remarriage*. Praeger, New York.

Van Eeden-Morefield, B., Pasley, K. (2008). *"A longitudinal examination of marital processes leading to instability in remarriages and stepfamilies"*. In Pryor, J. (a cura di), The International Handbook of Stepfamilies: Policy and Practice in Legal, Research, and Clinical Environments. John Wiley & Sons, New York.

Vella, G., Ruberto, A. (1980). *"La relazione di malafede"*. In Terapia familiare, 8, pp. 7-20.

Vetere, M. (2017). *"La sfida clinica nel lavoro con le famiglie ricomposte"*. In Accordini, M., Browning, S. (a cura di), Ricomporre famiglia. Tra ferite e risorse. FrancoAngeli, Milano.

Visher, E.B. (1994). *"Lessons from remarriage families"*. In American Journal of Family Therapy, 22, 4, pp. 327-336.

Visher, E.B., Visher, J.S. (1996). *Therapy with Stepfamilies*. Brunner--Mazel, New York.

Visher, E.B., Visher, J.S. (1999). *How to Win as a Stepfamily*. Routledge, New York.

Visher, E.B., Visher, J.S., PASLEY, K. (1997). *"Stepfamily therapy from the client perspective"*. In Marriage and Family Review, 26, pp. 191-213.

Wagner, M., Weiss, B. (2006). *"On the variation of divorce risks in Europe: Findings from a meta-analysis of European longitudinal studies"*. In European Sociological Review, 22, pp. 483-500.

Wallerstein, J.S., Lewis, J.M. (2004). *"The unexpected legacy of divorce: Report of a 25-year study"*. In Psychoanalytic Psychology, 21, pp. 353-370.

Walsh, F. (1982) (a cura di). *Stili di funzionamento familiare*. Tr. it. FrancoAngeli, Milano 1986.

Walsh, F. (1988). *"Coppie sane e coppie disfunzionali. Quale differenza?"*. Tr. it. in Andolfi, M. (a cura di), La crisi di coppia. Raffaello Cortina, Milano 1999.

Weston, C.A., Macklin, E. (1990). *"The relationship between former-spousal contact and remarital satisfaction in stepfather families"*. In Journal of Divorce and Remarriage, 14, 2, pp. 25-47.

Whitaker, C. (1984) (a cura di). *Il gioco e l'assurdo*. Tr. it. Astrolabio, Roma 1984.

Whitaker, C. (1989). *Considerazioni notturne di un terapeuta della famiglia*. Tr. it. Astrolabio, Roma 1990.

Williamson, D.S. (1982). *"La conquista dell'autorità personale nel superamento del confine gerarchico intergenerazionale"*. In Terapia familiare, 11, pp. 69-89.

Winnicott, D.W. (1965). *La famiglia e lo sviluppo dell'individuo*. Tr. it. Armando, Roma 1974.

PSICOTERAPIA *CON LA FAMIGLIA*

M. Andolfi, R. Haber (a cura di), *La consulenza in terapia familiare*

M. Andolfi, C. Angelo, M. de Nichilo, *Sentimenti e sistemi*

J.L. Framo, *Terapia intergenerazionale*

M. Andolfi (a cura di), *La crisi della coppia*

E. Fivaz-Depeursinge, A. Corboz-Warnery, *Il triangolo primario*

M. Andolfi, C. Angelo, P. D'Atena, *La terapia narrata dalle famiglie*

M. Andolfi, P. Forghieri Manicardi, *Adolescenti tra scuola e famiglia*

M. Andolfi, A. D'Elia (a cura di), *Le perdite e le risorse della famiglia*

F. Walsh, *La resilienza familiare*

M. Andolfi, A. Mascellani, *Storie di adolescenza*

E. Fivaz-Depeursinge, D.A. Philipp, *Il bambino e la coppia*

M. Andolfi, *La terapia familiare multigenerazionale*

Construindo ideias
e conectando mentes

Este livro foi composto com tipografia Bembo Std
e impresso em papel Pólen Soft 80g.
na Promove Artes Gráficas em junho de 2023.